Tu es le cout[illegible] je tourne
en moi, c[illegible]
C'est cela[illegible]
(Franz Kafka[illegible] — 2025

Franz Kafka

Franz Kafka naît le 3 juillet 1883 à Prague, alors dans l'Empire austro-hongrois, au sein d'une famille de commerçants israélites d'origine allemande. La richesse de ce triple héritage culturel, slave, allemand et juif, le marquera profondément tout en l'empêchant de s'intégrer pleinement dans l'un de ces milieux. Très tôt familiarisé avec les auteurs russes, notamment Dostoïevski, il découvre la littérature yiddish vers 1910 et pense s'établir en Palestine quand, en 1917, les premiers symptômes de la tuberculose l'obligent à abandonner ce projet. De 1908 à 1922, Franz Kafka occupe divers postes d'employé dans des compagnies d'assurances tout en élaborant ce qui deviendra une œuvre majeure de la littérature universelle, composée pour l'essentiel de récits et de nouvelles ; parmi les plus célèbres, citons *Le Verdict*, *La Métamorphose*, chef-d'œuvre du fantastique absurde écrit en 1912, *La Colonie pénitentiaire* ou *Un champion de jeûne*, publiés respectivement en 1919 et 1922. Outre son *Journal* et ses lettres, on doit à Franz Kafka trois romans inachevés, publiés à titre posthume et contre sa volonté par son ami Max Brod : *Le Château*, *L'Amérique* et *Le Procès*, un texte visionnaire qui marquera profondément la conscience du XXe siècle. Franz Kafka est mort le 3 juin 1924 au sanatorium de Kierling, près de Vienne.

POCKET CLASSIQUES

FRANZ KAFKA

LE PROCÈS

Traduction et présentation
de Georges-Arthur Goldschmidt

POCKET

ISBN 978-2-266-33954-4
Dépôt légal : novembre 2023

LA PREUVE ET L'ADVERSITE

S'IL est un auteur universellement lu et connu, c'est bien Franz Kafka, au point que son nom est devenu nom commun dont on se sert pour désigner un monde bureaucratique absurde où l'individu ne peut plus que s'égarer et périr. On dit volontiers du monde administratif : « C'est du Kafka », comme si l'auteur du Procès *avait voulu d'avance dénoncer l'inhumanité des administrations modernes. Tout se passe comme si l'histoire donnait à son œuvre un sens qu'elle n'a peut-être pas. Il se trouve, comme le dit Milan Kundera dans un texte intitulé* Prague un poème qui disparaît (le Débat, *nº* 2), *que « les motivations* intérieures *ne représentent pas grand-chose dans le monde où les déterminations* extérieures *s'emparent de plus en plus de l'homme ».*

Ce sens extérieur, ce que Kundera appelle « le labyrinthe bureaucratique » de Kafka, est, paradoxalement, le sens auquel l'histoire force le texte. « Kafkaïen » est un adjectif dont la signification est fixée non par le contenu du récit mais par le monde où il a trouvé place : la nuit tombée sur Prague est peut-être, aujourd'hui, le thème du livre aussi bien que la ville elle-même. Comme le note encore Kundera : « Dans les documents officiels qui devaient justifier l'invasion de la Tchécoslovaquie, en 1968, il est noté que le premier signal de la contre-révolution a été la réhabilitation de Kafka. » Les imbéciles, on le sait, ont toujours voulu « brûler Kafka ». Si Kafka se prête à toutes les interprétations, en effet, si peu d'écrivains ont été, à travers l'usage fait de leur nom (n'en a-t-on pas fait même une sorte de « sociologue des Grands Ensembles » ?), victimes d'un tel glissement de sens, c'est que son œuvre est à la fois inépuisable et évidente. Il en est peu que l'on ait tant commentée.

Chose étrange, plus on lit Kafka, plus on est tenté de le lire encore, et plus on le commente, plus on est pris du besoin de le commenter : peut-être est-ce là la raison de son universalité ; il ne cesse de ramener à ce qu'on éprouve en le lisant ; plus on en approche, plus il se dérobe et plus on est tenté de s'en approcher encore ; on ne cesse de comprendre, de définir ce qu'on lit et pourtant, sans cesse, quelque chose échappe dont on ne peut parler et qu'on voudrait pourtant dire.

Mais, loin d'être une défaillance cette impossibilité de donner une explication suffisante de l'œuvre de Kafka est précisément ce qu'elle dit elle-même : tout se passe comme si elle échappait aux mots qui la contiennent. On ne peut ramener Kafka à rien. On ne peut pas vouloir trouver de clé, d'interprétation, de « sens » à ses livres puisque ce sens, c'est eux.

Le texte parle avec une telle force qu'on ne cesse de vouloir lui arracher ce qu'il dit, or il ne dit rien d'autre ; ce dont il parle, ce qu'il dit commence avec lui, se déroule en lui, se termine avec lui. Il n'y a pas de « sens » de Kafka une fois son livre refermé. Tout ce que dit le texte avec une telle force est dans le texte et pas ailleurs.

S'il est si difficile de se détacher de Kafka, s'il ne cesse de parler à tant de générations de lecteurs, c'est parce qu'il ne délivre nul message, n'apporte aucune solution, mais permet de presque saisir ce qu'il veut dire, de presque se glisser au sein de sa pensée même. Et pourtant — tout comme dans les histoires qu'il raconte — il y a toujours une limite infranchissable, un intervalle que rien ne viendra combler.

Et nous voici exactement ramenés au point de départ : peu d'écrivains ont sollicité, provoqué autant d'interprétations ; il en est peu sur qui on ait tant écrit. En 1958, c'est-à-dire à peine quinze ans après les premières éditions à grand tirage de ses œuvres en Europe, on avait déjà publié plus de deux mille livres et articles divers sur lui.

Le Procès, son intrigue

L'histoire racontée par le Procès *est des plus simples : le fondé de pouvoir Joseph K., arrêté le jour de ses trente ans et laissé en liberté, finit par être exécuté des mains des bourreaux envoyés par un tribunal dont les juges sont inaccessibles. Il lui est impossible d'accéder aux instances supérieures du tribunal qui le condamnera. Mais cela n'est pas impossible du fait du tribunal, cela est impossible du fait de K. lui-même. Il rate toutes les occasions, manque toutes les démarches qu'il entreprend, non par maladresse mais simplement parce que c'est lui qui les fait. Le procès se déroule selon lui, fait par lui, pas à pas, d'occasions perdues en occasions perdues : au chapitre VI, par exemple, K. se trouve en présence d'un personnage essentiel dont son procès dépend et qui se trouvait prêt à parler avec lui de son procès (p. 135) ; or il n'en « profite » pas ; bien mieux, il se l'aliène. Dans les galeries du tribunal il ne demande rien au préposé aux renseignements qu'il avait pourtant à sa disposition. Il ne cesse d'être pris entre lui-même et le mouvement qui l'emporte en avant.*

Un court texte du recueil Description d'un combat, *intitulé* Protecteurs, *définit très exactement le déroulement du procès et surtout « l'attitude » de Joseph K. :* « Le temps qui t'est imparti est si court, que si tu perds une seconde, tu as déjà perdu toute ta vie, car elle n'est pas plus longue, elle n'est toujours longue que du temps que tu perds. » *C'est le déplacement qui engendre le trajet, le voyageur ne cesse de confondre le but de son voyage avec celui-ci : pourtant le voyage est à lui seul le but.* « Partir d'ici tel est mon but », *dit un personnage de Kafka. On dirait un mobile tentant d'abolir son mouvement par ce mouvement même. Dans ce même texte, Kafka le dit bien :* « Aussi longtemps que tu ne cesseras de grimper, les marches ne cesseront de monter en même temps que s'élèvent tes pas. » *L'eau s'approfondit au fur et à mesure qu'on y plonge.*

K. lui-même s'enfonce dans son arrestation en en faisant la « reconstitution » devant Mlle *Bürstner.*

Le déplacement du mobile est lui-même ce mobile. Confondre le temps qui s'écoule avec le temps écoulé, comme dit Bergson dans les Données immédiates de la conscience, *tel est le drame, tel est aussi le procès de K. Tout se passe donc comme si une solution, comme si une issue quelconque allait mettre un terme à l'existence tout entière tendue vers cette solution : or l'angoisse dont on a tant et si justement parlé à propos de Kafka n'est rien d'autre que le double désir de parvenir au but et de ne cesser d'y tendre, car le but n'existe que par le trajet qui mène à lui. Toute démarche s'abolit dans le geste qui l'exécute. Mais tout geste en éloigne : la survie est à ce prix : ne pas réussir.*

Le déroulement du procès

Certes on *est venu arrêter K. un beau matin au saut du lit, mais c'est K. seul qui donne à cette arrestation toute sa portée, toute sa signification. Les gardiens n'entrent que lorsqu'il sonne. N'est-ce pas lui qui fait (p. 33) le geste de s'arracher à des gardiens qui ne le tiennent même pas ? K. procède à son auto-arrestation, il entre dans la pièce attenante plus lentement qu'il ne le voudrait. Il se rend compte aussi (p. 32) que, par ce qu'il dit, il reconnaît aux gens venus le surprendre* « le droit de le surveiller ». *Rien, jamais ni personne ne s'oppose directement à lui. Il n'existe nulle contrainte (cf. chap. IX). Après son arrestation on le laisse entièrement libre, il peut à sa guise aller où il lui plaît :* « Vous ne devez pas non plus être gêné dans votre façon de vivre habituelle », *lui dit le gardien-chef venu l'arrêter.*

L'arrestation, pourtant, n'avait rien d'arbitraire ; c'est bien K. qui est coupable ; il n'y a nulle erreur possible ni sur la personne ni sur la faute. K. n'en a commis aucune ou du moins ignore-t-il sa faute. Or, c'est précisément de cela que K. est coupable. Il confond sans cesse sa personne civile, son identité, celle justement qu'il évoque en voulant présenter ses papiers d'identité aux gardiens, avec cette existence en soi, avec cette durée omniprésente et quasi imperceptible de son « Je ».

K. ne cesse de proclamer son innocence, comme à la p. 176, lorsqu'il répond à Titorelli, le peintre. Or K. est coupable de ne pas le savoir, coupable d'être lui. Kafka en tout cas, comme paraît l'indiquer une notation du journal (30. IX. 1915 (1)*) considérait son héros comme coupable.*

Ce sentiment de soi-même se mue en angoisse puisque K. se prend pour ce qu'il n'est pas ; il tente de trouver des points d'ancrage dans le monde extérieur, dans le tribunal, dans les appuis extérieurs : or ils se dérobent à tout instant devant lui, se rétractent ; le procès c'est cela : la fuite de toute prise *et la recherche d'autant plus angoissée de celle-ci.*

Les exemples en sont innombrables tout au long du livre : au troisième chapitre, c'est K. lui-même qui fixe l'heure de son arrivée au tribunal, sans en faire part à quiconque : lorsqu'il arrivera en retard par rapport à cette heure ignorée de tous on lui en fera le reproche. Pour ne pas parler du tribunal où il doit se rendre et dont on ne lui a donné que vaguement l'adresse, il invente un menuisier du nom de Lanz afin de voir si l'un des appartements dont la porte s'ouvre, devant lui, lorsqu'il frappe, ne ressemble pas à un tribunal. A l'instant où il veut abandonner ses recherches, il demande une fois encore si ce menuisier abite ce dernier logement : c'est bien là qu'est le tribunal.

Le thème du *Procès*

Lorsque K. se rendra chez son avocat, pour lui signifier qu'il ne veut plus l'avoir pour défenseur, l'avocat l'attend. Ainsi K. ne peut rien entreprendre qui ne se confonde avec ce glissement des choses devant lui : toutes les prises lâchent une à une, au fur et à mesure que K. les projette devant lui pour s'y raccrocher. Mais il y a plus : c'est parce qu'il cherche à faire la conquête sexuelle de la servante de l'avocat, Leni, que K. manque l'important

(1) *« Rossmann et K., l'innocent et le coupable, tous deux finalement exécutés, par punition, indistinctement, l'innocent, peut-être, d'une main plus légère, plus mis à l'écart qu'abattu. »*

entretien dont l'évolution de son procès peut dépendre (il en sera de même dans le Château*). L'amour physique, le désir sexuel donne en quelque sorte au* Procès *sa dimension intime : est-ce là cette honte de la fin ?*

K. suppose qu'il y a un nouvel interrogatoire le dimanche suivant son arrestation : il se rend au même endroit, tout est vide ; sur la table du juge les livres de droit sur lesquels K. se jette avec avidité s'avèrent être des livres pornographiques. Il est renvoyé à lui-même : le chemin ne lui est pas indiqué, il n'y a pas d'issue.

L'appariteur du tribunal ne revient de la course qu'on l'a envoyé faire seulement lorsque l'étudiant Berthold lui a encore une fois enlevé sa femme : être parti c'est déjà arriver trop tard. Ce que K. voit ou rencontre recule devant lui au fur et à mesure qu'il avance ; par rapport à tout ce qu'il projette ou imagine, il en est toujours au même point : son angoisse est à la fois invariable et progressive ; invariable dans sa consistance, progressive parce que de plus en plus oppressante. Il ne cesse de chercher conseils, appuis, opinions auprès des autres, il force tyranniquement presque toute la procédure à s'infléchir vers lui, et c'est justement cela son procès : son incessante intervention dans le déroulement de celui-ci. Comme le dirait V. Jankélévitch, il est, tout à la fois, l'organe et l'obstacle.

Sa faute, c'est de s'obstiner dans son innocence : pour ainsi dire, il est en creux ce qu'il devrait être en plein ; sa faute, c'est de ne pouvoir être autre chose que ce qu'il est, d'où son pédantisme, sa pesante manière de toujours avoir raison en toutes circonstances (par exemple son discours au tribunal).

Dans les galeries du tribunal (chap. 8, Le négociant Block), *tout le monde se lève devant K., non à son passage, comme il le croit, mais à celui de l'appariteur.*

Tout le monde autour de lui est au courant de son procès, mais lui seul le ressent de l'intérieur, il est le seul pour qui ce procès soit son *procès. C'est bien pourquoi l'un des gardiens peut lors de l'arrestation de K. dire à l'autre :* « Vois-tu, Willem, il avoue ne pas connaître la Loi et affirme en même temps ne pas être coupable » *(p. 37).*

La faute se déroule, elle ne cesse pas. Et c'est bien cela que veut montrer Kafka : chacun est à sa façon intérieur à lui-même, sans issue possible et il est le seul à être lui, le seul à s'éprouver comme tel.

Le procès, K. le rencontrera partout et la durée de ce procès, ce sera de faire manquer, de faire échouer tout ce qui pourrait l'en délivrer. Le procès c'est qu'il ne puisse trouver de fin. C'est pourquoi le peintre Titorelli, auquel il va rendre visite, pourra, en effet, lui dire : « D'ailleurs, tout fait partie du tribunal » *(p. 178). Tout en fait partie au point que l'atelier du peintre, pourtant situé à l'autre extrémité de la ville, n'en ouvre pas moins sur les galeries du même tribunal où K. s'est déjà rendu. Le procès n'a pas pour origine le monde quotidien car le tribunal est partout où K. va et K. va partout où est le tribunal.*

Comment lire Kafka

Sans cesse, dans tout ce qu'écrit Kafka, on retrouve ce cercle tournant autour de lui-même, cette angoisse intérieure qui se nourrit et se détruit de son propre mouvement, « forcée pour durer à manger sa propre durée comme le catoblépas mangeait sa propre chair (1) ». *Elle est figurée par ces lieux de passage, ces greniers, ces galeries de bois mal éclairées, ces logements qui, comme la salle des séances ou l'atelier de Titorelli, servent à tous les usages à la fois. Ces circuits où ne cesse de se dérouler la pensée angoissée se ramifient devant elle au fur et à mesure qu'elle s'y déploie, et cherche sans cesse de nouveaux moyens de s'inquiéter pour pouvoir s'inquiéter encore.*

Deux aphorismes de 1920 de Kafka, extraits de la série intitulée II, *décrivent très bien la nature de cette angoisse :* « Il a le sentiment que du fait même de vivre il se barre le chemin. De cet empêchement, en retour, il tire la preuve de ce qu'il vit » ; *le second aphorisme dit :* « Son

(1) Georges Poulet : *la Distance intérieure* (II), p. 167 (à propos de *la Peau de chagrin*, de Balzac), Plon et 10/18.

propre os frontal lui barre la route, il s'ensanglante le front à son propre front. »

Entre ces deux définitions si semblables, où le même mouvement s'ordonne circulairement, gravite toute l'œuvre de Kafka. Elle nous décrit un itinéraire se détournant sans cesse de sa direction propre mais où la marche n'en est pas moins inéluctable. On marche sur place : « Comme un sentier en automne : à peine nettoyé, il se recouvre de feuilles mortes » *(aphorisme 15).*

L'inéluctable, c'est cela : ce qui a lieu arrive à chaque fois trop tard ; ce qui est ne peut être autrement. Une note du journal le dit : « Pourquoi les Tchouqchen ne quittent-ils pas leur effroyable pays ? Partout ils auraient une vie meilleure qu'aujourd'hui et qui correspondrait à leurs vœux. Mais ils ne peuvent pas ; tout ce qui est possible arrive ; possible n'est que ce qui arrive. » *C'est pourquoi K. ne peut faire autre chose que ce qu'il fait et c'est cela son procès : être lui, déplacer sans cesse devant lui, autour de lui, sa propre présence. Il est toujours tout près de ce dont il s'approche : jamais pourtant il ne peut accéder à ce qui est en dehors de lui, sans lui-même être présent* (1).

L'avant-dernier chapitre du Procès, *le célèbre chapitre de la cathédrale, contient une parabole qui a d'abord paru séparément, en revue,* Devant la loi, *et qui raconte l'histoire d'un homme qui, après un long voyage, arrive devant la porte de la Loi : il voudrait entrer par cette porte qu'il sait ouverte à tous, mais le gardien, qui pourtant s'écarte pour le laisser regarder la lumière qui en sort, lui en interdit l'entrée. Après des années d'attente, devenu un vieillard presque aveugle, sur le point de mourir, il interroge le gardien et lui demande pourquoi personne d'autre ne s'est présenté devant la porte de la Loi pour en solliciter l'entrée. Le gardien lui répond :* « Personne d'autre que toi ne pouvait être admis à entrer car cette porte n'était destinée qu'à toi seul. Maintenant je m'en vais et je la ferme. » *Sa présence devant la porte, à lui*

(1) L'article de Patrice Loraux : « Genre : philosophique » in *Revue de Métaphysique et de Morale,* octobre-décembre 1972, contient une très belle analyse du *Prométhée* de Kafka.

seul destinée, est infranchissable ; le voyageur est en un même temps l'obstacle et le franchissement, mais l'un coïncide exactement avec l'autre : le mouvement en avant est absorbé par la distance à parcourir.

Une tentative impossible

Toute l'histoire de Joseph K. est donc celle d'une issue impossible, toute son existence tend vers une libération que cette tension même empêche.

Sa faute fait route avec lui, inséparable de lui, inavouable puisqu'elle est lui-même : « Ne soyez plus dans votre tort, ne soyez plus si intransigeant ; contre ce tribunal on ne peut se défendre, on est obligé de faire l'aveu. Faites donc l'aveu à la prochaine occasion alors seulement est donnée la possibilité de s'échapper, alors seulement », *dit Leni à K., au chapitre VI (p. 138). Or cet aveu, K. ne peut le faire puisqu'il n'y a rien à avouer !*

Je suis l'aveu et ne puis avouer : « Aveu et mensonge sont la même chose. Pour pouvoir avouer, on ment. Ce qu'on est, on ne peut l'exprimer, car c'est cela qu'on est ; on ne peut faire part que de ce qu'on n'est pas, donc du mensonge. Dans le chœur seulement il se peut qu'il y ait une certaine vérité », *note Kafka dans un des* fragments *qui suivent* « les préparatifs de mariage à la campagne » (Hochzeitsvorbereitungen, *p. 343*).

L'aveu, c'est cela même pour quoi la parole manque : ce qui ne peut s'avouer comme *cet aveu qu'il faut faire. Il est pour cela au cœur du livre un exemple tout particulièrement frappant et dont — par une étrange et troublante pudeur — on a assez peu parlé : le cinquième chapitre intitulé* le Fouetteur *fait voir à K., derrière la porte d'un cagibi de sa banque, l'étrange spectacle des deux gardiens venus l'arrêter et qui doivent être fouettés nus pour s'être mal conduits à l'égard de K. Déjà le fouetteur a levé son fouet. K. intercède pour eux d'abord, puis au comble de l'exaspération parce qu'ils crient, il ferme de toutes ses forces la porte du cagibi. Or, le lendemain, attiré comme malgré lui par ce cagibi, il en ouvre la porte à nouveau et ce qu'il voit est exactement ce qu'il a vu la veille, le fouetteur est en train de frapper, le cri du gardien Wilhelm s'élève de la même façon, constant, ininterrompu* (1).

Tout se passe donc comme si l'essentiel était hors du temps, comme si le temps n'avait pas lieu. Il n'y a plus rien dès que K. ne regarde pas et les choses ont lieu dès qu'il est là : le spectacle du cagibi ne se déroule qu'en sa présence et par son intermédiaire, comme si l'interruption d'une journée avait eu lieu ailleurs et ne concernait pas la scène qui se déroule à l'intérieur du cagibi, comme si le temps était décalé par rapport au temps, comme si tout à coup K. avait pu jeter un regard sur lui-même, comme s'il lui avait été donné d'entrevoir ce portrait de l'artiste en enfant *dont parle Marc Cholodenko. L'inavouable est peut-être là aussi, dans cette zone trouble, précisément à la limite de cet « insu », présent dans le regard même de la conscience lorsqu'elle ne regarde pas mais qui l'engloutit tout entière lorsqu'elle voit.*

L'inavouable est-il d'ordre sexuel ? Est-il ce qui se cache à soi-même, ce qui ne peut devenir aveu : une fois encore le mouvement emporte le mobile, le désir ce qui est désiré.

A Janouch Kafka dit étrangement : « Peut-être l'insomnie n'est-elle que la trop claire conscience du péché qui craint la possibilité d'un verdict abrupt » (2).

Tout bascule sans cesse en une marge infranchissable où conscience et inconscient se touchent mais sans que cette marge soit l'un ou l'autre. En même temps, aussi, K. sait sur lui-même ce que personne d'autre ne doit savoir, son attitude toute de raideur et presque de pédantisme dissimule une honte capitale à laquelle le ramène tout à coup son procès. Désormais K. se sent découvert, sa vie quotidienne, son travail à la banque ne le protègent plus.

Jusqu'au jour fatidique de ses trente ans, date de son arrestation, K. pouvait tout entier s'assimiler au déroule-

(1) Il y a une « approche » de ce chapitre dans *l'Envers* de Christian Pierrejouan (Seuil, 1983) ; on trouvera aussi dans ce livre une analyse de la Loi telle que la conçoit peut-être Kafka.

(2) Gustav Janouch — *Gespräche mit Kafka* (Conversations avec Kafka), Fischer Bücherei n° 417, p. 99.

ment de sa vie quotidienne ; mais à partir de son arrestation, il lui faut compter avec l'angoisse : le monde extérieur, ses fonctions, ses faits et gestes ne le protègent plus contre cette angoisse. K. ne comparaît devant aucune juridiction normale, historiquement, civilement située mais devant un tribunal inaccessible réfugié dans les greniers des immeubles, à la fois omniprésent et insaisissable, tout comme l'angoisse elle-même dont la caractéristique essentielle est d'être sans objet.

Devant ce tribunal, K. est sans cesse « pris en faute », sans cesse mis à nu, sans cesse découvert. Tout ce que K. entreprend en présence de l'appariteur du tribunal, de l'avocat, du négociant Block, un autre accusé, tout ce qu'il fait n'aboutit jamais, mais par un étrange effet de boomerang se retourne contre lui ou plutôt le démasque. K. dès l'abord est reconnu par autrui pour ce qu'il est et comme lui ne se sent pas être. C'est ce que lui dit le négociant Block : les gens dans les galeries du tribunal ont vu sur ses lèvres qu'il serait bientôt condamné, or ses lèvres n'ont rien de particulier ; en d'autres termes, K. est visible de l'extérieur aux autres et il se sent de l'intérieur : lui ne peut jamais savoir son apparence pour autrui et les autres ne peuvent jamais savoir ce qui se passe en lui.

La faute de Joseph K.

Toute la signification du Procès est là, ou y revient sans cesse, quel que soit le détour que l'on prenne, quel que soit le côté par lequel on l'aborde : une existence individuelle se vit comme si elle était son propre procès ; s'avançant elle-même en elle-même, au sein de sa durée propre qui ne dure justement qu'autant qu'elle dure, qui ne peut être plus longue ou plus courte qu'elle n'est. Devant elle tout se dispose et s'infléchit selon elle.

Dans le chapitre IX, Dans la cathédrale, celui, nous l'avons dit, où tout le Procès est en somme expliqué par lui-même, le prêtre du haut de la chaire l'appelle dans l'église vide : « Joseph K. », tout comme l'avait appelé le surveillant lors de l'arrestation au premier chapitre, puis il lui dit : « Le verdict ne vient pas d'un coup, la procédure se transforme peu à peu en verdict. » « Tu cherches trop d'aide extérieure », *lui indique-t-il ; puis après lui avoir raconté la parabole* Devant la Loi, *il termine par ces mots sur lesquels se clôt aussi cet avant-dernier chapitre :* « Le tribunal ne te demande rien. Il te prend quand tu arrives et il te laisse quand tu t'en vas. »

On le voit bien, K. n'est lui-même que son propre procès : son exécution, au chapitre suivant, est cet instant ultime vers lequel il s'est inéluctablement fait aller lui-même, l'exécution a lieu à son *heure, ni avant ni après. Or K. meurt comme happé par lui-même, il meurt incapable jusqu'au dernier instant — et cela est la raison même de sa mort — de voir par d'autres yeux que les siens propres, de comprendre par une intelligence autre que la sienne. Lorsque les deux exécuteurs le conduisent vers l'endroit où ils vont l'abattre, c'est K. qui les tire en avant pour qu'un policier frappé par le groupe qu'ils forment ne les intercepte pas. C'est lui qui se dispose sur la pierre le mieux qu'il peut, c'est lui qui ne résiste pas mais se prête au contraire : comme si cette issue était bien la sienne. L'aveuglement de K., sa clairvoyance pour tout ce qui n'est pas lui, n'est rien d'autre que l'impossibilité d'être autre qu'on est. On meurt d'être soi et pourtant on ne peut rien être d'autre.*

La solution est juste à côté, mais seulement voilà, elle ne cessera jamais d'être juste à côté, or la tradition juive veut que l'arrivée du messie ne bouleverse pas le monde de fond en comble mais seulement un tout petit peu. « La plupart du temps celui que l'on cherche habite juste à côté », *note-t-il dans son journal le 2.VIII.1917.*

C'est ce « tout petit peu autrement » que K. ne cesse de côtoyer dans ses faits et gestes : il est chaque fois trop tard. C'est par cette détresse que K. se rattache étroitement à la conscience juive de Kafka. On sait que dans ses lettres par exemple celle du 2 mars 1919 à Max Brod ou celle de juin 1921 au même ou dans ses conversations avec Gustav Janouch, Kafka ne cesse de revenir sur le problème juif. Il est important de lire sur ce sujet les pages intelligentes, sensibles et belles écrites par Marthe Robert. Il se sentait juif non seulement pour des raisons familiales et religieuses mais aussi « existentielles », car le juif est celui dont personne jamais ne reconnaît l'identité ; plus que quiconque il est voué à cet exaltant malheur d'être, à cette existence réduite à sa seule survie. Rejeté, persécuté de tout temps, suspecté, honni ou toléré dans le meilleur des cas, le juif est celui qui ne peut jamais faire ses preuves, réduit à la seule pantelante constatation de lui-même, de ce qu'il est en lui-même comme l'est chacun, il ne peut faire passer à autrui ce clair et évident sentiment de lui-même, ce sentiment de l'existence dont parle Jean-Jacques Rousseau et cette certitude de soi que rien ne peut abolir. Or, c'est cette certitude qui est la seule origine de l'humaine conscience mais « pour ne pas monter vers l'humain on se précipite dans les fonds obscurs de la théorie zoologique de la race. On bat le juif et on abat l'homme (1) ». *Or, cette condition juive de l'impossible accès est celle-là même de Joseph K. qui incarne à la fois ainsi le juif et l'homme ou plutôt chacun de ses lecteurs* (2).

Là est toute l'importance de cette œuvre, son universelle accessibilité, sa familiarité, nous l'avons vu. Joseph K. est un de ces personnages qui incarnent « l'humaine condition » et coïncident avec la façon dont chacun se sent être soi-même. Or, ce sentiment est bien ce qui ne peut se laisser enfermer par les mots, il survit toujours à tout ce qu'on dit, il dure de sa durée propre, survivant à toutes les paroles. A G. Janouch encore, Kafka dit : « On oppresse le prochain beaucoup mieux lorsqu'on ne le connaît pas. Les morsures de conscience alors disparaissent. C'est pourquoi personne ne connaît l'histoire des juifs. Je protestai : " Ce n'est pas vrai. Déjà dans les premières classes de l'école primaire on enseigne l'histoire biblique donc une partie de l'histoire du peuple juif. " Kafka eut un sourire amer : " C'est cela justement ! L'histoire des juifs reçoit ainsi le visage du conte, que l'homme verse ensuite avec son enfance dans la gueule de l'oubli " (3). » Le Procès *en effet n'est pas un*

(1) Gustav Janouch, ibid., p. 73.

(2) Voir les travaux essentiels de Gershom Scholem (*Les Grands Courants de la mystique juive*, 1950, par exemple).

(3) Ibid. p. 76.

conte mais l'histoire concrète, plausible et anonyme de chacun ; Joseph K. n'est pas une figure. C'est pourquoi le « représenter » ne peut à la limite qu'être un contresens ; il n'a pas d'allure extérieure, pas de corps puisque je suis moi, et sa conscience de lui-même et cet être soi tel qu'il est planté dans son corps, je le suis comme l'est chacun, je le suis comme vous qui lisez ces lignes et c'est cela qu'est Joseph K. : la conscience de soi telle qu'elle ne peut s'exprimer mais telle qu'elle nécessite sans cesse l'expression.

« Après de mauvaises nuits, bouche ouverte, je sens mon corps mal employé et puni comme une cochonnerie étrangère dans mon lit », *écrit Kafka à Max Brod en juillet 1914, et, en septembre 1914, à Felix Weltsch :* « Le malheur c'est que mes voix intérieures ne se mettent à parler qu'une fois le choix fait. » *Sans cesse l'œuvre de Kafka est parcourue de notations de cette sorte : c'est de l'adversité, en effet, que Kafka tire la preuve de ce qu'il vit, comme une conscience muette au sein d'un corps déchiré ; à Max Brod son ami et confident il écrit :* « Des visions comme celle-ci ! je me trouve allongé sur le sol, et suis découpé en tranches comme un rôti et je pousse lentement cette pièce de viande vers un chien dans un coin (3.IV.1913). » *Il est d'ailleurs révélateur aussi que Kafka ait envisagé de regrouper certaines de ses nouvelles sous le titre* Punitions *(lettre aux éditions Wolff du 15.X.1915).*

C'est au sein des rêveries de punition que la conscience de soi se respire elle-même avec le plus d'intensité. La célèbre nouvelle la Colonie pénitentiaire *montre bien la portée de cette obsession : la nudité et la punition tout à la fois concentrent sur le « soi » l'intensité de la conscience : je suis réduit aux gestes d'autrui, confirmé par eux en tant que « moi », cerné par eux. C'est cela la beauté des accusés dont il est question au chapitre VIII du* Procès. *Tous les accusés sont beaux puisque l'accusation les expose et les désigne.*

Kafka est habité d'un trouble, d'une étrange exaltation du corps telle qu'on la retrouve chez Swinburne lorsqu'il raconte l'histoire de Herbert Seyton ou celle aussi troublante de Reginald Harewood dans Lesbia Brandon *encore, ou dans la Préface de 1905 des* Contre-Feux de l'amour.

Dans Préparatifs de mariage à la campagne, (*éd. Fischer p. 160*), *Kafka écrit :* « J'étais étendu au pied d'un mur, je me tordais de douleur. J'aurais voulu m'enfouir dans la terre humide. Le chasseur se tenait debout à côté de moi, appuyant légèrement son pied sur mon échine, " une pièce splendide ", dit-il au rabatteur qui me tranchait col et vêtement pour me tâter. Déjà lassés de moi, assoiffés d'actions nouvelles, les chiens se jetaient à l'aveuglette contre le mur. La voiture arriva, mains et pieds liés, je fus jeté à côté du maître sur le siège arrière de sorte que ma tête et mes bras pendaient hors de la voiture. On roulait à vive allure, assoiffé, bouche ouverte, j'aspirais en moi les tourbillons de poussière, je sentais de temps à autre le maître m'empoigner joyeusement les mollets. »

Dans le Journal, *le 3.VIII.1917, Kafka écrit :* « Une fois encore de toute la force de ma poitrine je poussai un cri à l'adresse du vaste monde, puis on m'enfonça le bâillon, on me lia mains et pieds et me noua un chiffon sur les yeux.On me roula dans un sens puis dans l'autre, je fus assis tout droit puis recouché, cela à plusieurs reprises, on tira par à-coups sur mes jambes à m'en soulever de douleur, on me laissa un instant tranquille, mais ensuite on me frappa profondément avec quelque chose de pointu, là où je ne m'y attendais pas, au gré de l'humeur. » *Quelle rêverie de soumission coupable s'exprime là ? Joseph K. n'est-il pas celui qui en dernier ressort n'est plus qu'attention à l'extrême douleur ? Il se pourrait que la voix du monde fût tout entière dans celle du supplicié.*

L'innocence punie

On l'a vu au chapitre VIII, l'avocat Huld le dit à Joseph K. : tous les accusés sont beaux, l'accusation les embellit puisqu'elle les expose et les désigne par leurs gestes.

Ce n'est qu'entourée, cernée, souffrante que la

conscience se sent être son corps ; elle se fait « figure » parce qu'elle subit.

Voici l'extrême réduction à laquelle précisément K. ne parvient qu'à l'instant de sa mise à mort, de sa punition manquée ; se renversant sur lui-même le procès se termine par son commencement, à savoir ce moment où K. se sent empoigné, saisi, pris, réduit donc à seulement subir. Tout se passe comme si tout le Procès *n'était que le trajet impossible vers la conscience claire, vers cette « lumière » issue de la porte de la Loi* (Devant la Loi), *lumière qui ne vient de nulle part, lumière qui n'est rien d'autre que la vision qu'en a le voyageur.*

Tout se passe comme si K. était le centre d'une roue qui voudrait tout en tournant arriver à son propre bord, où le centre disparaît. Dans le Procès, *il n'existe jamais nulle contrainte, nulle obligation ; le tribunal n'entreprend jamais rien contre K., personne ne* le touche, *jusqu'au geste ultime où tout se fait, se concentre comme si cela était le commencement, ce geste où les exécuteurs asseyent K. sur le sol mais sans pourtant parvenir à le mettre dans la position adéquate, comme s'il restait lui-même l'obstacle à sa propre exécution, ce geste par lequel ils lui empoignent la gorge et lui percent le cœur.*

Ce dont l'œuvre parle

En 1917, Kafka avait fait paraître un court texte destiné à être intégré au Procès, *intitulé* Un rêve ; *or ce texte est comme un résumé, comme la quintessence du* Procès : *K. se rend au cimetière. Dès son arrivée deux ouvriers qui tenaient une pierre tombale à bout de bras* « la plantent dans le sol », *à peine K. fut-il apparu, puis un artiste surgit qui grave sur la pierre en belles lettres d'or :* « Ici repose… », *mais quelque chose l'empêche de continuer son travail, le paralyse jusqu'à ce que K., enfin, comprenne et, se mettant à creuser sa tombe de ses propres mains, s'enfonce au plus profond du sol qui cède sous lui. En tombant, il jette un dernier regard vers le haut et voit son nom courir sur la pierre accompagné d'élégants paraphes. Ce qui empêchait le graveur de continuer à graver le nom de K. sur la pierre, c'était celui-ci : l'intervalle que K. représentait ne s'abolit qu'avec lui-même. Comme il le dit lui-même dans son* Journal *(1922) :* « Ma vie, c'est l'hésitation avant la naissance. »

L'œuvre entière de Kafka, et le Procès *en particulier, n'est qu'un cheminement perpétuellement recommencé, comme toujours ramené à son point de départ. Elle est le signe le plus visible de ce qu'elle exprime et ce qu'elle exprime, c'est sa propre impossibilité. Les textes de Kafka ne parlent d'aucune vérité donnée une fois pour toutes, ils ne sont rien de plus que ce qu'ils disent, rien de plus que ce qui* se déplace *en eux, rien de plus que leur propre voix.* Le Procès *ainsi ne contient rien d'autre que le déroulement de ce procès mais tel qu'il est figuré au travers de Joseph K., qui pourrait être chacun de ses lecteurs.*

Et voici que le Procès *retourne à qui le lit. Chaque lecteur est ce qui se déroule en lui au fur et à mesure de sa lecture. Or, ce dont Joseph K. fait essentiellement l'expérience, c'est de la liberté — il peut très bien ne pas tenir compte du tribunal qui ne lui demande rien —, cette liberté qui ne cesse, à la fois abattue et invincible, d'être le centre dont tout est issu.* « Il se prouve uniquement lui-même, sa seule preuve c'est lui-même, tous ses adversaires le vainquent tout de suite, non parce qu'ils le réfutent (il est irréfutable) mais du fait qu'ils se prouvent eux », *écrit Kafka dans* Il. *Cet aphorisme est comme une définition du* Procès.

Constamment réfuté par la réalité Joseph K. n'en persiste pas moins — cela même est son procès — à avancer dans une voie toujours contredite, toujours inutile. « Le péché est la preuve de la liberté de l'homme car il peut toujours agir autrement », *a dit Kafka à Janouch. La liberté de Joseph K. est bien là : ne cesser de plonger et d'être celui qui plonge.* « C'était comme si la honte devait lui survivre », *telle est la dernière phrase du* Procès. *La honte n'est que la liberté retournée sur elle-même. Dans la honte le sentiment de soi-même culmine et l'être voué à la honte vit au paroxysme de la conscience de soi.*

Joseph K. tout comme l'homme de la campagne venu devant la porte de la Loi, ne comprend que lorsqu'il est trop tard. La seule question véritable, celle qui précisément aurait tout évité et tout résolu, c'est celle qui s'élabore peu à peu, se construit au fur et à mesure du temps qu'il lui faut pour apparaître et qui ne se formule — et toute la question est là — qu'à l'instant même où elle ne se pose plus, où tout bascule dans la mort.

BIOGRAPHIE DE FRANZ KAFKA

FRANZ Kafka est né le 3 juillet 1883 dans une famille juive. Du côté paternel elle était de langue tchèque mais sa famille maternelle Loewy était depuis deux générations déjà assimilée à la culture de langue allemande. Cette famille représente très bien, comme le dit Klaus Wagenbach, le mélange linguistique si caractéristique de la Bohême.

Kafka sera élevé dans la tradition juive, il fera sa Barmizvah à treize ans, mais cette éducation sera purement formelle et extérieure ; Kafka consacre à ce sujet un long passage de sa lettre au Père, d'ailleurs à peu près le seul document véritablement autobiographique qu'il nous ait laissé.

Dès 1889 Kafka est mis à l'école allemande (il raconte dans une lettre à Milena que la cuisinière l'y conduisait non sans mal). Dès cette époque Kafka vit dans la crainte d'un père à la fois autoritaire et lointain. En 1893 il entre au lycée allemand (installé au Palais Kinsky) où l'on faisait principalement du grec et du latin et assez peu d'allemand. Kafka subira le « Pauken » de l'époque, c'est-à-dire l'absorption d'une masse considérable de textes à savoir par cœur.

Dès 1899 Kafka est attiré par le socialisme et fait partie d'un club de jeunes, le seul de sa classe et ne s'en cache pas.

En 1901 il passe son baccalauréat et commence des études de droit ; c'est aussi l'époque des premiers voyages

(Norderney, Heligoland). De cette époque datent ses premiers travaux littéraires (non conservés).

En 1906 Kafka devient docteur en droit et travaille jusqu'en 1917 comme rédacteur dans une compagnie d'assurances. A partir de septembre 1917 il reprendra de nombreux et longs congés puisque la tuberculose sera à ce moment officiellement diagnostiquée. Mais dès 1909 Kafka s'était mis à publier des textes ; il avait en 1904-1905 déjà écrit Description d'un combat. En 1910 il commence son « journal » qui se terminera avec sa mort en 1924.

En 1912 paraît son premier livre Betrachtung (Contemplation) qui comporte une vingtaine de courts récits. Il rencontre aussi Felice Bauer avec laquelle il se fiancera en 1914. Il commence, à ce moment, la rédaction du Procès. La Métamorphose paraît en 1915, année où le dramaturge Carl Sternheim verse le montant de son prix Fontane à Kafka. En 1917 Kafka rompt définitivement ses fiançailles avec Felice Bauer. Il fait la connaissance de Julie Wohryzek, avec laquelle il se fiance en 1919.

Il écrit la Colonie pénitentiaire et le premier chapitre d'Amérique sous le titre (le Disparu, Der Verschollene).

A cette époque il écrit les récits regroupés sous le titre Un médecin de campagne. Il passe trois mois à Merano ; il entretient une correspondance avec Milena Jesenska-Polik qui voulait traduire certains de ses textes en tchèque. En 1920 il rompt ses fiançailles avec Julie Wohryzek.

En 1922 Kafka (de janvier à septembre) rédige le Château. L'année suivante, il se rend au bord de la Baltique où il fait la connaissance d'une jeune fille appelée Dora Diamant. Et l'hiver de 1923 Kafka retourne à Prague, mais il part en septembre pour Berlin où il vivra désormais avec Dora Diamant. La tuberculose gagne le larynx, la guérison est exclue. Il écrit Josefine la cantatrice. Il sera emmené au sanatorium de Kierling, près de Vienne, où il mourra le 3 juin 1924. Il est enterré à Prague, cette ville qu'il cherchait sans cesse à fuir pour y revenir tout le temps et qui, on le sait, est présente dans tant de ses récits.

KAFKA ET *LE PROCES*

MAX Brod a raconté comment il avait refusé d'exécuter le dernier vœu de Kafka : brûler sans les lire tout papier, toute note manuscrite, tout écrit de sa main. Max Brod fut, en effet, l'éditeur du Procès *qui parut un an après la mort de Kafka, en 1925, aux éditions die Schmiede de Berlin, dans la collection* Les romans du XXe siècle, *en un volume de VIII, 418 pages. Il n'y aura plus d'autre édition du livre jusqu'en 1950. Il est presque miraculeux que les écrits de Kafka aient pu traverser l'ère de la barbarie hitlérienne.*

Dès 1933 le Procès *est traduit en français par Alexandre Vialatte, traduction dont on retiendra la préface de Bernard Grœthuysen et surtout la très belle introduction de Vialatte lui-même.*

C'est en août 1914 que Kafka commence le Procès, *comme le remarque Klaus Wagenbach dans sa monographie sur Kafka. C'est la veille de ses trente et un ans que Joseph K. est exécuté, c'est la veille de ses trente et un ans que Kafka rompt ses fiançailles avec Felice Bauer, à Berlin, dans un hôtel. « La cour de justice à l'hôtel », note-t-il à ce propos en date du 23 juillet 1914 dans son* Journal ; *dès le 29 juillet on voit apparaître un personnage du nom de Joseph K., mais bien avant déjà, par exemple en date du 20 novembre 1913, Kafka avait introduit dans son* Journal *des récits préparatoires annonçant déjà* le Procès.

Il est certain que le Procès *est, comme on l'a dit, un roman de la punition, reflet peut-être des soucis à l'égard de Felice Bauer. « Je ne puis vivre avec elle et je ne puis vivre sans elle. Par ce coup mon existence qui était au moins pour moi en partie charitablement voilée est brutalement dévoilée. On devrait me pousser dans le désert à coup de verges », écrit-il à Max Brod le 28 septembre 1913.*

C'est le climat, peut-être, où le Procès *se met en place. Les événements ont ouvert la vision de l'essentiel. Mais il serait bien entendu simpliste de dire qu'ils sont le contenu de ce livre.*

Le Procès *contient l'essentiel de la démarche de Kafka. Une des nouvelles les plus célèbres,* Devant la loi *(*Vor dem Gesetz, *dans son journal, en date du 11 décembre 1914, il la nomme « la légende ») n'est qu'une partie du 9e chapitre du* Procès : *il le fera paraître à part dans un volume de récits intitulé* Le médecin de campagne.

Le roman a été écrit très vite, plusieurs chapitres en deux mois, puis interrompu à plusieurs reprises. Comme le signale Klaus Wagenbach dans sa monographie consacrée à Kafka (Rowohlt), c'est autour du conte Devant la loi *qu'a été construit* le Procès. *La disposition des chapitres du roman pose de nombreux problèmes. En 1954 Hermann Uyttersprott semble être le premier à avoir soulevé le problème de l'ordre des chapitres dans un article de la revue « Langues vivantes ».*

Max Brod avait publié le livre d'abord dans l'ordre suivant :

1er chapitre *(Arrestation, conversation avec Mme Grubach, Mlle Bürstner).*

2e chapitre *(Premier interrogatoire).*

Or divers éléments, comme les indications de temps (dix jours après, le dimanche suivant) montrent que le véritable second chapitre est bel et bien celui que Max Brod plaçait en chapitre IV, *à savoir « L'Amie de Mlle Bürstner », ce qui donne la disposition que voici :*

1er chapitre *(Arrestation, conversation avec Mme Grubach, Mlle Bürstner).*

2e chapitre *(Conversation avec Mlle Bürstner).*

3e chapitre *(Premier interrogatoire) ; c'est dans l'édition de Max Brod le second chapitre.*

4e chapitre *(La salle de séance vide, l'étudiant, les*

bureaux) ; ce chapitre est le chapitre III dans l'édition de Max Brod.

Dans cet article intitulé « Zur Struktur von Kafka Der Prozess *(*A propos de la structure du *Procès,* de Kafka*) » Uyttersprott montre que la disposition des chapitres suit nettement le cours des saisons et se déroule sur exactement un an.*

Uyttersprott, pour les mêmes raisons, suggère également de situer le chapitre VIII (Block, renvoi de l'avocat) *à la place du chapitre IX comme avant-dernier chapitre, ce qui paraît beaucoup moins sûr, d'autant plus que le chapitre VIII est inachevé. De plus, rien ne prouve que Kafka n'aurait pas remanié, s'il avait publié ce livre, la disposition et l'ordre des chapitres.*

NOTE SUR LA TRADUCTION

Le texte de Kafka est d'une précision rigoureuse ; il s'agit donc d'obtenir en français un texte qui, retraduit, donne aussi exactement que possible le texte allemand. Toute traduction retraduite doit être aussi proche que faire se peut de l'original.

En même temps il faut que le texte se lise dans la « langue d'arrivée » (le français) comme il se lit dans la « langue de départ » (l'allemand). Le texte doit se présenter de la même manière au lecteur de l'une et l'autre langue. Il doit avoir en français l'allure qu'il a en allemand.

C'est là une gageure impossible ; aussi, soit la traduction est-elle exactement fidèle et lourde, soit elle est aisée et loin du texte. Bien entendu, il existe aussi ces passages quasi miraculeux où tout va tout seul.

Mais la fidélité absolue peut aussi bien être la pire des trahisons puisqu'elle est rarement fidèle à l'esprit de la langue d'arrivée. Il n'y a pas moyen de s'en sortir et pourtant il faut traduire puisque telle est la raison d'être de la parole humaine.

Dans toute langue il y a toujours plusieurs façons de dire les mêmes choses, encore qu'il « n'existe de synonymes que pour les esprits paresseux ». Lorsque par exemple Kafka écrit (p. 184) : « Es ist der einzige Weg », *cela veut dire :* « C'est le seul chemin. » *Il aurait pu tout aussi bien écrire :* « einen anderen Weg gibt es nicht » *(il n'y a pas d'autre chemin) or, il ne l'a pas écrit. C'est presque toujours en fonction de ce devoir de proximité qu'a été choisi tel terme plutôt que tel autre. Mais c'est tout aussi souvent que l'a emporté la sollicitation de l'usage français.*

Le texte doit, si on veut, peser le même poids dans l'une et l'autre langue ; être donc à la fois exact et dans le ton. Venu de la littérature de départ, il doit aboutir à la littérature d'arrivée, s'y intégrer à sa manière, sans rien perdre de ce qu'il est.

Il faut rendre hommage à Alexandre Vialatte, confronté pour la première fois à un tel texte. C'est à lui que le public français dut de connaître et de comprendre ce livre.

Le texte allemand utilisé est celui de l'édition courante.

Georges-Arthur GOLDSCHMIDT.

Chapitre premier

Arrestation. — Conversation avec Mme Grubach, puis Mlle Bürstner.

QUELQU'UN avait dû calomnier Joseph K. car, sans rien avoir fait de mal, il fut arrêté un matin. La cuisinière de Mme Grubach, sa logeuse, qui lui apportait son déjeuner tous les jours vers huit heures, ne vint pas cette fois. Ce n'était encore jamais arrivé. K. attendit encore un petit moment, appuyé sur son oreiller, il surprit la vieille femme qui habitait en face en train de le contempler avec une curiosité tout à fait inhabituelle puis, tout à la fois affamé et un peu étonné, il sonna. On frappa aussitôt et un homme entra qu'il n'avait encore jamais vu dans cet appartement. Il était svelte et pourtant bâti en force, il portait un vêtement noir collant, qui, comme les vêtements de voyage, était muni de divers soufflets, poches, boucles, boutons et d'une ceinture, et qui, pour cette raison, sans qu'on sache très bien à quoi ce vêtement pouvait servir, paraissait particulièrement pratique.

— Qui êtes-vous ? demanda K., et il s'assit aussitôt à demi dans son lit. Mais l'homme négligea la question comme s'il fallait accepter sa présence et dit seulement :

— Vous avez sonné ?

— Qu'Anna m'apporte le petit déjeuner, fit K., et il essaya, d'abord en silence, avec attention et en réfléchissant, de savoir qui donc était cet homme. Mais celui-ci ne resta pas très longtemps exposé à son regard ; il se tourna vers la porte qu'il ouvrit un peu pour dire à quelqu'un qui devait se tenir juste derrière :

— Il veut qu'Anna lui apporte le petit déjeuner.

Il s'ensuivit un petit éclat de rire dans la pièce voisine et, à l'entendre, il n'était pas sûr que cela n'eût pas été le rire de plusieurs personnes à la fois.

Bien que l'inconnu n'eût rien pu apprendre ainsi qu'il ne sût déjà, il dit à K., du ton dont on rapporte une information :

— C'est impossible.

— Voilà qui serait nouveau, fit K. ; il sauta du lit et enfila rapidement son pantalon.

— Je vais aller voir qui sont ces gens dans la pièce à côté et comment Mme Grubach saura répondre de ce dérangement que l'on me cause.

Il lui vint aussitôt à l'esprit, il est vrai, qu'il n'aurait pas dû dire cela à haute voix et qu'il reconnaissait ainsi, en quelque sorte, à l'inconnu, le droit de le surveiller, mais sur le moment cela ne lui parut pas très important. L'inconnu le comprit bien ainsi car il dit :

— Ne voulez-vous pas plutôt rester ici ?

— Je ne veux ni rester ici ni que vous m'adressiez la parole, tant que vous ne vous serez pas présenté.

— Je le disais dans une bonne intention, fit l'inconnu qui ouvrit la porte de son plein gré.

La pièce d'à côté, où K. entra avec plus de lenteur qu'il n'aurait voulu, avait au premier coup d'œil presque exactement le même aspect que la veille au soir. C'était la salle de séjour de Mme Grubach ; peut-être y avait-il aujourd'hui, dans cette pièce surchargée de meubles, de napperons, de porcelaine et de photographies, un peu plus de place que d'habitude, on ne s'en rendait pas compte tout de suite et d'autant moins que le changement principal consistait dans la présence d'un homme assis près de la fenêtre ouverte, un livre à la main et qui leva les yeux à cet instant.

— Vous auriez dû rester dans votre chambre. Franz ne vous l'a pas dit ?

— Mais qu'est-ce que vous voulez donc ? dit K. quittant des yeux cet homme dont il venait de faire la connaissance pour regarder, debout sur le pas de la porte, celui qu'on avait appelé Franz et revenir ensuite au premier.

Par la fenêtre ouverte on voyait de nouveau la vieille

femme qui, avec une curiosité véritablement sénile, s'était approchée de la fenêtre d'en face pour pouvoir continuer à tout voir.

— Je veux que Mme Grubach..., dit K. faisant un mouvement comme s'il s'arrachait aux deux hommes qui pourtant se tenaient loin de lui, et il voulut continuer son chemin.

— Non, dit l'homme près de la fenêtre ; il jeta le livre sur un guéridon et se leva : — Vous n'avez pas le droit de vous en aller, vous êtes arrêté.

— On le dirait, en effet, dit K. ; et pourquoi donc ? demanda-t-il.

— Nous ne sommes pas chargés de vous le dire. Allez dans votre chambre et attendez. Il se trouve que la procédure est engagée et vous saurez tout en temps voulu. J'outrepasse la mission qui m'est impartie en vous parlant si amicalement. Mais j'espère bien que personne d'autre que Franz ne l'entend, lui aussi si aimable avec vous, à l'encontre de tous les règlements. Si vous continuez à avoir autant de chance que pour l'attribution de vos gardiens, vous pouvez avoir confiance.

K. voulut s'asseoir, mais il se rendit alors compte que dans toute la pièce il n'y avait rien pour s'asseoir à l'exception du fauteuil près de la fenêtre.

— Plus tard vous vous rendrez compte à quel point nous avons dit vrai, dit Franz en s'approchant de lui en même temps que l'autre homme. Ce dernier surtout était nettement plus grand que K. et lui tapait assez souvent sur l'épaule.

Tous deux examinèrent la chemise de nuit de K. et lui dirent qu'il allait devoir en revêtir une autre de bien plus mauvaise qualité mais qu'ils allaient mettre de côté cette chemise ainsi que le reste de son linge et qu'ils le lui restitueraient si son affaire se terminait bien.

— Il est préférable de nous donner ces affaires à nous, plutôt qu'au dépôt, dirent-ils, car au dépôt les fraudes sont fréquentes et, de plus, au bout d'un certain temps, on y revend tout, sans se soucier de savoir si la procédure engagée est terminée ou non. Et si vous saviez ce que ces procès-là peuvent durer, ces derniers temps surtout !

» Bien entendu, vous finiriez par recevoir le produit de la vente, mais d'une part ce produit est minime, car ce qui est déterminant pour le prix de vente ce n'est pas le montant de l'offre mais celui du pot-de-vin, et d'autre part l'expérience montre que ce produit diminue d'année en année en passant de main en main.

K. fit à peine attention à ces discours ; il ne faisait guère cas du droit qu'il avait peut-être encore de disposer de ses affaires ; ce qui était beaucoup plus important pour lui, c'était d'éclaircir la situation où il se trouvait ; mais en présence de ces gens, il ne parvenait même pas à réfléchir ; sans cesse le ventre du second gardien — ce ne pouvaient être que des gardiens — venait littéralement le heurter d'amicale façon ; levait-il les yeux, il voyait alors un visage sec et osseux au nez fort et tordu qui n'allait pas du tout avec ce gros corps et qui se concertait au-dessus de lui avec l'autre gardien. Qu'étaient ces gens-là ? De quoi parlaient-ils ? A quelle administration appartenaient-ils ? K. vivait pourtant dans un Etat libéral ; partout régnait la paix, les lois étaient respectées ; qui donc osait venir ainsi l'agresser chez lui ?

Il était toujours enclin à prendre autant que possible les choses du bon côté, à ne croire au pire que lorsqu'il arrivait et à ne pas prendre de précautions pour l'avenir, même quand tout menaçait. Mais cette fois, une telle attitude ne lui parut pas la bonne ; bien entendu on pouvait considérer tout cela comme une plaisanterie, grossière, il est vrai, que lui auraient faite, pour des raisons qu'il ne connaissait pas, ses collègues de la banque — peut-être parce que c'était aujourd'hui son trentième anniversaire — ; c'était naturellement possible ; peut-être lui suffisait-il de se mettre à rire à la figure des gardiens et ils riraient avec lui ; peut-être n'étaient-ils que des hommes de service pêchés au coin de la rue ; ils en avaient l'air, et pourtant, il était cette fois décidé — et cela dès l'instant où il avait aperçu le gardien Franz — à ne pas concéder à ces gens le moindre avantage qu'il aurait pu avoir sur eux. Qu'on dise plus tard qu'il ne comprenait pas la plaisanterie, K. n'y voyait qu'un danger minime, mais en revanche, bien qu'il ne fût pas dans ses habitudes de tirer des enseignements de l'expérience, il se rappelait quelques cas, à vrai dire insignifiants, où, à la différence de ses amis, il s'était sciemment conduit de manière imprudente, sans se soucier le moins du monde des conséquences et où il en avait été puni par les événements. Cela n'arriverait plus, tout au moins pas cette fois ; si c'était une comédie, alors il voulait la jouer lui aussi.

Pour le moment il était encore libre :

— Vous permettez, dit-il, et, passant entre les gardiens, il entra rapidement dans sa chambre.

— Il semble raisonnable, entendit-il dire derrière lui.

Chez lui, il ouvrit, aussitôt, brutalement, les tiroirs de son bureau ; tout s'y trouvait dans le plus grand ordre, mais dans son émotion, il n'arrivait pas à trouver tout de suite les papiers d'identité qu'il cherchait. Il finit par découvrir le laissez-passer pour sa bicyclette et voulut aller le porter aux gardiens, mais cette pièce lui parut par trop insignifiante et il continua à chercher, jusqu'à ce qu'il trouvât son extrait d'acte de naissance. Lorsqu'il revint dans la pièce d'à côté, la porte opposée s'ouvrit et Mme Grubach s'apprêta à entrer. On ne la vit qu'un instant, car à peine eût-elle reconnu K. qu'elle se troubla, s'excusa et disparut en refermant la porte très précautionneusement.

— Entrez donc !

C'est tout juste ce que K. avait eu le temps de dire. Il était debout au milieu de la pièce, les papiers à la main, et regarda un instant encore la porte qui ne se rouvrit plus et il fallut que les gardiens l'appelassent pour que, d'un sursaut, il revînt à lui ; ils étaient assis à la petite table devant la fenête ouverte et, comme K. s'en rendit compte, alors seulement, c'était son petit déjeuner qu'ils étaient en train de déguster.

— Pourquoi n'est-elle pas entrée ? demanda-t-il.

— Elle n'en a pas le droit, dit le grand gardien. Vous savez bien que vous êtes arrêté.

— Comment puis-je être arrêté ? Et surtout d'une telle façon ?

— Alors, voilà que vous recommencez, dit le gardien, en trempant une tartine de beurre dans le petit pot de miel. Nous ne répondons pas à de telles questions.

— Il faudra bien que vous y répondiez. Voici mes papiers d'identité, dit K. Maintenant montrez-moi les vôtres et surtout le mandat d'arrêt.

— Sacré nom ! fit le gardien. C'est tout de même extraordinaire que vous ne parveniez pas à vous faire à votre situation et que vous sembliez prendre plaisir à nous irriter inutilement, nous qui, de tous ceux qui vous entourent, vous sommes les plus proches.

— C'est vrai, croyez-nous donc, dit Franz, qui ne porta pas à sa bouche la tasse de café qu'il tenait à la main, mais regarda K. longuement, d'un regard qui voulait vraisemblablement en dire long mais restait incompréhensible. Sans le vouloir K. se laissa aller à un échange de regards avec Franz, et finit tout de même par déplier ses papiers et par dire :

— Voici mes papiers d'identité.

— Que voulez-vous donc que nous en fassions ? s'écria le grand gardien. Vous vous comportez plus mal qu'un enfant. Que cherchez-vous donc ? Voulez-vous en finir rapidement avec votre grand, votre maudit procès, en discutaillant avec nous de papiers d'identité et de mandat d'arrêt ? Nous sommes des employés subalternes, à peine au courant de ce que sont des papiers d'identité et n'avons rien d'autre à voir avec votre affaire que de vous garder dix heures par jour et d'être payés pour cela. Voilà tout ce que nous sommes et pourtant nous sommes capables de nous rendre compte que l'Administration au service de laquelle nous nous trouvons se renseigne très exactement sur les raisons de l'arrestation et sur la personne de l'inculpé avant de délivrer un tel mandat d'arrêt. Il n'y a là aucune erreur. Notre Administration, pour autant que je la connaisse, et je n'en connais que les échelons inférieurs, loin d'aller chercher la faute au sein de la population est tout au contraire, comme le dit la Loi, attirée par la faute et c'est nous, gardiens, qu'il lui faut dépêcher sur place C'est la Loi. Où pourrait-il y avoir là une erreur ?

— Cette Loi-là, je ne la connais pas, dit K.

— C'est d'autant plus grave pour vous, dit le gardien.

— D'ailleurs elle n'existe probablement que dans vos têtes, dit K.

Il voulait, en quelque sorte, se glisser dans les pensées des gardiens, les tourner à son avantage, s'y installer. Mais le gardien dit seulement, de façon hostile :

— Vous la sentirez, vous verrez.

Franz s'en mêla et dit :

— Vois-tu, Willem, il avoue ne pas connaître la Loi et affirme en même temps ne pas être coupable.

— Tu as tout à fait raison, mais ce n'est pas la peine d'essayer de lui faire comprendre quelque chose, dit l'autre.

K. ne répondit plus rien. « Dois-je donc », pensa-t-il, « me laisser troubler encore davantage par le bavardage de ces subalternes au bas de l'échelle ? Puisque c'est cela qu'ils sont, comme ils le reconnaissent eux-mêmes. Seule leur bêtise peut leur donner cette assurance, quelques mots échangés avec une personne de mon rang rendront tout instantanément bien plus clair que les plus longs entretiens avec ces gens-là. » Il fit quelques allées et venues dans l'espace libre de la pièce ; en face, il vit la vieille femme qui avait traîné à la fenêtre un vieillard encore plus âgé qu'elle et qu'elle tenait enlacé. Il fallait que K. mette un terme à ce spectacle qu'il offrait.

— Conduisez-moi auprès de votre supérieur hiérarchique, dit-il.

— Lorsqu'il le désirera, pas avant, dit le gardien appelé Willem. Et maintenant, je vous conseille, ajouta-t-il, d'aller dans votre chambre et de vous tenir tranquille, et d'attendre ce qu'on décidera de vous. Nous vous le conseillons, ne vous laissez pas distraire par des pensées inutiles, concentrez-vous au contraire, il sera beaucoup exigé de vous. Vous ne nous avez pas traités comme notre prévenance le méritait, vous avez oublié, quoi que nous puissions être par ailleurs, que par rapport à vous, tout au moins, nous sommes des hommes libres, et ce n'est pas une mince supériorité. Et pourtant, nous sommes prêts, au cas où vous auriez de l'argent, à vous rapporter un petit déjeuner de la brasserie d'à côté.

K. resta silencieux, un instant, sans répondre à cette offre. Peut-être ces deux-là, s'il ouvrait la porte de la pièce attenante ou même celle de l'antichambre, n'oseraient-ils pas l'en empêcher ; peut-être la solution la plus simple était-elle de pousser les choses jusqu'à leur dernière extrémité. Mais peut-être le saisiraient-ils tout de même au collet, et une fois jeté à terre il perdrait à tout jamais ce qu'il avait encore de supériorité sur eux à certains égards. C'est pourquoi il préféra la sécurité qu'allait apporter le déroulement naturel des choses et il rentra dans sa chambre sans que de son côté ou de celui des gardiens on ait prononcé une parole de plus.

Il se jeta sur son lit et prit sur sa table de toilette une belle pomme qu'il s'était, la veille au soir, mise de côté pour son petit déjeuner. Or ce fut là tout son repas, bien plus savoureux, en tout cas, il s'en assura dès la première grosse bouchée, que ne l'aurait été celui que ses gardiens auraient consenti à lui faire venir de ce café de nuit crasseux. Il se sentait bien et confiant ; à la banque, il est vrai, il n'assurerait pas son service ce matin, mais on l'en excuserait facilement étant donné le poste relativement élevé qu'il occupait. Allait-il faire état de la véritable raison ? Il pensait le faire. Si on devait ne pas le croire, en l'occurrence c'était concevable, il pouvait prendre comme témoin Mme Grubach ou même les deux vieux d'en face, qui étaient sûrement en train d'aller à la fenêtre vis-à-vis de la sienne.

Ce qui étonnait K., du moins du point de vue des gardiens, c'est qu'ils l'aient poussé hors de la pièce et laissé seul ici où il avait dix possibilités de se suicider. Mais en même temps, il est vrai, il se demandait, et cette fois selon son point de vue à lui, quelle raison il pourrait bien avoir de le faire ; parce que ces deux-là étaient assis à côté et avaient intercepté son petit déjeuner, peut-être ? Cela aurait été tellement absurde de se suicider que même s'il avait voulu le faire, il en aurait été incapable, du fait de cette absurdité même. Si les moyens intellectuels des gardiens n'avaient pas été aussi visiblement bornés, on aurait pu supposer qu'eux aussi, se faisant la même réflexion, n'avaient vu aucun danger à le laisser tout seul. Si cela leur faisait plaisir, ils pourraient, tout à leur aise, le regarder aller maintenant à un petit placard où il conservait une bonne eau-de-vie ; ils l'auraient d'abord vu vider un premier petit verre pour remplacer le petit déjeuner et un second pour se donner du courage ; ce dernier, rien que par précaution, pour le cas invraisemblable où cela serait nécessaire.

C'est alors qu'un appel venu de la pièce d'à côté le fit sursauter à ce point que ses dents en heurtèrent le verre.

— Le surveillant vous appelle.

Ce n'était que le cri qui l'avait effrayé, bref, haché, militaire ; il n'en aurait pas cru le gardien Franz capable. Quant à l'ordre lui-même, il était le bienvenu.

— Enfin, cria-t-il à son tour ; il referma le placard et se précipita dans la pièce attenante. Là se trouvaient les deux gardiens qui le chassèrent comme si cela allait de soi, et le firent retourner à sa chambre.

— Qu'est-ce qui vous prend ? s'écrièrent-ils. C'est en chemise que vous voulez vous présenter au surveillant ? Il vous ferait rosser et nous avec !

— Laissez-moi tranquille, allez au diable ! s'exclama K., qui avait déjà reculé jusqu'à sa penderie.

— Si on vient m'assaillir quand je suis encore au lit, on ne peut pas s'attendre à me trouver en habit de fête.

— Qu'est-ce que vous voulez qu'on y fasse, dirent les gardiens qui devenaient très calmes, oui, même presque tristes quand K. se mettait à crier et par là même le troublaient ou plutôt l'amenaient, d'une certaine manière, à se ressaisir.

— Ridicules, ces cérémonies, grogna-t-il encore, tout en prenant déjà son veston sur la chaise et en le tenant à bout de bras comme s'il le soumettait au jugement des gardiens. Ceux-ci secouèrent la tête.

— Il faut un veston noir, dirent-ils.

Là-dessus, K. jeta le veston sur le sol et dit — lui-même ne savait pas quel sens donner à ses paroles :

— Mais ce n'est tout de même pas encore la séance plénière !

Les gardiens sourirent mais s'en tinrent à leur : « Il faut un veston noir. »

— Si cela fait accélérer les choses, eh bien, soit, dit K.

Il ouvrit lui-même la penderie et, parmi les nombreux vêtements, il choisit son plus beau costume noir, un habit qui, par sa coupe, avait presque fait sensation parmi ses relations ; il prit aussi une autre chemise et commença à se vêtir avec soin. Dans son for intérieur il se disait avoir contribué à l'accélération des choses puisque les gardiens avaient oublié de lui faire prendre un bain. Il les observa pour voir s'ils allaient s'en souvenir, mais naturellement cela ne leur vint pas même à l'idée ; en revanche Willem n'oublia pas d'envoyer Franz chez le surveillant pour lui annoncer que K. s'habillait.

Lorsqu'il fut complètement habillé, il dut, suivi de Willem, traverser la pièce vide attenante et entrer dans la chambre suivante, dont la porte était d'ores et déjà ouverte à deux battants. Cette chambre était, comme K. le savait, habitée depuis peu de temps par une certaine Mlle Bürstner, une dactylo qui partait habituellement de très bonne heure au travail et rentrait tard, et avec laquelle K. n'avait guère échangé que des salutations. La table de nuit avait été placée au milieu de la pièce pour servir de bureau et le surveillant était assis derrière. Il avait croisé les jambes et mis un bras sur le dossier de la chaise.

Dans un coin de la pièce se tenaient trois jeunes gens ; ils regardaient les photos de Mlle Bürstner épinglées au mur sur une natte. A la poignée de la fenêtre ouverte était accrochée une blouse blanche. A la fenêtre, vis-à-vis, les deux vieillards étaient de nouveau accoudés, mais leur groupe s'était agrandi car, derrière eux, se tenait un homme beaucoup plus grand qu'eux, la chemise ouverte sur la poitrine, qui serrait et tournait sa barbe rousse en pointe entre ses doigts.

— Joseph K. ? interrogea le surveillant, peut-être seulement pour amener sur lui les regards distraits de K.

Celui-ci opina de la tête.

— Vous êtes certainement très surpris par ce qui se passe ce matin ? demanda le surveillant qui redisposait en même temps des deux mains les quelques objets qui se trouvaient sur la table de nuit, la bougie avec les allumettes, un livre et une pelote d'aiguilles, comme s'il tenait là des objets dont il avait besoin pour la séance.

— Certes, dit K., et le bien-être l'envahit de se trouver enfin en face de quelqu'un de raisonnable et de pouvoir parler avec lui de ce qui le concernait. Je suis surpris, mais en aucun cas très surpris.

— Pas très surpris ? demanda le surveillant en mettant la bougie au milieu de la table et en groupant les autres objets autour d'elle.

— Peut-être vous méprenez-vous sur ce que je veux dire, se hâta de faire remarquer K. Je veux dire... — Ici K. s'interrompit et des yeux chercha un siège. — Je peux m'asseoir, n'est-ce pas ?

— Ce n'est pas l'usage, répondit le surveillant.

— C'est vrai, dit K. sans plus s'interrompre. Je suis très surpris, mais quand on est depuis trente ans sur terre et qu'on a dû faire son chemin tout seul, comme ce fut mon destin, les surprises ne vous font plus rien et on ne les prend pas trop à cœur, surtout pas celle d'aujourd'hui.

— Pourquoi surtout pas celle d'aujourd'hui ?

— Je ne veux pas dire que je considère le tout comme une plaisanterie ; pour cela les préparatifs sont tout de même trop importants. Il aurait fallu que tout le monde, ici à la pension, y ait participé et vous tous aussi ; cela dépasserait les bornes d'une farce. Je ne veux donc pas vous dire que cela en est une.

— Très juste, dit le surveillant en vérifiant le nombre d'allumettes dans la boîte.

— Mais d'autre part, continua K., parlant à la ronde — il se serait volontiers aussi adressé aux trois hommes penchés sur les photos —, mais d'autre part cette affaire ne peut guère avoir d'importance. Je le déduis du fait que je suis accusé mais sans pouvoir trouver en moi la moindre faute dont on pourrait m'accuser. Mais cela aussi est secondaire ; l'essentiel est de savoir qui m'accuse. Quelle administration instruit la procédure ? Etes-vous des fonctionnaires ? Aucun de vous ne porte d'uniforme, à moins d'appeler votre vêtement — et, disant cela, il se tourna vers Franz — un uniforme, mais c'est bien plutôt un costume de voyage. C'est sur ces points que j'exige de la clarté et je suis persuadé qu'après ces éclaircissements nous pourrons prendre congé les uns des autres dans les meilleurs termes.

Le surveillant fit claquer la boîte d'allumettes sur la table.

— Vous vous trompez lourdement dit-il, ces messieurs ici et moi-même sommes absolument secondaires dans votre affaire ; oui, nous n'en savons pour ainsi dire rien. Nous pourrions porter les uniformes les plus réglementaires qu'elle n'en serait pas pire pour cela. Je ne puis absolument pas vous dire que vous êtes accusé, ou plutôt je ne sais pas si vous l'êtes. Vous êtes arrêté, ça c'est vrai ; je n'en sais pas davantage. Peut-être les gardiens ont-ils raconté autre chose ; dans ce cas, ce ne fut que du bavardage. Mais, même si je ne réponds pas à vos questions, je peux du moins vous donner un conseil ; pensez moins à nous et à ce qui va vous arriver, pensez plutôt davantage à vous. N'étalez pas tant ce sentiment que vous avez de votre innocence, cela nuit à l'impression, pas mauvaise du tout, que vous faites par ailleurs. De plus, vous devriez être plus circonspect dans votre façon de vous exprimer ; presque tout ce que vous avez dit tout à l'heure, on aurait pu le déduire de votre comportement, même si vous n'aviez dit que quelques mots, et, de plus, cela ne parlait vraiment pas en votre faveur.

K. regarda les surveillants, les yeux écarquillés. C'est donc des leçons qu'il recevait comme un écolier de quelqu'un peut-être plus jeune que lui ? On le punissait donc d'une réprimande pour sa franchise ? Et sur la raison de son arrestation, comme sur ceux qui l'avaient ordonnée, il n'apprenait rien. Il fut pris d'une certaine agitation et se mit à aller et venir, à quoi personne ne s'opposa. Il remonta ses manchettes, tâta sa poitrine, lissa ses cheveux, passa près des trois messieurs et dit :

— Ça n'a pas de sens, ce qui les fit se retourner et le regarder d'un air prévenant mais grave. Finalement, il s'arrêta de nouveau devant la table du surveillant.

— L'avocat général Hasterer est un très bon ami à moi, dit-il, puis-je lui téléphoner ?

— Bien sûr, dit le surveillant, mais je ne sais pas quel

sens cela peut avoir, à moins que vous n'ayez à parler avec lui de quelque affaire privée.

— Quel sens cela peut avoir ? s'écria K., plus navré qu'irrité. Mais qui êtes-vous donc ? Vous voulez que cela ait un sens et vous êtes en train, là, de monter la chose la plus insensée qui puisse être ? N'y a-t-il pas de quoi attendrir les pierres ? Ces messieurs sont venus m'assaillir et les voici qui, les uns assis, les autres debout, me font faire de la voltige devant eux. Quel sens cela peut-il avoir, en effet, de téléphoner à un avocat général alors que je suis paraît-il arrêté ? Soit ! Je ne téléphonerai pas.

— Mais si, dit le surveillant, et il étendit la main vers l'antichambre où se trouvait l'appareil téléphonique. Mais si, je vous en prie, téléphonez donc.

— Non, je ne veux plus, dit K. et il alla à la fenêtre. En face le groupe était encore là mais semblait avoir été dérangé dans sa tranquille contemplation parce que K. s'était approché de la fenêtre. Les vieillards voulurent quitter celle où ils étaient accoudés mais l'homme derrière eux les rassura.

— Nous en avons des spectateurs ! cria K. à très haute voix au surveillant en les montrant du doigt.

— Allez-vous-en de là, leur cria-t-il ensuite. Tous les trois reculèrent aussitôt de quelques pas et les deux vieux se mirent même derrière l'homme qui les couvrait de son large corps, et, à en croire les mouvements de sa bouche, il leur disait quelque chose que la distance rendait incompréhensible. Ils ne disparurent pas tout à fait mais semblaient attendre le moment où ils pourraient revenir à la fenêtre sans être vus.

— Des mufles, de grossiers personnages, dit K. se retournant.

Le surveillant était peut-être de son avis comme K. crut le remarquer en le regardant de côté. Mais il se pouvait tout aussi bien qu'il n'ait pas écouté du tout car il avait posé sa main bien à plat sur la table et semblait comparer la longueur de ses doigts. Les deux gardiens étaient assis sur une malle dissimulée par un tapis de table et se frottaient les genoux. Les trois jeunes gens avaient les mains sur les hanches et laissaient errer leurs regards. Tout était aussi calme que dans quelque bureau oublié.

— Eh bien, Messieurs, s'écria K. — un instant durant il lui parut qu'il les portait tous sur ses épaules —, à vous regarder on croirait que mon affaire est terminée. Je suis d'avis qu'il n'est plus nécessaire de penser au caractère justifié ou injustifié de votre façon d'agir et que le mieux est de mettre fin à tout cela par une poignée de main. Si vous êtes vous aussi de mon avis, alors, s'il vous plaît…

Et il s'approcha de la table du surveillant et lui tendit la main. Le surveillant leva les yeux, se mordit les lèvres et regarda la main tendue de K. K. s'attendait encore à ce que le surveillant la lui prenne. Mais celui-ci se leva, prit un chapeau rond qui se trouvait sur le lit de Mlle Bürstner et le mit précautionneusement, des deux mains, sur la tête, comme on le fait quand on en essaye un neuf.

— Comme tout vous paraît simple ! dit-il en même temps à K. ; nous devrions donner à l'affaire une heureuse conclusion, disiez-vous ? Non, non, vraiment ce n'est pas possible ; mais par là je ne veux pas dire non plus qu'il vous faut désespérer. Non, pourquoi donc ? Vous êtes arrêté, rien de plus. C'est ce que j'avais à vous communiquer, je l'ai fait et j'ai vu comment vous l'avez pris. Voilà, c'est terminé pour aujourd'hui et nous pouvons prendre congé l'un de l'autre, provisoirement il est vrai. Vous voulez sans doute aller à la banque, maintenant ?

— A la banque ? interrogea K., je pensais que j'étais arrêté.

K. interrogeait un peu sur un ton de défi, car bien que sa poignée de main n'eût pas été acceptée, il se sentait, surtout depuis que le surveillant s'était levé, de plus en plus indépendant de tous ces gens. Il jouait avec eux. Il avait l'intention, au cas où ils s'en iraient, de courir derrière eux jusqu'à l'entrée de l'immeuble et de leur offrir de l'arrêter.

C'est pourquoi il répéta : — Comment puis-je donc aller à la banque puisque je suis arrêté ?

— Ah ! bon, dit le surveillant déjà sur le pas de la

porte, vous m'avez mal compris. Vous êtes arrêté, certes, mais cela ne doit pas vous empêcher d'exercer votre profession. Vous ne devez pas non plus être gêné dans votre façon de vivre habituelle.

— Alors, être arrêté, ce n'est pas très grave, dit K. en s'approchant du surveillant.

— Je n'ai jamais dit autre chose, fit celui-ci.

— Mais dans ce cas, la notification de l'arrestation ne semble pas avoir été bien nécessaire, dit K. en s'approchant encore plus. Les autres aussi s'étaient approchés ; tous étaient maintenant groupés sur un étroit espace près de la porte.

— C'était mon devoir, dit le surveillant.

— Un devoir bête, dit K. inflexible.

— C'est possible, répondit le surveillant, mais ne perdons pas notre temps avec des discours de cette sorte. J'avais supposé que vous vouliez aller à la banque. Comme vous prêtez attention à chaque mot, j'ajoute : je ne vous force pas à aller à la banque, j'avais seulement supposé que vous le vouliez et pour vous faciliter les choses et rendre votre arrivée à la banque aussi discrète que possible, j'ai tenu ces trois messieurs, vos collègues, ici à votre disposition.

— Comment ! s'écria K., et il regarda ces trois-là avec stupéfaction. Ces jeunes gens sans caractères particuliers et anémiques, qu'il croyait encore voir penchés sur les photos, étaient en effet des employés de sa banque, non pas des collègues, c'était trop dire et révélait une lacune dans l'omniscience du surveillant, mais à coup sûr des employés subalternes de sa banque. Comment K. avait-il pu ne pas s'en apercevoir ? A quel point avait-il dû être absorbé par le surveillant et les gardiens pour ne pas les reconnaître, ces trois-là ! Le raide Rabensteiner, qui agitait les mains, le blond Kullich, avec les yeux enfoncés, et Kaminer, avec son insupportable sourire provoqué par une contraction musculaire chronique.

— Bonjour ! fit K. après un moment et il tendit la main à ces messieurs qui s'inclinèrent avec correction. Je ne vous ai pas du tout reconnus. Alors, nous allons au travail, n'est-ce pas ?

Ces messieurs hochèrent la tête en riant avec empressement, comme s'ils avaient attendu cela pendant tout ce temps, et lorsque K. ne trouva pas son chapeau resté dans sa chambre, ils coururent le chercher, l'un derrière l'autre, ce qui dénotait un certain embarras. K. se tint immobile et les suivit des yeux par les deux portes ouvertes, le dernier était naturellement Rabensteiner, l'indifférent qui n'avait fait qu'esquisser un trot élégant. Ce fut Kaminer qui lui tendit le chapeau et K. fut bien obligé de se dire, comme à la banque, que le sourire de celui-ci n'était pas intentionnel, qu'il ne pouvait pas même sourire avec intention.

Dans l'antichambre Mme Grubach qui n'avait pas du tout l'air de se sentir coupable ouvrit la porte d'entrée à tout le monde et K., comme si souvent, abaissa le regard sur le lien de son tablier qui s'enfonçait bien inutilement dans son corps imposant. Arrivé en bas, K., la montre à la main, résolut de prendre une voiture pour ne pas accroître son retard qui était déjà d'une demi-heure. Kaminer courut jusqu'au coin de la rue pour aller en chercher une, les deux autres tentaient visiblement de distraire K., lorsque Kullich montra tout à coup le portail de la maison d'en face où le grand homme au bouc blond faisait son apparition ; comme un peu gêné au premier instant de se montrer dans toute sa taille, il recula vers le mur et s'y appuya. Les vieux étaient sûrement encore dans l'escalier. K. était fâché contre Kullich de ce qu'il eût attiré son attention sur cet homme que lui-même avait d'ailleurs déjà remarqué, oui, qu'il avait même attendu.

— Ne regardez pas dans cette direction ! leur jeta-t-il sans se rendre compte à quel point cette façon de parler pouvait paraître surprenante, s'adressant à des hommes majeurs. Mais il n'eut pas besoin de s'expliquer car l'auto arrivait. On s'y assit et on partit. Alors K. se souvint qu'il n'avait pas du tout remarqué le départ du surveillant et des gardiens, le surveillant lui avait masqué les trois employés et les trois employés à leur tour lui avaient masqué le surveillant. Cela ne révélait pas beaucoup de présence d'esprit et K. prit la résolution de s'observer plus exactement à cet égard. Pourtant, il se retourna involontairement et se pencha par la porte arrière de la voiture pour éventuellement apercevoir encore le surveillant et les gardiens. Mais il se redressa aussitôt et se cala confortablement dans l'angle de la voiture, sans même avoir fait la tentative de chercher quelqu'un des yeux. Malgré les apparences, c'était à cet instant précis qu'il aurait eu besoin d'une parole d'encouragement, mais ces messieurs paraissaient fatigués, Rabensteiner regardait à droite audehors et Kullich à gauche ; il ne restait que le seul Kaminer avec son ricanement dont il aurait été inhumain de se moquer.

Ce printemps-là, K., qui restait la plupart du temps au bureau jusqu'à neuf heures, avait coutume de faire, après le travail, quand cela était encore possible, une petite promenade tout seul ou avec d'autres employés ; ensuite il allait dans une brasserie où il fréquentait une table réservée, le plus souvent en compagnie de messieurs d'un certain âge et il y restait jusqu'à onze heures. Mais il y avait aussi des exceptions, quand le directeur de la banque, par exemple, qui appréciait beaucoup sa puissance de travail et la confiance que l'on pouvait avoir en lui, l'invitait à une promenade en voiture ou à un dîner dans sa villa. En outre, K. allait une fois par semaine chez une jeune fille du nom d'Elsa qui pendant toute la nuit jusqu'à une heure avancée de la matinée était serveuse dans un débit de boissons et qui pendant la journée ne recevait les visites que dans son lit.

Mais ce soir-là — la journée s'était déroulée très vite entre un travail assidu et une foule de vœux d'anniversaire aussi flatteurs qu'amicaux — K. voulut rentrer immédiatement à la maison. Il n'avait cessé de penser à cela pendant toutes les petites pauses au cours de son travail de la journée ; sans exactement savoir pourquoi. Il lui semblait que les incidents du matin avaient dû causer un grand désordre dans tout l'appartement de Mme Grubach et que sa présence était indispensable pour tout remettre en ordre. Cela fait, toute trace de ces incidents serait effacée et tout reprendrait son cours. Des trois employés, il n'y avait vraiment rien à craindre, ils avaient à nouveau disparu parmi le vaste personnel de la banque et on ne remarquait aucun changement dans leur comportement. K. les avait souvent fait appeler dans son bureau, seul ou ensemble, à seule fin de les observer ; et toujours il avait pu les congédier, satisfait.

Lorsqu'il arriva à neuf heures et demie devant la maison où il habitait, il vit debout à la porte d'entrée, jambes écartées, un jeune homme qui fumait la pipe.

— Qui êtes-vous ? demanda K. aussitôt, approchant son visage tout près du jeune homme car on n'y voyait guère dans la pénombre de l'entrée.

— Je suis le fils du concierge, votre Honneur, répondit le jeune homme en enlevant sa pipe de la bouche et en s'effaçant.

— Le fils du concierge ? interrogea K. en frappant le sol de sa canne avec impatience.

— Monsieur désire-t-il quelque chose ? Dois-je aller chercher mon père ?

— Non, non, dit K. Sa voix avait une tonalité indulgente comme si le garçon avait fait quelque chose de mal, mais qu'il lui pardonnait.

— C'est bien, dit-il et il continua son chemin, mais avant de monter l'escalier il se retourna encore une fois.

Il aurait pu aller tout droit à sa chambre, mais comme il voulait parler à Mme Grubach, il frappa tout de suite à sa porte. Elle était assise en train de repriser devant une table où s'entassaient de vieux bas ; il s'excusa distraitement de venir si tard mais Mme Grubach fut très aimable et ne voulut pas écouter ses excuses ; pour lui, elle était toujours disponible, il savait bien qu'il était son meilleur locataire et celui qu'elle préférait. Des yeux K. fit le tour de la pièce ; elle était de nouveau exactement dans son état antérieur ; la vaisselle du petit déjeuner sur la petite table près de la fenêtre avait elle aussi déjà été débarrassée. « Les mains de femme en font tout de même beaucoup et sans bruit », pensa-t-il ; lui, il aurait peut-être cassé la vaisselle ici même mais il n'aurait certainement pas pu la remporter. Il regarda Mme Grubach avec une certaine reconnaissance.

— Pourquoi travaillez-vous encore si tard ? demanda-t-il.

Ils étaient maintenant tous les deux assis à la table et de temps à autre K. enfouissait ses mains sous les bas.

— Il y a beaucoup de travail, dit-elle ; pendant la journée j'appartiens à mes locataires ; si je veux mettre mes affaires en ordre, il ne me reste que les soirées.

— Et aujourd'hui je vous ai encore occasionné du travail supplémentaire.

— Comment cela ? demanda-t-elle, en s'animant un peu, ses affaires à repriser posées sur ses genoux.

— Je veux dire ces hommes qui étaient ici, ce matin.

— Ah ! oui, dit-elle, reprenant son calme, cela ne m'a guère donné de travail.

K. la regarda en silence reprendre le bas qu'elle reprisait. « Cela paraît l'étonner que j'en parle », pensa-t-il, « elle ne semble pas trouver bien d'en parler. Il est d'autant plus important que je le fasse. Je ne puis le faire qu'avec une vieille femme. »

— Si, du travail cela en a certainement donné, dit-il alors, mais cela ne se reproduira pas.

— Non, cela ne peut pas se reproduire, dit-elle en insistant et elle adressa à K. un sourire presque désolé.

— Le pensez-vous sérieusement ? demanda K.

— Oui, dit-elle plus bas, mais surtout ne le prenez pas trop à cœur. Il y a tellement de choses qui arrivent dans le monde ! Puisque vous me parlez avec tant de confiance, monsieur K., je peux bien vous avouer que j'ai un petit peu écouté derrière la porte et que les deux gardiens m'ont eux aussi raconté un certain nombre de choses. C'est de votre bonheur qu'il s'agit et celui-ci me tient vraiment à cœur, peut-être plus qu'il ne convient, car je ne suis que votre logeuse. Donc, j'ai entendu un certain nombre de choses mais je ne peux pas dire que ce soit particulièrement grave. Non. Vous êtes arrêté, c'est vrai, mais non pas comme est arrêté un voleur. Quand on est arrêté comme l'est un voleur, c'est grave, mais cette arrestation-ci... Cela me fait l'effet de quelque chose de savant, excusez-moi, si je dis quelque chose de bête, que je ne comprends pas, il est vrai, mais qu'on n'est pas non plus tenu de comprendre.

— Il n'y a rien de bête dans ce que vous avez dit, madame Grubach, je suis au moins partiellement de votre avis, si ce n'est que je juge les choses plus sévèrement que vous et que je ne les tiens pas même pour savantes, je ne les tiens pour rien du tout. On m'est tombé dessus, voilà ce que c'est. Si je m'étais levé dès le réveil, sans me laisser déconcerter par l'absence d'Anna et si j'étais allé auprès de vous sans tenir compte de qui se serait mis sur mon chemin, si cette fois j'avais exceptionnellement pris mon petit déjeuner à la cuisine, si je m'étais fait apporter mes habits de ma chambre par vous, bref, si j'avais agi raisonnablement, rien ne serait arrivé et tout ce qui devait se produire aurait été étouffé dans l'œuf. Mais on est tellement peu préparé ! A la banque, par exemple, je suis préparé, là, il est impossible que quelque chose comme ça puisse m'arriver. J'ai là-bas mon propre domestique ; le téléphone direct et le téléphone intérieur se trouvent devant moi sur ma table. Sans arrêt des gens viennent, des clients et des employés, d'autre part et surtout j'y suis sans cesse au cœur de mon travail, j'ai donc toute ma présence d'esprit, et ce serait vraiment un plaisir de m'y trouver confronté à une affaire de ce genre. Bon, maintenant c'est passé et d'ailleurs je ne voulais plus en parler, je voulais seulement entendre votre avis, l'avis d'une femme raisonnable et je suis très heureux que nous soyons d'accord. Mais maintenant, il faut que vous me donniez la main, un tel accord doit être scellé par une poignée de main.

« Va-t-elle me donner la main ? Le surveillant ne m'a pas donné la main », pensa-t-il et il la regarda tout autrement que tout à l'heure, avec une attention soutenue. Elle se leva parce qu'il s'était levé lui aussi. Elle était un peu embarrassée, parce qu'elle n'avait pas compris tout ce qu'avait dit K. Son embarras lui fit dire quelque chose qu'elle ne voulait pas du tout, qu'il n'aurait pas fallu dire :

— Ne vous tourmentez pas comme ça, monsieur K., dit-elle ; elle avait des larmes dans la voix et bien sûr elle oublia aussi la poignée de main.

— Je ne sache pas que je me tourmente, dit K. tout à

coup fatigué et se rendant compte de la futilité des marques d'intérêt de cette femme.

A la porte il demanda encore :

— Mlle Bürstner est-elle chez elle ?

— Non, dit Mme Grubach et tout en donnant ce renseignement laconique elle eut un peu trop tard un sourire de sympathie.

— Elle est au théâtre. Vous lui voulez quelque chose ? Est-ce que je dois lui faire une commission ?

— Ah ! je voulais simplement lui dire quelques mots.

— Je ne sais malheureusement pas quand elle reviendra ; quand elle est au théâtre, elle revient généralement tard.

— Ça ne fait rien — et déjà il se tournait, la tête baissée, vers la porte pour s'en aller —, je voulais simplement m'excuser auprès d'elle d'avoir mobilisé sa chambre.

— Ce n'est pas la peine, monsieur K., vous avez trop d'égards, mademoiselle ne sait rien, elle est partie de très bonne heure et n'est pas revenue à la maison, d'ailleurs tout a déjà été remis en ordre, voyez vous-même.

Et elle ouvrit la porte de la chambre de Mlle Bürstner.

— Merci, je vous crois, dit K., mais il entra tout de même par la porte ouverte. La lune éclairait la pièce obscure. Pour autant qu'on pouvait voir, tout était vraiment à sa place, même le chemisier n'était plus accroché à l'espagnolette. La hauteur des oreillers sur le lit frappait, ils étaient en partie éclairés par la lumière de la lune.

— Mademoiselle rentre souvent tard, dit K. en regardant Mme Grubach, comme si elle en portait la responsabilité.

— Les jeunes gens sont comme ça ! dit Mme Grubach pour l'excuser.

— Bien sûr, bien sûr ! dit K., mais cela peut aller trop loin.

— Cela se peut, en effet, dit Mme Grubach. Comme vous avez raison, monsieur K. Et peut-être même dans ce cas précis. Je ne veux certainement pas dire du mal de Mlle Bürstner, c'est une bonne, une gentille fille, aimable, convenable, ponctuelle et travailleuse. Tout cela, je l'apprécie, mais une chose est vraie, elle devrait être plus fière, plus réservée. Deux fois de suite, ce mois-ci, je l'ai vue dans des rues éloignées et chaque fois avec un monsieur différent. Je suis très gênée et, grands dieux, il n'y a que vous, monsieur K., à qui je le raconte. Mais je ne pourrais pas éviter d'en parler avec mademoiselle elle-même. D'ailleurs, ce n'est pas seulement cela qui me rend méfiante à son égard.

— Vous faites tout à fait fausse route, dit K. furieux et presque incapable de s'en cacher, d'ailleurs vous semblez également avoir mal compris la réflexion que j'ai faite à propos de cette demoiselle, ce n'est pas cela que je voulais dire. Je vous mets, très franchement en garde : ne lui dites rien du tout. Vous faites erreur, je connais mademoiselle très bien, rien de ce que vous dites n'est vrai. Mais il se peut que j'aille trop loin, je ne veux pas vous en empêcher, dites-lui ce que vous voudrez. Bonne nuit.

— Monsieur K., dit Mme Grubach d'un ton suppliant et en se hâtant de le suivre jusqu'à la porte qu'il avait déjà ouverte, mais ce n'est pas tout de suite que je veux parler à la demoiselle, pour l'instant je veux encore l'observer quelque temps, c'est à vous seul que j'ai confié ce que je savais. Finalement tout locataire ne peut que se féliciter de ce que l'on cherche à maintenir la pension dans un état de propreté et c'est mon seul souci.

— La propreté ! cria K. par l'entrebâillement de la porte, si vous voulez que la pension reste propre, c'est d'abord à moi qu'il faut que vous donniez congé.

Puis il claqua la porte sans tenir aucun compte des coups légers que l'on y frappait.

En revanche, comme il n'avait aucune envie de dormir, il résolut de rester debout et d'en profiter pour constater à quelle heure Mlle Bürstner allait rentrer. Peut-être serait-il alors possible, si inconvenant que cela fût, d'échanger quelques mots avec elle. Lorsqu'il fut accoudé à la fenêtre et qu'il ferma ses yeux fatigués, il pensa même un instant punir Mme Grubach et convaincre Mlle Bürstner de donner son congé en même temps que lui. Mais aussitôt, il trouva cela terriblement exagéré et il se soupçonna lui-même de ne vouloir changer de logement qu'à cause des incidents du matin. Rien n'aurait été plus insensé et surtout plus inutile et plus méprisable.

Lorsqu'il fut las de regarder la rue vide, il s'étendit sur le canapé, après avoir entrouvert la porte de l'antichambre, afin de voir depuis son canapé quiconque entrerait dans l'appartement. Il resta étendu tranquillement jusque vers les onze heures en fumant un cigare. A partir de ce moment-là il ne supporta plus de rester là et il se rendit dans l'antichambre comme s'il pouvait ainsi accélérer l'arrivée de Mlle Bürstner. Rien de particulier ne le poussait vers elle, il n'arrivait même pas à se la rappeler exactement, mais il voulait lui parler et il était irrité que son arrivée tardive mît encore de l'agitation et du désordre dans la conclusion de cette journée ; c'était aussi de sa faute s'il n'avait pas dîné ce soir et négligé la visite envisagée à Elsa. Il pouvait, il est vrai, rattraper cela en allant maintenant au débit de boissons où Elsa était employée. Il irait, tout à l'heure, après son entretien avec Mlle Bürstner.

Il était onze heures et demie passées lorsque des pas se firent entendre dans la cage d'escalier. K., qui, tout à ses pensées, allait et venait bruyamment dans l'antichambre comme si c'était sa propre chambre, se réfugia derrière sa porte. C'était Mlle Bürstner qui arrivait, frissonnante, elle noua un châle de soie autour de ses minces épaules tout en verrouillant la porte. L'instant d'après, elle entrerait dans sa chambre où, bien sûr, vers minuit, K. ne pouvait pas pénétrer ; il fallait donc lui adresser la parole tout de suite, mais malheureusement il avait oublié d'allumer la lumière chez lui, de sorte que s'il sortait de sa chambre obscure cela ressemblerait à un guet-apens et ferait en tout cas très peur à la jeune fille. Ne sachant que faire et comme il n'y avait pas de temps à perdre, il murmura par l'entrebâillement de la porte :

— Mademoiselle Bürstner !

On aurait dit une supplication plutôt qu'un appel.

— Il y a quelqu'un ici ? demanda Mlle Bürstner, regardant autour d'elle avec de grands yeux.

— C'est moi, dit K. en s'avançant.

— Ah ! monsieur K. ! dit Mlle Bürstner en souriant. Bonsoir — et elle lui tendit la main.

— J'aurais voulu vous dire quelque chose, voudriez-vous me le permettre maintenant ?

— Maintenant ? demanda-t-elle. Il faut que ce soit maintenant ? Vous ne trouvez pas cela un peu étrange ?

— Je vous attends depuis neuf heures.

— Eh, oui ! j'étais au théâtre, je ne pouvais pas me douter.

— La raison de l'entretien que je désire avoir avec vous ne s'est présentée qu'aujourd'hui.

— Ah ! bon. Je n'ai d'ailleurs aucune raison pour m'opposer à un tel entretien, si ce n'est que je ne tiens plus debout de fatigue, donc, venez quelques minutes dans ma chambre. Ici nous ne pouvons parler en aucun cas. Nous allons réveiller tout le monde et cela serait plus désagréable encore pour nous deux que pour les autres. Attendez que j'aie allumé dans ma chambre et puis vous éteindrez la lumière ici.

C'est ce que fit K., mais ensuite il attendit que Mlle Bürstner l'invitât à voix basse à venir.

— Asseyez-vous, dit-elle en indiquant le canapé ; elle resta debout appuyée au pied du lit, malgré la fatigue dont elle avait parlé, elle n'avait pas même retiré son petit chapeau orné d'une profusion de fleurs.

— Donc, que voulez-vous ? Je suis vraiment curieuse de le savoir.

Elle croisa légèrement les jambes.

— Vous allez peut-être dire, commença K., que l'affaire n'était pas urgente au point d'en parler à cette heure, mais...

— Les circonlocutions, je ne les écoute jamais, dit Mlle Bürstner.

— Cela va me faciliter la tâche, dit K. Votre chambre, ce matin, a été un peu mise en désordre, et par ma faute en quelque sorte, mais par des inconnus et contre ma volonté et pourtant, comme je vous l'ai dit, par ma faute. Je voulais vous prier de m'en excuser.

— Ma chambre ? interrogea Mlle Bürstner, regardant attentivement non pas la chambre mais K.

— C'est comme je vous le dis, et tous deux pour la première fois se regardèrent dans les yeux, la manière dont cela est arrivé ne vaut pas la peine qu'on en parle.

— Et c'est pourtant cela l'intéressant, dit Mlle Bürstner.

— Non ! fit K.

— Eh bien. Je ne veux pas forcer de secrets, reprit Mlle Bürstner, si vous maintenez que cela est sans intérêt, je ne veux pas faire d'objections. Les excuses que vous me présentez, je les accepte bien volontiers, d'autant que je ne trouve aucune trace de désordre. Et les mains appuyées à plat sur les hanches, elle fit le tour de sa chambre. Devant la petite natte où étaient fixées les photographies, elle resta en arrêt.

— Mais voyez-moi ça, s'écria-t-elle. C'est vrai que mes photos sont sens dessus dessous. Ce n'est pas bien, cela. Donc quelqu'un est entré dans ma chambre sans en avoir le droit.

K. hocha la tête et maudit dans son for intérieur l'employé Kaminer qui n'arrivait jamais à maîtriser son agitation stérile et désordonnée.

— C'est étrange, fit Mlle Bürstner, que je sois obligée de vous interdire ce que vous devriez vous interdire vous-même, à savoir pénétrer dans ma chambre en mon absence.

— Mais je vous ai expliqué mademoiselle, dit K. s'approchant à son tour des photographies, que ce n'est pas moi qui me suis permis de toucher à vos photos, mais puisque vous ne me croyez pas, il faut donc vous avouer que la commission d'enquête a amené trois employés de la banque, l'un d'eux, que je vais renvoyer à la première occasion, a dû toucher à vos photos. Oui, mademoiselle, il est venu ici une commission d'enquête, ajouta K., car la jeune fille le regardait étonnée.

— A cause de vous ? demanda-t-elle.

— Oui ! répondit K.

— Non ? s'écria la jeune femme en riant.

— Si, répondit K. Croyez-vous donc que je sois innocent ?

— Innocent, eh bien ! dit-elle, je ne veux pas d'emblée, comme ça, prononcer un jugement lourd de conséquences, de plus, je ne vous connais pas et il faut qu'on ait affaire à un malfaiteur de taille pour tout de suite lui mettre une commission d'enquête sur le dos. Mais puisque vous êtes libre — votre calme tout au moins m'amène à penser que vous ne vous êtes pas échappé de prison —, vous ne pouvez pas avoir commis un crime de cette nature.

— C'est vrai, dit K., mais la commission d'enquête peut s'être rendu compte que je suis innocent ou moins coupable qu'on ne le supposait.

— Certes, c'est bien possible, dit Mlle Bürstner devenue très attentive.

— Voyez-vous, dit K., vous n'avez pas grande expérience des affaires judiciaires.

— Non, je n'en ai guère, fit Mlle Bürstner, et je l'ai déjà souvent regretté, car j'aimerais tout savoir, et les questions judiciaires, justement, m'intéressent énormément. La justice exerce une étrange force d'attraction, n'est-ce pas ? Mais je vais sûrement compléter mes connaissances à cet égard car j'entre le mois prochain comme aide de bureau dans un cabinet d'avocat.

— Ça c'est très bien, dit K. Vous allez pouvoir m'aider un peu pour mon procès.

— C'est bien possible, dit Mlle Bürstner, pourquoi pas, j'aime bien utiliser mes connaissances.

— D'ailleurs, je le dis sérieusement, dit K., ou du moins à demi sérieusement, comme vous. Pour recourir à un avocat, l'affaire est par trop dérisoire mais un conseiller ne me serait pas inutile.

— Mais si je dois être votre conseillère, il faut que je sache de quoi il s'agit, dit Mlle Bürstner.

— Mais c'est là qu'est justement le hic, je ne le sais pas moi-même, fit K.

— Alors vous vous êtes moqué de moi, dit Mlle Bürstner extrêmement déçue. Il était tout à fait superflu de choisir pour cela cette heure avancée de la nuit.

Et elle s'éloigna des photographies près desquelles ils s'étaient pendant ce temps tenus tous deux.

— Mais, non, mademoiselle, je ne plaisante pas. Pourquoi ne me croyez-vous pas ! Je vous ai dit ce que je sais ! Même plus que cela, car ce n'était pas du tout une commission d'enquête, je l'appelle seulement ainsi parce que je ne connais pas d'autre nom. Il n'y a eu d'enquête sur rien du tout, j'ai simplement été arrêté mais par une commission.

Mlle Bürstner, assise sur le canapé, se remit à rire :

— Et comment cela s'est-il passé ? demanda-t-elle.

— Ce fut effroyable, dit K., mais pour l'instant, il ne pensait pas du tout à cela, il était tout ému à la vue de Mlle Bürstner qui, le visage appuyé sur une main — son coude reposait sur le coussin du canapé —, se passait lentement l'autre main sur la hanche.

— Cela est trop vague, dit Mlle Bürstner.

— Qu'est-ce qui est trop vague ? demanda K. Puis il se souvint et reprit :

— Voulez-vous que je vous montre comment cela s'est passé ?

Il voulait bouger un peu, mais non pas s'en aller.

— Je suis fatiguée, dit Mlle Bürstner.

— Vous êtes venue tellement tard, dit K.

— Et voilà comment cela se termine : on me fait des reproches, c'est d'ailleurs mérité. Je n'aurais pas dû vous faire entrer. Et ce n'était pas nécessaire, nous l'avons bien vu.

— Cela était nécessaire, c'est maintenant que vous allez le voir, dit K. Est-ce que je peux approcher la table de nuit ?

— Qu'est-ce qui vous prend ? dit Mlle Bürstner. Non, je vous l'interdis.

— Alors, je ne peux pas vous montrer ? fit K. énervé, comme si par là on lui infligeait un dommage incommensurable.

— Bon, si vous en avez besoin pour votre démonstration, alors déplacez-la donc, dit Mlle Bürstner, ajoutant un instant après d'une voix plus faible :

— Je suis si fatiguée que je permets plus de choses qu'il n'est convenable.

K. mit la table au milieu de la pièce et s'assit derrière.

— Il faut bien vous représenter la disposition des personnages, c'est très intéressant. Je suis le surveillant ; là-bas, sur la malle, sont assis deux gardiens ; près des photos se tiennent trois jeunes gens. A la poignée de la fenêtre, je ne le mentionne qu'en passant, est accrochée une blouse blanche. Et maintenant cela commence. Et voilà que je m'oublie. Moi, le personnage principal. Je suis debout ici, devant la petite table. Le surveillant est assis très confortablement, jambes croisées, le bras pendant, ici, par-dessus le dossier, une vraie gouape. Et ça commence. Le surveillant appelle, comme s'il fallait me réveiller ; il crie vraiment, mais si je veux vous le faire comprendre, il faut malheureusement que je crie moi aussi, c'est d'ailleurs seulement mon nom qu'il crie comme ça.

Mlle Bürstner qui écoutait en riant mit son index contre sa bouche pour empêcher K. de crier, mais il était trop tard. K. était déjà trop pris par son rôle, lentement il se mit à crier : « Joseph K. », moins fort d'ailleurs qu'il ne l'avait annoncé mais tout de même assez fort pour que le cri une fois poussé semblât se répandre peu à peu dans la pièce.

Alors, on frappa à plusieurs reprises à la porte, avec force, à coups brefs et réguliers. Mlle Bürstner devint blême et mit sa main sur son cœur. K. fut particulièrement effrayé car il avait été incapable, un instant durant, de penser à autre chose qu'aux incidents du matin et à la jeune fille à qui il en faisait la démonstration. A peine s'était-il ressaisi qu'il bondit vers Mlle Bürstner et lui prit la main.

— Ne craignez rien, lui chuchota-t-il, je vais tout arranger, mais qui cela peut-il bien être ? A côté, il n'y a que le salon et personne n'y couche.

— Si, lui murmura Mlle Bürstner à l'oreille, depuis hier un neveu de Mme Grubach couche là, un capitaine. Il n'y a pas d'autre chambre de libre. Je l'avais oublié, moi aussi. Mais pourquoi donc crier ainsi ! J'en suis toute bouleversée.

— Il n'y a pas de quoi, dit K., et il l'embrassa sur le front tandis qu'elle se laissait retomber dans les coussins.

— Partez, partez, dit-elle, se redressant en hâte, allez donc, mais partez donc, que voulez-vous, il écoute à la porte, il entend tout. Comme vous me torturez !

— Je ne m'en irai pas avant que vous ne soyez un peu

calmée. Venez à l'autre bout de la pièce, là il ne peut nous entendre.

Elle s'y laissa conduire.

— Vous ne semblez pas voir que c'est sans doute un désagrément pour vous mais vraiment pas un danger. Vous savez bien à quel point Mme Grubach — c'est elle qui tranche et surtout en l'occurrence, puisque le capitaine est son neveu —, vous savez bien donc à quel point elle me vénère et croit tout ce que je dis. D'ailleurs elle est sous ma dépendance, car elle m'a emprunté une somme assez considérable. Toute explication qu'il vous plaira de donner, je la fais mienne pourvu qu'elle corresponde tant soit peu au but que je me propose et je vous garantis que non seulement Mme Grubach donnera aux autres cette explication de notre tête-à-tête à pareille heure, mais de plus elle y prêtera foi elle-même, vraiment et sincèrement. Mais quant à moi, rien ne vous oblige à me ménager. Toutefois si vous voulez que tout le monde croie que je vous ai tendu un guet-apens, c'est cela que je dirai à Mme Grubach et elle le croira sans pour autant perdre sa confiance en moi, tellement elle tient à moi.

Mlle Bürstner regardait le sol en silence, un peu tassée sur elle-même.

— Pourquoi Mme Grubach ne croirait-elle pas que je vous ai assaillie ? ajouta K. Il voyait devant lui sa chevelure, rousse, très serrée qui bouffait sur le front et était partagée en deux par une raie. Il crut qu'elle allait tourner son regard vers lui, mais elle dit sans changer d'attitude :

— Excusez-moi, ces coups frappés brusquement m'ont effrayée, mais pas tellement à cause des conséquences que peut entraîner la présence du capitaine. Il y avait un tel silence après votre cri, et c'est alors qu'on a frappé, c'est pourquoi j'ai été si effrayée, j'étais assise près de la porte, on a frappé presque à côté de moi. Je vous remercie de vos propositions mais je ne les accepte pas. Je peux assumer la responsabilité de tout ce qui se passe dans ma chambre et cela face à qui que ce soit. Je m'étonne que vous ne remarquiez pas ce qu'il y a d'offensant dans vos propositions, à côté des bonnes intentions bien entendu, que je reconnais, bien sûr, tout à fait. Mais maintenant allez, laissez-moi seule, j'en ai encore plus besoin que tout à l'heure. Les quelques minutes que vous m'avez demandées sont devenues une demi-heure et même davantage.

K. lui prit la main et puis le poignet :

— Mais vous n'êtes pas fâchée contre moi ? dit-il.

Elle écarta sa main et répondit :

— Non, non, je ne suis jamais fâchée et jamais contre personne.

Il lui reprit la main, cette fois elle le laissa faire et se dirigea avec lui vers la porte. Il était fermement décidé à s'en aller. Mais devant la porte, comme s'il ne s'était pas attendu à en trouver une là, il hésita, c'est de cet instant que Mlle Bürstner profita pour se dégager, elle ouvrit, se glissa dans l'antichambre et dit doucement à K. :

— Venez donc. Regardez ! — elle montrait la porte du capitaine d'où filtrait un rai de lumière. Il a allumé et se distrait à nous écouter.

— Je viens, je viens, dit K.

Il s'avança en courant, il la saisit, l'embrassa sur la bouche, puis sur tout le visage comme un animal assoiffé lape de la langue l'eau de la source enfin trouvée. Finalement, il l'embrassa sur la gorge, et y laissa longtemps reposer ses lèvres. Un bruit provenant de la chambre du capitaine lui fit lever les yeux.

— Maintenant je m'en vais, dit-il ; il voulut appeler Mlle Bürstner par son prénom, mais il ne le connaissait pas. Elle lui fit un signe de tête fatigué, lui donna, à demi détournée, comme si elle ne s'en apercevait pas, sa main à baiser et rentra dans sa chambre, le dos voûté. Peu après, K. était au lit. Il s'endormit très vite. Avant de s'endormir il pensa encore un petit moment à la façon dont il s'était comporté ; il en était satisfait, mais s'étonna de n'en pas être plus satisfait encore ; à cause du capitaine il se faisait réellement du souci pour Mlle Bürstner.

Chapitre deuxième

L'amie de Mlle Bürstner.

PENDANT le temps qui suivit, il fut impossible à K. d'échanger même quelques mots avec Mlle Bürstner. Il essaya de l'approcher des manières les plus diverses, mais elle sut toujours l'éviter. Il revenait chez lui aussitôt qu'il sortait du bureau et restait dans sa chambre sans allumer la lumière, assis sur le canapé, occupé à rien sinon à observer l'antichambre. Si la bonne passait et fermait la porte de la chambre, apparemment vide, il se levait un moment plus tard et la rouvrait. Le matin il se levait une heure plus tôt que d'habitude pour pouvoir peut-être rencontrer Mlle Bürstner seule, lorsqu'elle allait au bureau. Mais aucune de ces tentatives ne réussit.

Ensuite, il lui écrivit au bureau et chez elle, cherchant à justifier une fois encore son comportement, offrant toute espèce de réparation. Il promettait de ne jamais dépasser les bornes qu'elle lui imposerait et lui demandait seulement de lui donner la possibilité de lui parler une fois au moins. Il ne pourrait rien entreprendre auprès de Mme Grubach, tant qu'il ne l'aurait pas consultée, elle ; finalement il l'informa que le dimanche suivant il attendrait toute la journée un signe d'elle qui lui permettrait d'espérer l'accomplissement de sa demande ou qui lui expliquerait tout au moins pourquoi elle ne pouvait satisfaire sa prière, bien qu'il lui eût pourtant promis de se plier en tout point à sa volonté. Les lettres ne lui furent pas renvoyées mais il n'y eut pas non plus de réponse. Le dimanche, en revanche, il y eut un signe et suffisamment clair.

Dès le matin, K. remarqua par le trou de la serrure une certaine agitation dans l'antichambre, dont il ne tarda pas à avoir l'explication. Une jeune professeur de français — c'était d'ailleurs une Allemande, elle s'appelait Montag —, une jeune femme faible, pâle et un peu boiteuse qui avait occupé jusque-là une chambre à elle, était en train de s'installer dans la chambre de Mlle Bürstner. Des heures durant, on la vit passer d'un pas traînant à travers l'antichambre. Sans cesse il fallait aller chercher et apporter dans la nouvelle chambre du linge, un napperon ou un livre oubliés.

Lorsque Mme Grubach apporta le petit déjeuner — depuis qu'elle avait tellement fâché K., elle ne laissait pas la bonne le servir mais le servait elle-même —, K. ne put se retenir de lui adresser la parole pour la première fois depuis cinq jours.

— Pourquoi y a-t-il un tel vacarme aujourd'hui dans l'antichambre ? demanda-t-il pendant qu'il se versait le café ; ne pourrait-on y mettre fin ? Faut-il justement faire des rangements un dimanche ?

Encore qu'il ne levât pas la tête vers Mme Grubach, K. remarqua tout de même qu'elle respirait comme soulagée, ces questions pourtant sévères de K., elle les prit pour un pardon ou pour le début du pardon.

— On ne fait pas de rangements, monsieur K., dit-elle. C'est Mlle Montag qui s'installe avec Mlle Bürstner et qui transporte ses affaires.

Elle ne dit rien d'autre mais attendit de savoir comment K. allait le prendre et s'il lui permettrait de continuer à parler. Mais K. la mettait à l'épreuve, il tourna pensivement son café avec la cuillère et se tut. Puis il leva la tête vers elle et dit :

— Avez-vous déjà renoncé à vos anciens soupçons à l'égard de Mlle Bürstner ?

— Monsieur K., s'écria Mme Grubach, qui n'attendait que cette question et tendit vers K. ses mains jointes, dernièrement vous avez si mal pris une remarque faite en passant, je n'ai pas le moins du monde pensé vous blesser, vous ou qui que ce soit d'autre. Vous me connaissez tout de même depuis suffisamment longtemps, monsieur K., pour pouvoir en être certain. Vous n'imaginez pas comme j'ai souffert ces derniers temps ! Moi, calomnier mes locataires ! Et vous, monsieur K., vous avez cru une chose pareille et vous avez dit qu'il fallait vous donner congé ! Vous donner congé.

Cette dernière exclamation fut étouffée par les larmes, elle leva le tablier à hauteur de son visage et éclata en sanglots.

— Ne pleurez donc pas, madame Grubach, dit K. en regardant par la fenêtre, il ne pensait qu'à Mlle Bürstner qui avait pris une jeune fille inconnue dans sa chambre.

— Ne pleurez donc pas, dit-il encore une fois en se retournant vers l'intérieur de la chambre pendant que Mme Grubach pleurait encore.

— Moi, ce jour-là, je n'ai pas pris cela non plus tellement au tragique, nous ne nous sommes pas compris. Ça peut même arriver un jour entre vieux amis. Mme Grubach regarda par-dessus son tablier, dont elle s'était couvert les yeux pour voir si K. était vraiment réconcilié.

— Eh ! oui, c'est comme ça, dit K., et comme l'attitude de Mme Grubach semblait indiquer que le capitaine n'avait rien dit, il se permit d'ajouter :

— Vous croyez vraiment que je pourrais me brouiller avec vous pour une jeune fille inconnue ?

— Justement, c'est bien ça, dit Mme Grubach. — Par malheur, dès qu'elle se sentait un peu soulagée, elle se mettait aussitôt à dire des choses maladroites : — Sans arrêt je me suis demandée : Pourquoi donc M. K. se préoccupe-t-il tant de Mlle Bürstner ? Pourquoi se querelle-t-il avec moi à son propos alors qu'il sait bien que le moindre mot un peu dur de sa part m'empêche de dormir. Je n'ai pas dit autre chose de la demoiselle que ce que j'avais de mes yeux vu.

K. resta sans rien dire ; dès le premier mot il aurait dû la chasser de la chambre et cela il ne le voulait pas. Il se contenta de boire son café et de faire sentir à Mme Grubach à quel point elle était superflue. Dehors on entendait de nouveau le pas traînant de Mlle Montag qui traversait l'antichambre dans toute sa longueur.

— Vous entendez ça ? demanda K., montrant la porte de la main.

— Oui, dit Mme Grubach en soupirant. Je voulais l'aider ou la faire aider par la bonne, mais elle est entêtée, elle veut tout déménager elle-même. Mlle Bürstner m'étonne. Souvent cela me dérange d'avoir Mlle Montag comme locataire et Mlle Bürstner la prend par-dessus le marché dans sa chambre.

— Qu'est-ce que cela peut bien vous faire ? dit K. en écrasant les restes de sucre dans sa tasse. — Est-ce que cela vous cause du tort ?

— Non, fit Mme Grubach, au fond, ça me convient parfaitement, cela me libère une chambre et je peux y mettre mon neveu, le capitaine. Il y a longtemps déjà que je craignais qu'il ne vous eût dérangé ces derniers jours où il m'a fallu le faire coucher à côté, à la salle de séjour, il ne se gêne guère.

— Quelle idée ! dit K., et il se leva. Absolument pas. Vous paraissez me prendre pour quelqu'un d'hypersensible, parce que ces promenades de Mlle Montag — la voilà qui revient, je ne peux pas les supporter.

Mme Grubach sentit toute son impuissance.

— Dois-je lui dire, monsieur K., de remettre à plus tard le reste de son déménagement ? Si vous voulez je vais le lui dire tout de suite ?

— Mais ne doit-elle pas aller s'établir chez Mlle Bürstner ? dit K.

— Si, dit Mme Grubach ; elle ne comprenait pas tout à fait ce que K. voulait dire.

— Eh bien, alors ! dit K., il faut bien qu'elle aille y porter ses affaires. Mme Grubach ne fit que hocher la tête. Ce désarroi muet qui avait l'air d'être de l'entêtement ne fit qu'irriter K. davantage. Il commença à aller et venir de la fenêtre à la porte, enlevant, par là, à Mme Grubach la possibilité de s'en aller, ce qu'elle aurait probablement fait.

K. venait une nouvelle fois d'arriver jusqu'à la porte lorsqu'on frappa. C'était la bonne, venue dire que Mlle Montag aimerait échanger quelques mots avec M. K. et qu'elle le priait de venir à la salle à manger où elle l'attendait. K. écouta pensivement la bonne puis il se tourna avec un regard presque moqueur vers Mme Grubach tout effrayée. Ce regard semblait dire que K. avait prévu cette invitation de Mlle Montag depuis longtemps déjà et qu'elle allait très bien avec toutes les avanies qu'il avait eu à subir ce dimanche matin-là de la part des locataires de Mme Grubach. Il renvoya la bonne en faisant répondre qu'il allait venir tout de suite, il alla à son armoire pour changer de veston et se contenta de répondre à Mme Grubach qui se plaignait doucement de cette importune personne, en la priant de remporter la vaisselle du petit déjeuner.

— Mais vous n'avez presque touché à rien, dit Mme Grubach.

— Ah ! emportez donc ça ! s'écria K. ; il lui semblait que Mlle Montag était, d'une certaine façon, mêlée à tout et qu'elle rendait tout répugnant.

Lorsqu'il traversa l'antichambre, il jeta un regard sur la porte fermée de Mlle Bürstner. Ce n'était pas là qu'on l'avait invité à se rendre mais à la salle à manger dont il ouvrit la porte, violemment, sans frapper.

C'était une pièce très longue mais étroite avec une seule fenêtre. Il y avait seulement assez de place pour deux armoires à l'oblique, dans les coins, de chaque côté de la porte, alors que tout le reste de la pièce était occupé par la longue table qui commençait à proximité de la porte et allait presque jusqu'à la grande fenêtre qu'elle rendait pour ainsi dire inaccessible. La table était déjà mise et pour beaucoup de gens, car le dimanche presque tous les locataires mangeaient là.

Lorsque K. entra, Mlle Montag vint à sa rencontre en longeant la table. Ils échangèrent un salut muet, puis Mlle Montag dit, la tête comme toujours étrangement redressée :

— Je ne sais pas si vous me connaissez.

K. la regarda, les sourcils froncés.

— Bien sûr ! dit-il, vous habitez depuis un certain temps déjà chez Mme Grubach.

— Mais vous ne vous occupez guère de ce qui se passe dans la pension, dit Mlle Montag.

— Non, dit K.

— Vous ne voulez pas vous asseoir ? demanda Mlle Montag.

En silence, ils approchèrent chacun une chaise du bout de la table et s'assirent l'un en face de l'autre. Mais Mlle Montag se releva tout de suite car elle avait laissé son sac à main sur le rebord de la fenêtre et elle alla le chercher, en traversant toute la pièce d'un pas traînant. Lorsqu'elle revint, en balançant légèrement son sac à main, elle dit :

— Je voudrais seulement vous dire quelques mots de la part de mon amie. Elle voulait venir elle-même mais elle ne se sent pas tout à fait bien aujourd'hui. Vous voudrez bien l'excuser et m'écouter à sa place. Elle n'aurait d'ailleurs rien pu vous dire que je ne vous dise. Au contraire, je dois même pouvoir vous en dire davantage puisque je suis relativement peu concernée. Vous ne croyez pas ?

— Qu'y aurait-il à dire ? répondit K. qui en avait assez de voir les yeux de Mlle Montag constamment dirigés sur ses lèvres. Elle s'arrogeait ainsi un droit sur ce qu'il s'apprêtait à dire. — Mlle Bürstner ne semble donc pas m'accorder l'entretien que je lui ai demandé ?

— C'est cela, fit Mlle Montag, ou plutôt ce n'est pas cela du tout. Vous dites cela de façon étonnamment tranchante. En général les entretiens ne sont ni accordés ni refusés. Mais il peut arriver qu'on les tienne pour superflus, et c'est le cas, et votre réflexion m'autorise à parler ouvertement. Vous avez demandé à mon amie, oralement ou par écrit, de vous accorder un entretien. Or mon amie, c'est du moins ce que je suppose, en connaît le sujet et, pour des raisons que j'ignore, est convaincue que l'entretien, s'il avait vraiment lieu, ne serait profitable pour personne. D'ailleurs, elle m'en a parlé hier seulement et de manière très fugitive ; elle a dit d'ailleurs que vous-même ne deviez pas attacher beaucoup de prix à cet entretien, car dit-elle, vous n'êtes arrivé à cette idée que par hasard et vous ne tarderiez pas, sans davantage d'explications, à reconnaître, si ce n'était déjà fait, l'absurdité de tout cela.

» Je lui répondis que c'était juste, en effet, mais que pour plus de clarté, je pensais tout de même indiqué de vous faire parvenir une réponse nette. Je lui ai offert de le faire à sa place et elle accepta après quelques hésitations. Mais j'espère aussi avoir agi selon votre point de vue à vous ; car enfin la moindre incertitude, même dans l'affaire la plus insignifiante, ne cesse d'être une occasion de se tourmenter et quand il est possible de s'en débarrasser, comme dans le cas présent, mieux vaut le faire tout de suite.

— Je vous remercie, dit K. aussitôt ; il se leva lentement, regarda Mlle Montag, puis par-dessus la table, la fenêtre — la maison d'en face était éclairée par le soleil —, et il se dirigea vers la porte. Mlle Montag le suivit quelques pas comme si elle ne lui faisait pas tout à fait confiance. Mais à hauteur de la porte, tous deux durent reculer, car elle s'ouvrit et le capitaine Lanz entra. C'était la première fois que K. le voyait de près. C'était un homme grand, d'à peu près quarante ans, avec un visage plein et bronzé. Il s'inclina légèrement devant K. puis il s'approcha de Mlle Montag et lui baisa respectueusement la main. Il avait une grande aisance de gestes. Sa politesse à l'égard de Mlle Montag tranchait de façon frappante sur la manière dont K. avait traité celle-ci. Pourtant Mlle Montag ne paraissait pas fâchée car elle voulait même, comme K. sembla le remarquer, le présenter au capitaine. K. ne voulait pas qu'on le présente, il aurait été incapable d'être aimable ni à l'égard du capitaine ni à l'égard de Mlle Montag, le baisemain l'avait à ses yeux intégrée à un groupe qui avait pour but, en se donnant l'apparence d'être le plus inoffensif et le plus désintéressé du monde, de le tenir loin de Mlle Bürstner. Ce n'était pas seulement de cela que s'apercevait K. ; il se rendait compte aussi que Mlle Montag avait choisi un bon moyen, encore qu'à double tranchant.

Elle exagérait l'importance de la relation entre Mlle Bürstner et K., elle exagérait surtout l'importance de l'entrevue sollicitée et essayait de tourner les choses de telle manière que c'était K. qui semblait tout exagérer. Elle allait bien le voir qu'elle se trompait, K. ne voulait rien exagérer, il savait que Mlle Bürstner était une petite dactylo qui ne lui résisterait pas longtemps.

Délibérément, il ne tenait pas compte de ce qu'il avait appris par Mme Grubach au sujet de Mlle Bürstner. Il réfléchissait à tout cela lorsqu'il sortit de la pièce en saluant à peine. Il voulut retourner tout de suite dans sa chambre, mais un petit rire de Mlle Montag derrière lui dans la salle à manger lui donna l'idée de leur réserver peut-être une surprise à tous deux, au capitaine et à Mlle Montag. Il regarda autour de lui et écouta pour savoir si quelqu'un qui viendrait de l'une des chambres allait le déranger, mais tout était silencieux, on n'entendait que la conversation dans la salle à manger et, dans le couloir qui menait à la cuisine, la voix de Mme Grubach. L'occasion paraissait favorable. K. alla jusqu'à la porte de la chambre de Mlle Bürstner et il frappa doucement. Comme rien ne bougeait, il frappa encore une fois, mais cette fois encore il n'eut pas de réponse. Dormait-elle ? Ou n'était-elle vraiment pas bien ? Ou bien ne faisait-elle semblant que parce qu'elle devinait que seul K. pouvait frapper si doucement ? K. supposa qu'elle faisait semblant et il frappa plus fort et, finalement, comme il frappait sans succès, il ouvrit la porte avec précaution et non sans avoir le sentiment de faire quelque chose de répréhensible et d'inutile. Dans la chambre, il n'y avait personne. De plus, c'est à peine si elle rappelait encore la chambre telle que K. l'avait connue. Deux lits se trouvaient maintenant rangés contre le mur, l'un derrière l'autre, trois fauteuils près de la porte étaient surchargés de vêtements et de linge, une armoire était ouverte. Mlle Bürstner était vraisemblablement partie pendant que Mlle Montag s'entretenait avec K. Il n'en fut guère dépité, il ne s'était pas attendu à trouver Mlle Bürstner aussi facilement ; cette tentative, il ne l'avait presque faite que par défi contre Mlle Montag. C'est pourquoi, il n'en fut que plus gênant pour lui de voir, pendant qu'il refermait la porte, Mlle Montag et le capitaine s'entretenir sur le seuil de la salle à manger. Peut-être se tenaient-ils là déjà depuis que K. avait ouvert la porte, ils évitaient d'avoir l'air d'observer K., ils parlaient à voix basse et ne suivaient les gestes de K. du regard que de cette façon dont on regarde discrètement autour de soi pendant une conversation. Mais ces regards pesaient pourtant lourdement sur K., il se dépêcha de revenir à sa chambre en longeant le mur.

Chapitre troisième

Première enquête.

K. avait été avisé par téléphone qu'une petite enquête concernant son affaire aurait lieu le dimanche suivant. On attira son attention sur le fait que ces enquêtes allaient désormais se succéder régulièrement, peut-être pas toutes les semaines, mais en tout cas fréquemment. D'une part, il était de l'intérêt de tout le monde de mener rapidement ce procès à son terme ; d'autre part, cependant, il fallait que ces enquêtes soient minutieusement conduites et, vu les efforts que cela impliquait, elles ne devaient jamais durer trop longtemps.

C'est pourquoi on avait adopté comme solution ces enquêtes brèves mais qui se suivraient à intervalles réguliers. On avait, lui dit-on, choisi le dimanche à cette fin, pour ne pas déranger K. dans son travail professionnel. D'avance on le supposait d'accord ; pourtant, s'il désirait une autre date, on lui donnerait satisfaction dans la mesure du possible. Les enquêtes pourraient aussi avoir lieu en pleine nuit, mais on supposait que K. ne serait pas suffisamment dispos. Aussi allait-on s'en tenir au dimanche, tant que K. ne soulèverait pas d'objections. Il allait de soi qu'il devait se présenter à coup sûr, c'était superflu de le lui faire remarquer. On lui indiqua le numéro de la maison où il aurait à se présenter ; c'était un immeuble dans une rue de banlieue éloignée où K. n'était encore jamais allé.

K. raccrocha sans répondre après avoir reçu cette information, tout de suite décidé à se rendre là-bas dimanche ; il le fallait, en effet : le procès s'engageait et il était nécessaire de s'y opposer ; cette première enquête serait aussi la dernière. Il se tenait encore pensif près de l'appareil lorsqu'il entendit derrière lui la voix du directeur général adjoint, qui voulait téléphoner mais à qui K. barrait le chemin.

— De mauvaises nouvelles ? demanda sans y penser le directeur général adjoint, non pour savoir quelque-chose mais pour que K. s'écarte de l'appareil.

— Non, non, dit K. qui s'effaça mais ne s'en alla pas.

Le directeur général adjoint prit l'appareil et dit pardessus l'écouteur, en attendant la communication :

— Dites-moi, monsieur K., voudriez-vous me faire dimanche matin le plaisir de participer à une petite fête que je donne sur mon voilier ? Il y aura pas mal de monde et certainement aussi vos amis et connaissances. Entre autres l'avocat général Hasterer. Vous venez ? Allons venez donc !

K. essaya de prêter attention à ce que disait le directeur général adjoint. Cela n'était pas sans importance pour lui, car cette invitation du directeur général adjoint, avec lequel il ne s'était jamais bien entendu, représentait une tentative de réconciliation et montrait à quel point K. était devenu important à la banque et combien son amitié ou tout au moins sa neutralité paraissaient précieuses au deuxième personnage de la banque. Cette invitation représentait une humiliation pour le directeur général adjoint, même si elle avait été faite dans l'attente de la communication téléphonique, par-dessus l'écouteur. Mais K. fut contraint de lui en infliger une deuxième, il dit :

— Merci beaucoup ! Mais dimanche je n'ai malheureusement pas le temps, j'ai déjà un engagement.

— Dommage ! dit le directeur général adjoint en se tournant vers l'appareil car la communication venait d'être établie. Le coup de téléphone fut assez long mais, distrait, K. resta tout le temps près de l'appareil. C'est seulement lorsque le directeur général adjoint raccrocha qu'il sursauta et dit pour excuser un peu sa présence :

— On m'a téléphoné pour me dire d'aller quelque part, mais on a oublié de me dire l'heure.

— Mais rappelez donc, fit le directeur général adjoint.

— Cela n'a pas une telle importance, dit K., bien que ces propos rendissent moins plausible encore son excuse antérieure, déjà bien peu recevable. En s'en allant le directeur général adjoint parla encore de choses et d'autres. K. s'efforça de répondre, mais il pensait surtout que le mieux serait de se rendre là-bas dimanche à neuf heures, car c'était à cette heure que les tribunaux commençaient à fonctionner les jours ouvrables.

Le dimanche, le temps était gris, K. était très fatigué car il était resté jusqu'à une heure avancée de la nuit à la brasserie pour une petite fête à la table d'hôte ; il avait bien failli ne pas se réveiller. Sans avoir le temps de réfléchir et de combiner les différents projets élaborés au cours de la semaine, il s'habilla en hâte et courut, sans même avoir déjeuné, vers la banlieue qui lui avait été indiquée.

Curieusement, bien qu'il eût peu de temps pour regarder autour de lui, il rencontra les trois employés, Rabensteiner, Kullich et Kaminer, qui avaient été mêlés à son affaire. Les deux premiers croisèrent son chemin en tramway ; Kaminer, lui, était assis à la terrasse d'un café, justement en train de se pencher, avec curiosité, par-dessus la balustrade. Tous les trois le suivaient certainement des yeux et s'étonnaient de voir courir leur supérieur hiérarchique ; c'était un peu par bravade que K. n'avait pas pris le tramway ; il éprouvait de la répugnance à l'égard de toute aide étrangère, même la plus minime ; il ne voulait pas non plus avoir recours à qui que ce fût, afin de ne mettre personne au courant, même de la manière la plus indirecte, mais, en fin de compte, il n'avait pas non plus la moindre envie de s'abaisser devant la commission d'enquête par une trop grande ponctualité. Or il courait maintenant, pour surtout arriver à neuf heures, bien qu'il ne fût pas même convoqué pour une heure précise.

Il avait pensé reconnaître l'immeuble de loin à quelque signe sans exactement se figurer lequel, ou bien à une certaine agitation devant ses portes. Mais la Juliusstrasse, où le tribunal était censé se trouver et à l'entrée de laquelle K. s'arrêta un instant, ne présentait de chaque côté qu'une longue rangée de maisons presque uniformes, des immeubles de location hauts et gris habités par de pauvres gens.

En ce dimanche matin, la plupart des fenêtres étaient occupées ; des hommes en manches de chemise y étaient accoudés, ils fumaient ou tenaient de petits enfants tendrement, précautionneusement, contre l'appui de la fenêtre. De la literie s'empilait dans l'encadrement d'autres fenêtres, et par-dessus apparaissait furtivement la tête ébouriffée d'une femme. On s'appelait d'un côté à l'autre de la rue et l'un de ces appels déchaîna justement un grand éclat de rire, exactement au-dessus de K.

Il y avait dans cette longue rue, à intervalles réguliers, des boutiques d'alimentation situées en dessous du niveau de la rue et auxquelles on accédait par quelques marches. Des femmes entraient et sortaient, ou se tenaient sur les marches et bavardaient. Un marchand des quatre-saisons qui vantait ses marchandises à l'adresse des fenêtres, faillit, aussi inattentif que K. lui-même, le renverser avec sa carriole. C'est à ce moment qu'un gramophone qui avait fait son temps dans des quartiers plus aisés se mit à jouer de façon assourdissante.

K. pénétra plus avant dans la rue, lentement, comme s'il avait le temps maintenant ou comme si le juge d'instruction le voyait par une fenêtre et savait donc que K. était arrivé. Il était un peu plus de neuf heures, la maison se trouvait assez loin et elle était de dimensions presque inhabituelles ; l'entrée surtout était haute et large. Elle était, à l'évidence, destinée aux chargements pour les entrepôts, fermés en ce jour, qui entouraient la cour ; on y lisait les noms de firmes dont K. connaissait quelques-unes par la banque.

Accordant plus d'importance que d'habitude à ces détails, K. s'arrêta encore quelques instants en entrant dans la cour. Près de lui un homme assis, pieds nus sur une caisse, lisait un journal. Deux jeunes garçons faisaient de la balançoire sur une voiture à bras. Une jeune fille frêle, vêtue d'un peignoir, se tenait devant une pompe et regardait K. pendant que l'eau coulait dans son broc. Dans un coin de la cour on était en train de tendre une corde sur laquelle le linge à sécher était déjà accroché. Un homme dirigeait le travail d'en bas en criant des indications.

K. se tourna vers l'escalier qui devait le mener au cabinet du juge d'instruction mais il s'arrêta encore une fois car, dans la cour, il y avait trois autres escaliers et en outre un passage, qui semblait mener à une seconde cour. Qu'on ne lui eût pas davantage précisé où se trouvait le bureau où il devait se rendre, cela l'irritait. On le traitait tout de même avec une désinvolture ou une indifférence vraiment étranges, il ne manquerait pas de le faire remarquer à haute et intelligible voix. Il finit tout de même par monter l'escalier tout en jouant en pensée avec l'expression employée par le gardien Willem, à savoir que le tribunal était attiré par la faute ; il s'ensuivait donc que le bureau d'enquête serait situé sur l'escalier que K. empruntait par hasard.

En montant, il dérangea beaucoup d'enfants qui jouaient dans l'escalier et le regardaient avec hostilité quand il traversait leurs rangs. « Si je dois repasser prochainement par ici, se dit-il, il faudra que j'apporte ou bien des sucreries pour me les concilier ou un bâton pour les battre. » Juste avant le premier étage, il lui fallut même attendre un peu qu'une boule ait achevé son parcours. Pendant ce temps, deux petits garçons avec des visages rusés de chenapans adultes le retenaient par les jambes de son pantalon ; s'il avait voulu s'en défaire, il aurait fallu leur faire mal et il redoutait leurs cris.

Les véritables recherches commencèrent au premier étage. Comme il ne pouvait pas demander où siégeait la commission d'enquête, il inventa un menuisier Lanz — le nom lui vint à l'esprit, parce que le capitaine, le neveu de Mme Grubach, s'appelait ainsi — et il décida de demander à toutes les portes si un menuisier du nom de Lanz habitait là, pour avoir ainsi la possibilité de regarder à l'intérieur des appartements. Mais la chose se révéla très facile car presque toutes les portes étaient ouvertes et les enfants entraient et sortaient. En règle générale c'étaient de petites pièces à une fenêtre où on faisait aussi la cuisine. Des femmes, un nourrisson sur les bras, préparaient à manger de leur main libre. Celles qui s'affairaient le plus, c'étaient des fillettes apparemment vêtues de leur seul tablier. Dans toutes les chambres les lits étaient encore occupés par des malades, des dormeurs ou des gens étendus tout habillés. Quand une porte était fermée, K. y frappait et demandait si un menuisier du nom de Lanz habitait là. La plupart du temps c'était une femme qui ouvrait, elle écoutait la question posée et se retournait vers quelqu'un à l'intérieur, qui se redressait sur son lit.

— Ce monsieur demande si un menuisier Lanz habite ici.

— Un menuisier Lanz ? demandait celui qui était dans son lit.

— Oui, disait K.

Bien que ce ne fût visiblement pas là que siégeait la commission d'enquête et qu'il n'eût plus rien à faire là, beaucoup s'imaginaient que K. tenait fort à trouver le menuisier Lanz, réfléchissaient longtemps et nommaient un menuisier, mais qui ne s'appelait pas Lanz, ou disaient un nom qui n'avait avec Lanz qu'une ressemblance lointaine, ou bien demandaient à des voisins, ou accompagnaient K. jusqu'à la porte d'un appartement fort éloigné où, à leur avis, pouvait habiter un sous-locataire de ce nom ou quelqu'un qui saurait mieux le renseigner qu'eux-mêmes.

Finalement K. n'eut plus guère à demander lui-même mais on le remorqua de cette manière d'étage en étage. Il regretta d'avoir eu recours à ce procédé qui lui avait d'abord paru tellement pratique. Au cinquième, il décida d'abandonner ses recherches, il prit congé d'un jeune ouvrier très aimable qui voulait le conduire plus loin encore et il redescendit. Mais alors il fut dépité par l'inutilité de toute l'entreprise et il revint sur ses pas. Il frappa à la première porte du cinquième étage. La première chose qu'il vit dans la petite pièce, ce fut une grande horloge murale qui indiquait déjà dix heures :

— Est-ce qu'un menuisier du nom de Lanz habite ici ? demanda-t-il.

— Je vous en prie, dit une jeune femme avec de grands yeux noirs et brillants en train de laver du linge d'enfant dans un baquet et de sa main mouillée elle indiqua la porte ouverte de la pièce voisine.

K. crut entrer dans une réunion publique. Une foule de gens de toute espèce — personne ne prêta la moindre attention au nouvel arrivant — emplissait une pièce de grandeur moyenne, à deux fenêtres, entourée d'une galerie, à peu de distance du plafond, également bondée, où les gens ne pouvaient se tenir que penchés, se heurtant de la tête et du dos contre le plafond. K. qui trouvait l'air trop étouffant ressortit et dit à la jeune femme qui l'avait sans doute mal compris :

— J'avais demandé un menuisier, un certain Lanz.

— Oui, dit la femme. Entrez s'il vous plaît.

K. n'aurait sans doute pas suivi son indication si la femme ne s'était pas approchée, n'avait pas mis la main sur la poignée de la porte et dit :

— Après vous il faut que je ferme, plus personne n'a le droit d'entrer.

— Voilà qui est fort raisonnable, dit K. C'est d'ores et déjà trop plein ! Mais il entra tout de même.

Entre deux hommes qui s'entretenaient tout près de la porte — l'un faisait des deux mains tendues en avant le geste de compter de l'argent, l'autre le regardait droit dans les yeux — une main prit celle de K. C'était celle d'un petit garçon aux joues rouges.

—Venez, venez, dit-il.

K. se laissa conduire par lui ; un étroit passage se trouva tout de même libre au milieu de la foule grouillante. Peut-être séparait-il deux partis l'un de l'autre ; ce qui semblait plaider en faveur de cette hypothèse, c'était que dans les premiers rangs, tant à droite qu'à gauche, K. vit à peine un seul visage tourné vers lui, il voyait seulement les dos de gens qui n'adressaient leurs propos et leurs gestes qu'à ceux de leur parti. La pluplart étaient vêtus de noir, de vieux habits à queue de pie, longs et avachis. Sans ces habits K. aurait tenu le tout pour une réunion politique de quartier.

A l'autre bout de la salle, c'est là qu'on conduisait K.,

une petite table avait été placée en travers d'une estrade basse, elle aussi croulante de monde ; un petit homme gros et soufflant était assis derrière, tout près du bord de l'estrade ; il s'entretenait en riant très fort avec quelqu'un qui se tenait debout derrière lui — les coudes appuyés sur le dossier du fauteuil et les jambes croisées. Parfois il agitait le bras comme s'il caricaturait quelqu'un. Le garçon qui conduisait K. eut du mal à se faire entendre. Deux fois déjà, en se mettant sur la pointe des pieds, il avait tenté d'annoncer K. sans que l'homme en haut le remarquât. C'est seulement lorsque l'une des personnes en haut, sur l'estrade, lui fit remarquer le petit garçon qu'il se tourna vers lui et se pencha en avant pour écouter ce qu'il lui communiquait à voix basse. Puis il tira sa montre et jeta un coup d'œil en direction de K.

— Vous auriez dû vous présenter, il y a une heure et cinq minutes, dit-il. K. aurait voulu répondre quelque chose mais il n'en eut pas le temps car, à peine l'homme eut-il dit cela qu'un murmure général s'éleva dans la partie droite de la salle.

— Vous auriez dû vous présenter il y a une heure et cinq minutes, répéta l'homme en élevant la voix et en jetant un rapide coup d'œil dans la salle au-dessous de lui. Aussitôt les murmures se firent plus forts et ils s'apaisèrent peu à peu étant donné que l'homme maintenant ne disait plus rien. Dans la salle, c'était plus calme qu'à l'entrée de K. Seuls les gens de la galerie n'arrêtaient pas de faire des réflexions. Pour autant qu'on pouvait distinguer quelque chose là-haut dans la pénombre, la chaleur et la poussière, ils semblaient plus mal habillés que ceux d'en bas. Certains avaient apporté des coussins qu'ils avaient placés entre leur tête et le plafond pour ne pas s'érafler.

K. était décidé à observer plus qu'à parler, aussi renonça-t-il à se défendre de son prétendu retard et dit seulement :

— Il se peut que je sois en retard, maintenant je suis là.

Il s'ensuivit des applaudissements, du côté droit de la salle. « Des gens faciles à gagner », pensa K. troublé seulement par le silence de la partie gauche de la salle qui se trouvait juste derrière lui et d'où ne s'étaient élevés que quelques applaudissements isolés. Il réfléchit à ce qu'il pourrait dire pour les gagner à sa cause tous à la fois ou si cela n'était pas possible pour mettre les autres de son côté pour au moins un temps.

— Oui, dit l'homme, mais je ne suis pas tenu de vous soumettre à un interrogatoire.

De nouveau, des murmures s'élevèrent, mais cette fois on pouvait s'y méprendre, car l'homme, en faisant un geste de la main, pour les faire taire reprit :

— Je veux pourtant le faire encore, exceptionnellement, aujourd'hui. Mais un tel retard ne devra pas se reproduire. Et maintenant, avancez !

Quelqu'un descendit d'un bond de l'estrade laissant ainsi une place libre que K. vint prendre. Il était pressé contre la table, à ce point comprimé par la foule qu'il lui fallait résister pour ne pas renverser la table et peut-être faire tomber le juge d'instruction lui-même de l'estrade.

Mais ce dernier ne s'en souciait pas, il était confortablement assis sur son fauteuil après avoir dit un mot de conclusion à l'homme qui se tenait derrière lui, il prit un petit registre, le seul objet posé sur sa table. Il ressemblait à un vieux cahier d'écolier, tout déformé à force d'avoir été feuilleté.

— Donc, dit le juge en feuilletant le registre et s'adressant à K. sur le ton de la constatation, vous êtes peintre en bâtiment ?

— Non, fit K., mais premier fondé de pouvoir d'une grande banque.

Cette réponse fut suivie en bas à droite d'un éclat de rire si cordial que K. fut forcé de rire lui aussi. Les gens appuyaient leurs mains sur leurs genoux et se secouaient comme s'ils étaient pris de violents accès de toux. Même sur la galerie quelques-uns riaient. Le juge d'instruction, rendu furieux et qui, vraisemblablement, ne pouvait rien contre les gens d'en bas, chercha à prendre sa revanche sur ceux de la galerie, se leva d'un bond, les menaça et ses sourcils pourtant peu visibles se dressèrent soudain drus, noirs et grands au-dessus de ses yeux.

Mais la moitié gauche de la salle restait toujours

silencieuse, les gens s'y pressaient, les visages tournés vers l'estrade ; ils écoutaient les propos que l'on y échangeait aussi tranquillement qu'ils écoutaient le bruit de l'autre parti, ils toléraient même que quelques-uns dans leurs rangs fassent cause commune avec l'autre parti. Les gens du parti de gauche, d'ailleurs moins nombreux, étaient peut-être au fond tout aussi insignifiants que ceux de droite, mais le calme de leur attitude leur donnait plus de poids. Lorsque K. se mit à parler il était convaincu d'abonder dans leur sens.

— Vous m'avez demandé, monsieur le juge d'instruction, si je suis peintre en bâtiment, ou plutôt vous ne m'avez rien demandé du tout ; vous m'avez simplement assené votre constatation — cela est caractéristique de toute la procédure engagée contre moi. Vous pouvez m'objecter que ce n'est pas une procédure du tout, et vous auriez tout à fait raison, car ce n'en est une que si je la reconnais pour telle. Mais c'est ce que je veux bien faire pour l'instant, par pitié en quelque sorte. Si on veut lui accorder la moindre attention on ne peut qu'éprouver de la pitié. Je ne prétends pas que ce soit une procédure bâclée, mais je prononce tout de même ce mot pour votre gouverne.

K. s'interrompit et regarda la salle en bas. Il avait parlé de façon tranchante, plus tranchante qu'il n'en avait eu l'intention, mais il avait parlé juste. Cela aurait mérité des applaudissements ici ou là, mais tout le monde se taisait ; visiblement, on attendait la suite avec curiosité ; peut-être se préparait-il dans le silence un éclat qui allait mettre un terme à tout cela. Aussi K. fut-il fort ennuyé par l'entrée à cet instant précis de la jeune lavandière qui avait probablement terminé son travail et qui, malgré toutes les précautions qu'elle prenait, attirait quelques regards sur elle. Le juge d'instruction fut le seul à rendre K. heureux car il semblait vraiment frappé par ses paroles. Il avait jusque-là écouté debout, surpris par l'interpellation de K. au moment où il s'était levé pour s'adresser à la galerie. Maintenant, pendant cette interruption il s'assit doucement, comme s'il ne voulait pas qu'on le remarque. Puis, probablement pour se donner l'apparence du calme, il reprit son petit cahier.

— Cela ne sert à rien, continua K. Votre petit cahier lui aussi, monsieur le juge d'instruction, vient à l'appui de mes dires.

Satisfait de n'entendre que ses propres paroles au sein de cette assemblée inconnue, K. osa même retirer le cahier des mains du juge d'instruction et le soulever du bout des doigts par une des feuilles du milieu comme si cela le dégoûtait ; ce qui fit pendre des deux côtés les feuillets tachés, jaunâtres, couverts d'une écriture serrée.

— Voilà les dossiers du juge d'instruction, dit-il en laissant le cahier retomber sur la table. Continuez donc à le lire, votre cahier, monsieur le juge d'instruction, un tel registre d'accusation, je ne le crains vraiment pas, bien qu'il me soit inaccessible, car je ne puis le prendre que du bout des doigts et ne voudrais pas y mettre la main.

Le juge d'instruction s'empara du cahier tel qu'il était retombé sur la table, chercha à y mettre un peu d'ordre, et s'y replongea, ce qui ne pouvait être que le signe d'une humiliation profonde ou du moins fallait-il le comprendre ainsi.

Les visages du premier rang dirigés vers K. exprimaient une tension telle que pendant un instant il baissa les yeux vers eux. C'étaient pour la plupart des hommes âgés ; quelques-uns à barbe blanche. Etaient-ce eux qui décidaient, étaient-ce eux qui pouvaient influencer l'assemblée tout entière, eux que même l'humiliation du juge d'instruction n'avait pas fait sortir de la torpeur où elle était plongée depuis que K. s'était mis à parler ?

— Ce qui m'est arrivé, continua K. un peu plus bas qu'avant en scrutant sans cesse les visages du premier rang, ce qui donnait à son discours quelque chose d'incohérent, ce qui m'est arrivé n'est qu'un cas isolé et n'a pas pour cette raison grande importance, puisque je ne le prends pas au tragique ; mais cela révèle bien de quelle manière on agit avec beaucoup d'autres gens. C'est pour eux que je parle, non pas pour moi.

Il avait involontairement élevé la voix. Quelqu'un

applaudissait, les bras au-dessus de la tête en s'écriant : « Bravo ! Mais pourquoi pas ! bravo ! et bravo encore ! » Au premier rang quelques hommes, çà et là, se tirèrent la barbe, mais cette exclamation ne fit se retourner personne. K. non plus ne lui accorda pas beaucoup d'importance, mais cela l'encouragea tout de même ; il ne lui semblait même plus nécessaire d'être applaudi par tout le monde ; il suffisait que l'assemblée commençât à réfléchir et que de temps à autre quelqu'un fût convaincu par ce qu'il disait.

— Je ne veux pas de succès d'orateur, dit K. entraîné par ses pensées ; d'ailleurs, je ne peux pas y prétendre. Monsieur le juge d'instruction parle vraisemblablement beaucoup mieux que moi ; d'ailleurs ça fait partie de son métier. Ce que je veux, moi, c'est qu'on parle publiquement d'un état de choses notoirement abusif. Ecoutez ceci : J'ai été arrêté il y a dix jours environ ; l'arrestation elle-même me fait sourire, mais ce n'est pas le moment d'en parler. J'ai été assailli dans mon lit, le matin de bonne heure ; peut-être voulait-on — ce qui n'est pas à exclure quand on écoute le juge d'instruction — arrêter quelque peintre en bâtiment, tout aussi innocent que moi ; mais c'est moi qu'on a choisi. La pièce à côté de ma chambre était occupée par deux gardiens mal élevés. Si j'avais été un dangereux malfaiteur on n'aurait pas pu prendre plus de précautions. De plus, ces gardiens n'étaient que des gredins sans aveu, ils me cassaient les oreilles, ils voulaient se faire graisser la patte, ils voulaient, à force de promesses, me soutirer des vêtements et mon linge, ils demandaient de l'argent, prétendument pour me faire apporter un petit déjeuner après avoir, sans vergogne, avalé le mien. Et ce n'est pas tout. On m'a conduit devant le surveillant dans une troisième pièce de l'appartement. C'était la chambre d'une dame que j'estime beaucoup et il m'a fallu voir, à cause de moi, mais sans que ce soit de ma faute, cette chambre souillée, pour ainsi dire, par la présence du surveillant et des gardiens. Conserver son calme n'était pas facile. Mais j'y parvins et je demandai très calmement au surveillant — s'il était là, il serait bien obligé de confirmer ce que je dis — pourquoi j'étais arrêté. Or, qu'a répondu ce surveillant que je vois encore devant moi, assis sur le fauteuil de cette dame comme l'incarnation même de l'orgueil le plus stupide ?

» Messieurs, au fond il n'a rien répondu du tout ; peut-être ne savait-il rien. Il m'avait arrêté et cela lui suffisait. Il avait même fait quelque chose de plus et amené dans la chambre de cette dame trois employés subalternes de ma banque, occupés à tripoter et à déranger les photos, propriété de cette dame. Bien entendu, la présence de ces employés avait une autre raison ; ils devaient, ainsi que ma logeuse et sa bonne, répandre la nouvelle de mon arrestation, nuire à ma réputation et surtout ébranler ma position à la banque. Or, rien de cela n'a réussi le moins du monde ; même ma logeuse, une personne très simple — je veux dire son nom ici pour l'honorer ; elle s'appelle Mme Grubach —, même Mme Grubach se montra assez compréhensive pour admettre qu'une telle arrestation n'a pas plus d'importance qu'un guet-apens qu'auraient tendu de jeunes garçons qu'on a laissé trop libres. Tout cela, je le répète, ne m'a causé que des désagréments et une irritation passagère ; mais cela n'aurait-il pas pu avoir des conséquences plus graves ?

Lorsque, à cet instant, K. fit une pause et regarda le juge d'instruction qui se taisait il crut le voir faire un clin d'œil à quelqu'un dans la foule. K. sourit et dit :

— Monsieur le juge d'instruction, là, à côté de moi, est en train de faire un signe de connivence à quelqu'un. Parmi vous il y a donc des gens qu'on manœuvre d'ici en haut. Je ne sais si ce signe devait, à l'instant, provoquer huées ou applaudissements. En révélant la chose de façon prématurée je renonce en toute connaissance de cause à en apprendre la signification. Cela m'est d'ailleurs parfaitement égal et je donne publiquement pouvoir à monsieur le juge d'instruction de transmettre à haute voix ses ordres à ses employés stipendiés là en bas ; au lieu d'employer des signes de connivence, qu'il dise : “ Maintenant, sifflez-le ” puis : “ Maintenant, applaudissez ! ”

Par gêne ou impatience le juge d'instruction ne cessait de bouger en tous sens sur sa chaise. L'homme derrière lui, avec lequel il s'était déjà entretenu auparavant, se pencha de nouveau vers lui, soit pour l'encourager, soit pour lui donner un conseil. En bas, les gens s'entretenaient à voix basse, mais avec animation. Les deux partis, qui semblaient auparavant avoir été d'avis tellement contraires, étaient mêlés maintenant ; çà et là des gens montraient K. du doigt et d'autres le juge. L'épaisseur brumeuse des exhalaisons dans la pièce était des plus gênantes et empêchait d'observer exactement les spectateurs plus éloignés. Cela devait surtout être pénible pour les gens sur la galerie, forcés de poser à voix basse des questions au reste des spectateurs pour se tenir au courant, non sans jeter de timides coups d'œil en direction du juge d'instruction. Les spectateurs, en bas, leur répondaient à voix tout aussi basse, main contre la bouche.

— J'ai tout de suite fini, dit K. Et comme il n'y avait pas de clochette il frappa du poing sur la table ; le juge d'instruction et son conseiller effrayés en sursautèrent, leurs têtes s'écartèrent l'une de l'autre, instantanément.

— Toute cette affaire ne me concerne pas et c'est pourquoi j'en juge avec calme et, à supposer que vous attachiez quelque prix à ce prétendu tribunal, il peut être très avantageux pour vous de m'écouter. Les commentaires que vous échangez sur ce que je dis, je vous prie de les remettre à plus tard, car je n'ai pas le temps et vais bientôt m'en aller.

Le silence se fit aussitôt ; K. s'était à ce point déjà rendu maître de l'assemblée — on ne criait plus en tous sens comme au début, on n'applaudissait même plus, mais on semblait déjà convaincu ou en passe de l'être.

— Il ne fait pas de doute, dit K. à voix très basse, car il était heureux de l'attention extrême de l'assemblée tout entière — dans ce silence il se fit un bourdonnement plus excitant que les applaudissements les plus extasiés —, il ne fait pas de doute que derrière toutes les manifestations du tribunal, et donc, dans ce cas précis, derrière mon arrestation et l'interrogatoire d'aujourd'hui, se tient une grande organisation, une organisation qui non seulement emploie des gardiens vénaux, des surveillants et des juges d'instruction infantiles, modestes dans le meilleur des cas, mais une organisation qui entretient tout un ensemble de juges de rang élevé et de très haut rang, avec leur suite innombrable et inévitable de serviteurs, de secrétaires, gendarmes, auxiliaires divers et peut-être même, oui je ne crains pas le mot, de bourreaux. Et la raison d'être de cette grande organisation, messieurs ? Faire arrêter des innocents et engager contre eux une procédure absurde et la plupart du temps sans résultat, comme dans mon cas. Comment alors, vu l'absurdité de l'ensemble, pourrait-il bien être possible d'éviter la pire des corruptions parmi les fonctionnaires ? Cela est impossible, le juge suprême n'y parviendrait même pas. C'est pourquoi les gardiens cherchent à voler aux gens arrêtés les vêtements qu'ils portent sur le dos ; c'est pourquoi des surveillants pénètrent par effraction dans des appartements étrangers ; c'est pourquoi des innocents, plutôt que d'être interrogés, doivent être déshonorés devant des assemblées entières. Les gardiens ont parlé de dépôts où l'on apporte ce qui appartient à ceux qu'on a arrêtés, j'aimerais bien voir un jour ces dépôts où pourrit le bien chèrement acquis des accusés, pour autant qu'il n'a pas été volé par des fonctionnaires malhonnêtes.

K. fut interrompu par un cri strident venu du fond de la salle ; il mit la main au-dessus de ses yeux pour voir, car la clarté terne du jour rendait la vapeur qui remplissait la salle aveuglante et blanchâtre. C'était la lavandière dont K. avait dès son entrée remarqué la présence tout à fait importune. Etait-ce cette fois de sa faute ou non, on ne pouvait pas s'en rendre compte. K. vit seulement qu'un homme l'avait attirée dans un coin près de la porte et qu'il la serrait contre lui. Mais ce n'était pas elle qui avait poussé ce cri strident, c'était l'homme ; un rictus lui distendait la bouche et il regardait au plafond. Un petit groupe s'était formé autour d'eux ; les visiteurs de la galerie semblaient enchantés de cette diversion ; elle rompait le ton de gravité que K. avait donné à l'assemblée. Sous le coup de la première impression, K. voulut tout de suite courir là-bas ; il pensait que tous tenaient à ce que l'ordre soit rétabli et le couple au moins expulsé de la salle ; mais les premiers rangs devant lui restèrent serrés, personne ne bougea, on ne le laissait pas passer. Au contraire, on l'en empêchait ; des hommes d'un certain âge étendirent leur bras devant lui et quelque part une main — il n'eut pas le temps de se retourner — l'attrapa par-derrière, par le col. Il ne pensait pas vraiment au couple, il lui semblait qu'on réduisait sa liberté, qu'on prenait l'arrestation au sérieux et il sauta de l'estrade. Il se trouvait maintenant face à la foule, les yeux dans les yeux. Avait-il mal apprécié les gens ? Avait-il trop préjugé de l'effet de son discours ? Avait-on feint de l'écouter pendant qu'il parlait et en avait-on eu assez de feindre maintenant qu'il en était arrivé aux conclusions ? Ces têtes autour de lui ! De petits yeux noirs allaient et venaient, les bajoues pendaient, comme celles des ivrognes, les longues barbes avaient le poil raide et rare et quand on les empoignait, c'était comme si la main agrippait le vide. Jamais on n'avait l'impression de tenir une vraie barbe. Mais sous les barbes — et cela, ce fut la vraie découverte que fit K. —, on voyait des insignes de tailles et de couleurs diverses briller aux revers des vestes. Tous arboraient ces insignes, aussi loin que le regard portait. Tous faisaient donc partie du même clan, les prétendus partis à droite et à gauche, et lorsqu'il se retourna tout à coup, il vit les mêmes insignes au col du juge d'instruction, qui, les mains croisées sur les genoux, regardait tranquillement la salle en dessous de lui.

— Ah ! bon ! s'écria K. jetant les bras en l'air — sa soudaine découverte avait besoin d'espace. C'est bien cela, vous êtes tous fonctionnaires, comme je vois, c'est vous la clique corrompue contre laquelle je parlais ; vous vous êtes faufilés ici pour écouter et espionner ; vous avez fait semblant de former des partis et l'un de vous a applaudi pour me mettre à l'épreuve ; vous vouliez apprendre comment on fait pour tromper des innocents ! Eh bien ! j'espère que cela en valait la peine ; de deux choses l'une : ou bien cela vous a amusés qu'on s'attende à vous voir défendre l'innocence, ou bien... — « Toi laisse-moi ou je frappe », dit K. à un vieillard tremblotant qui s'était tout particulièrement serré contre lui — ou bien vous avez vraiment appris quelque chose. Et sur ce je vous souhaite bien de la chance pour le métier que vous faites.

Il prit rapidement son chapeau qui se trouvait sur le bord de la table et, au milieu du silence général, le silence en tout cas de la surprise la plus complète, il se fraya un chemin vers la sortie. Mais le juge d'instruction semblait avoir été plus prompt encore que K., car il l'attendait à la porte :

— Un instant, dit-il.

K. s'arrêta. Il ne regardait pas le juge d'instruction mais la porte dont il tenait déjà la poignée.

— Je voulais simplement vous faire remarquer, dit le juge d'instruction, que vous vous êtes aujourd'hui — cela ne semble pas encore vous être venu à l'esprit — privé vous-même de l'avantage qu'un interrogatoire représente en tout état de cause pour le prévenu.

K. se mit à rire à l'adresse de la porte.

— Racaille que vous êtes, s'écria-t-il, tous vos interrogatoires, je vous en fais cadeau.

Il ouvrit la porte et se dépêcha de descendre l'escalier. Derrière lui s'éleva le vacarme de l'assemblée qui se ranimait et qui, avec une application d'étudiants, se mettait probablement à discuter de ce qui s'était passé.

Chapitre quatrième

Dans la salle des séances vide. — L'étudiant. – Les bureaux.

La semaine suivante, K. attendit jour après jour un nouveau rendez-vous ; il ne parvenait pas à croire qu'on ait pris au sérieux sa volonté de se passer désormais d'interrogatoires et comme jusqu'au samedi soir on ne lui fixa aucun rendez-vous, il supposa qu'on le convoquait tacitement dans le même immeuble pour la même heure. C'est pourquoi, il s'y rendit de nouveau le dimanche et prit tout droit cette fois escaliers et couloirs ; quelques personnes qui se le rappelaient le saluèrent sur le pas de leur porte mais il n'avait plus besoin de demander son chemin à quiconque et il arriva bientôt à la bonne porte. Elle s'ouvrit aussitôt qu'il eut frappé. Il ne s'attarda guère auprès de la femme restée à côté de la porte — il la connaissait maintenant, mais il voulut se rendre aussitôt dans la pièce attenante.

— Il n'y a pas de séance aujourd'hui, dit la femme.

— Et pourquoi n'y aurait-il pas de séance ? demanda-t-il sans vouloir y croire. Mais la femme le convainquit en ouvrant la porte de la pièce. Elle était vide, en effet, et semblait plus minable encore que le dimanche précédent. Sur la table restée sur l'estrade se trouvaient quelques livres.

— Puis-je regarder ces livres ? demanda K. ; il n'était pas poussé par une curiosité particulière mais il ne voulait pas être venu tout à fait pour rien.

– Non, répondit la femme, et elle referma la porte. Ce n'est pas permis. Les livres appartiennent au juge d'instruction.

— Ah ! bon, fit K., et il hocha la tête. Ce sont sûrement des codes pénaux et le propre de cette juridiction est de vous condamner non seulement innocent mais sans rien savoir des lois.

— C'est sûrement cela, dit la femme, qui ne l'avait pas tout à fait compris.

— Eh ! bien alors je m'en vais, dit K.

— Dois-je faire une commission au juge d'instruction ? fit la femme.

— Ah, vous le connaissez ? demanda K.

— Naturellement, dit la femme. Mon mari est appariteur au tribunal.

Alors seulement K. remarqua que la pièce où il n'avait vu la dernière fois qu'un bac à lessive était maintenant une salle de séjour complètement installée. La femme vit son étonnement et dit :

— Oui, nous sommes logés ici gratuitement, mais les jours de séance nous devons évacuer la pièce. La situation de mon mari comporte certains inconvénients.

— Ce n'est pas tellement la chambre qui m'étonne, dit K., et il la regarda avec colère, mais c'est que vous soyez mariée.

— Vous faites peut-être allusion à l'incident de la séance dernière par lequel j'ai troublé votre discours ? demanda la femme.

— Bien entendu, fit K., aujourd'hui c'est du passé et c'est presque oublié mais sur le coup cela m'a rendu quasi furieux. Et voici que vous me dites être une femme mariée !

— Si j'ai interrompu votre discours, ce n'était certainement pas à votre désavantage. Après votre départ on a porté sur vous des jugements très défavorables.

— Cela se peut, fit K. pour détourner la conversation, mais cela ne vous excuse pas.

— Je suis excusée aux yeux de tous ceux qui me connaissent, dit la femme. Celui qui m'a embrassée ce jour-là me poursuit depuis longtemps déjà. Je ne suis peut-être pas très attirante, en général, mais pour lui, je le suis. A cela, il n'y a pas de remède, même mon mari en a déjà pris son parti ; s'il veut conserver sa place, il faut qu'il le supporte car l'homme est étudiant et il est à prévoir qu'il accédera à une situation qui lui donnera un grand pouvoir. Il est sans cesse après moi, il vient de partir juste avant que vous arriviez.

— Cela va bien avec le reste, dit K., ce n'est pas pour me surprendre.

— Vous voulez sûrement apporter des améliorations ici ? demanda lentement la femme et en le scrutant des yeux comme si elle disait quelque chose de dangereux pour elle aussi bien que pour lui. — C'est déjà ce que j'ai déduit de votre discours, qui personnellement m'a bien plu. Je n'en ai, il est vrai, entendu qu'une partie, j'ai manqué le début et pendant la conclusion j'étais couchée par terre avec l'étudiant. C'est tellement répugnant ici, ajouta-t-elle après une pause, et elle prit la main de K.

— Vous croyez que vous arriverez à obtenir des améliorations ?

K. sourit et tourna un peu sa main dans les douces mains de la jeune femme.

— En fait, dit-il, on ne m'a pas engagé pour obtenir des améliorations, comme vous dites, et si vous le disiez, par exemple, au juge d'instruction vous vous feriez moquer de vous ou punir. Jamais, de moi-même, je ne me serais mêlé de ces choses et jamais le besoin qu'a ce tribunal d'améliorations n'aurait troublé mon sommeil. Mais comme je suis prétendument arrêté — je suis en effet arrêté —, il a bien fallu que j'intervienne et cela pour mon propre compte. Mais si, en même temps, je puis, de quelque manière, vous être utile à vous aussi, ce serait avec grand plaisir. Non seulement par amour du prochain, mais parce que vous aussi vous pouvez m'aider.

— Et comment cela ? demanda la femme.

— Par exemple en me montrant les livres là-bas sur la table.

— Mais bien sûr ! s'écria la femme, entraînant à la hâte K. à sa suite.

C'étaient de vieux livres, fatigués, la couverture de l'un d'eux était presque cassée par le milieu, les fragments n'en tenaient plus que par la toile.

— Comme tout est sale ici ! dit K. en secouant la tête,

et la femme à l'aide de son tablier en essuya la poussière avant même que K. ait pu les prendre. K. ouvrit le livre sur le dessus de la pile et il aperçut une gravure obscène. Un homme et une femme étaient assis tout nus sur un canapé. La bassesse d'intentions du dessinateur était manifeste, mais sa maladresse avait été si grande que l'homme et la femme, trop appuyés, paraissaient sortir de l'image ; ils étaient assis, exagérément droits, à grand peine tournés l'un vers l'autre, étant donné les fautes de perspective.

K. ne feuilleta pas davantage mais se contenta d'ouvrir le second livre à la page de garde ; c'était un roman qui avait pour titre « Les Tourments que Grete eut à souffrir de Hans, son mari ».

— Alors, c'est donc ça les codes civils que l'on étudie ici, dit K., et c'est par ces gens-là que je dois être jugé ?

— Je vous aiderai ! dit la femme. Vous voulez ?

— Le pourriez-vous vraiment sans vous exposer vous-même au danger ? Ne disiez-vous pas tout à l'heure que votre mari dépendait de ses supérieurs ?

— Je veux vous aider tout de même, dit la femme. Venez, il faut que nous en discutions. Ne me parlez plus des dangers que je cours. Je ne les crains que là où je veux les craindre. Venez.

Elle montra l'estrade et le pria de s'asseoir avec elle sur une marche.

— Vous avez de beaux yeux sombres, dit-elle, lorsqu'ils se furent assis, tout en regardant d'en bas le visage de K. — On me dit à moi aussi que j'ai de beaux yeux mais les vôtres sont bien plus beaux. D'ailleurs, vous m'avez frappée tout de suite, ce jour-là, lorsque vous êtes entré ici pour la première fois. C'est à cause de vous que je suis ensuite venue ici dans la salle de réunion, ce que je ne fais jamais d'habitude et qui d'ailleurs m'est pour ainsi dire interdit.

« C'est donc ça, pensa K., elle s'offre à moi, elle est corrompue comme tout le monde ici, elle en a assez des employés du tribunal, ce qui est d'ailleurs bien compréhensible, et c'est pourquoi elle complimente le premier venu sur ses yeux. » Et K. se leva sans mot dire, comme s'il avait exprimé ses pensées à haute voix et expliqué ainsi son comportement à la femme.

— Je ne crois pas que vous puissiez m'aider, dit-il ; pour m'aider vraiment, il faudrait avoir des relations avec de hauts fonctionnaires. Mais vous, vous ne connaissez, à coup sûr, que les employés subalternes comme il en traîne par ici en masse. Eux, vous les connaissez certainement très bien et vous pourriez sans doute obtenir d'eux un certain nombre de choses, je n'en doute pas, mais le maximum de ce que vous pourriez obtenir serait sans doute tout à fait dérisoire quant à l'issue du procès. Et vous, ça vous aurait fait perdre un certain nombre d'amis. Ça, je ne le veux pas. Continuez vos relations habituelles avec ces gens ; il me semble en effet, que cela vous est indispensable. Je ne vous le dis pas sans quelque regret car pour répondre à mon tour à votre compliment, vous aussi vous me plaisez, surtout lorsque vous me regardez tristement, comme maintenant, ce que vous n'avez d'ailleurs aucune raison de faire. Vous faites partie de ces gens qu'il me faut combattre, vous vous sentez bien parmi eux, vous aimez même l'étudiant et si vous ne l'aimez pas, du moins le préférez-vous à votre mari. Vos paroles le disaient clairement.

— Non, s'écria-t-elle en restant assise et en prenant la main de K. qui ne l'avait pas retirée suffisamment vite. — Vous n'avez pas le droit de vous en aller maintenant, vous n'avez pas le droit de vous en aller en vous faisant de moi une idée fausse. Vous seriez vraiment capable de vous en aller maintenant ? Suis-je à ce point insignifiante que vous ne vouliez pas même me faire le plaisir de rester encore un petit instant ici ?

— Vous ne me comprenez pas, dit K. en s'asseyant. Si vraiment vous attachez du prix à ce que je reste, je le fais volontiers, j'ai le temps, car je suis venu parce que je m'attendais à une séance, aujourd'hui. Ce que j'ai dit, tout à l'heure, je ne l'ai dit que pour vous demander de ne rien entreprendre pour moi dans mon procès. Mais il n'y a rien là qui puisse vous vexer ; dites-vous bien, que l'issue du procès m'importe peu et qu'une condamnation me fera seulement rire. A supposer que le procès un jour se termine vraiment, ce dont je doute fort. Je crois plutôt que la paresse ou la négligence, ou peut-être même la peur des fonctionnaires fait que la procédure est déjà interrompue ou qu'elle va l'être tout prochainement. Il est évidemment possible aussi, que, dans l'espoir de quelque pot-de-vin important, on fasse semblant de prolonger le procès, en pure perte, comme je puis l'affirmer dès à présent, car moi, je ne soudoie personne. Ce serait fort aimable à vous de faire savoir au juge d'instruction ou à quiconque de ces gens qui aiment à répandre des nouvelles importantes, qu'aucun des tours de force dont ces messieurs doivent être prodigues ne m'amènera jamais à un acte de corruption. Ce n'est pas la peine, vous pouvez le leur dire ouvertement. Ils l'auront peut-être déjà remarqué et même si ce ne devait pas être le cas, je ne tiens pas tellement à ce qu'on le sache dès maintenant. Cela ne ferait qu'épargner du travail à ces messieurs, et m'éviterait à moi, il est vrai, quelques désagréments mais, je les prends volontiers sur moi, si je sais, parallèlement, que chacun de ces désagréments leur porte un coup. Qu'il en soit ainsi, je m'en charge. Est-ce que vous le connaissez, le juge d'instruction ?

— Bien entendu, dit la femme. C'est même à lui que je songeais lorsque je vous offris mon aide. Je ne savais pas qu'il n'était qu'un fonctionnaire subalterne, mais puisque vous le dites, c'est sûrement vrai. Pourtant, je crois que le rapport qu'il fait aux instances supérieures n'est pas sans quelque influence. Et des rapports, il en écrit tellement ! Vous dites que les fonctionnaires sont paresseux, certainement pas tous, surtout pas ce juge d'instruction, il écrit beaucoup. Dimanche dernier, par exemple, la séance a duré jusqu'au soir. Tout le monde est parti mais le juge d'instruction est resté dans la salle, il a fallu que je lui apporte une lampe, je n'avais qu'une petite lampe de cuisine, mais cela lui suffisait et il s'est mis aussitôt à écrire. Entre-temps, mon mari était arrivé, il était justement de congé ce dimanche-là ; nous sommes allés chercher les meubles et avons réinstallé notre chambre, il est venu des voisins, nous avons bavardé à la lumière d'une bougie, bref nous avons oublié le juge d'instruction et sommes allés nous coucher. Tout à coup, en pleine nuit, il devait être minuit passé, je me réveille et je vois à côté de mon lit le juge d'instruction qui tient la main devant la lampe pour que la lumière n'en tombe pas sur mon mari. C'était une précaution inutile car mon mari dort d'un tel sommeil que même la lumière ne l'aurait pas réveillé. J'ai eu tellement peur que j'ai failli me mettre à crier, mais le juge d'instruction fut très aimable, il m'exhorta à la prudence, me chuchota qu'il avait écrit jusqu'à maintenant, qu'il me rapportait la lampe et que jamais il n'oublierait le spectacle que je lui avais donné dans mon sommeil. Tout cela seulement pour vous dire que le juge d'instruction rédige vraiment beaucoup de rapports et particulièrement sur vous, car votre audition fut certainement l'un des sujets principaux de la séance de dimanche dernier. D'aussi longs rapports ne peuvent certainement pas être tout à fait dépourvus d'importance. Cet incident, de plus, devrait vous montrer que le juge d'instruction me fait la cour. Or c'est maintenant pendant les premiers temps que je peux avoir sur lui une grande influence car ce n'est que tout dernièrement qu'il s'est mis à faire attention à moi. Qu'il tienne beaucoup à moi, de cela j'ai encore d'autres preuves. Hier, en effet, par l'intermédiaire de l'étudiant en qui il a grande confiance et qui est son collaborateur, il m'a fait cadeau de bas de soie, prétendument parce que je range la salle des séances, mais ce n'est qu'un prétexte, car ce travail m'incombe de toute façon, on paie mon mari pour cela. Ce sont de jolis bas, regardez ! — elle étendit les jambes, releva ses jupes jusqu'au genou et les regarda elle-même —, ce sont de jolis bas mais trop fins en réalité et ils ne sont pas faits pour moi.

Tout à coup, elle s'interrompit, mit sa main sur celle de K. comme si elle voulait le rassurer, et chuchota :

— Silence, Berthold nous regarde.

K. leva lentement les yeux. Un jeune homme se tenait à la porte de la salle des séances, il était petit, ses jambes n'étaient pas tout à fait droites et il cherchait à se donner un air digne en fourrageant sans cesse dans sa courte barbe rousse et rare. K. le regarda avec curiosité ; c'était en effet le premier étudiant de ce droit inconnu qu'il rencontrait pour ainsi dire en personne, un homme, qui accéderait lui aussi probablement un jour à un poste de fonctionnaire supérieur. L'étudiant en revanche ne semblait nullement se soucier de K. ; d'un doigt seulement, que pour un instant il retira de sa barbe, il fit signe à la femme et alla à la fenêtre ; la femme se pencha vers K. et chuchota :

— Ne soyez pas fâché, je vous en prie et ne pensez pas non plus du mal de moi, il faut maintenant que j'aille auprès de lui, auprès de cet homme horrible, regardez donc les jambes torses qu'il a ! Mais je vais revenir tout de suite et alors je partirai avec vous, si vous m'emmenez, j'irai où vous voudrez, vous pourrez faire de moi ce que vous voudrez, je serai heureuse de partir d'ici le plus longtemps possible et de préférence pour toujours.

Elle caressa encore la main de K., se leva d'un bond et courut à la fenêtre. Involontairement K. voulut saisir sa main, mais il n'attrapa que du vide. La femme l'attirait réellement, et il avait beau y réfléchir, il ne trouvait pas de raison valable pour ne pas céder à cet attrait. Il écarta sans peine cette objection qui lui vint furtivement à l'esprit que la femme le captait pour le compte du tribunal. De quelle manière pourrait-elle le capter ? Ne restait-il pas toujours assez libre pour réduire le tribunal en miettes, du moins pour autant qu'il le concernait ? Ne pourrait-il pas avoir en lui-même au moins ce minimum de confiance. Et cette offre qu'elle lui avait faite de l'aider avait l'air sincère et peut-être n'était-elle pas inutile ! Et peut-être n'y avait-il pas de meilleure façon de se venger du juge d'instruction et de ses acolytes que de leur arracher cette femme et de la prendre pour lui. Il pourrait alors arriver que le juge d'instruction, après avoir beaucoup travaillé à la rédaction de ses rapports mensongers sur K., trouve ainsi au beau milieu de la nuit le lit de la femme vide. Et vide parce qu'elle appartiendrait à K., parce que cette femme à la fenêtre, ce corps abondant, souple et chaud, en robe sombre de tissu lourd et grossier n'appartiendrait rien qu'au seul K.

Après avoir de cette façon fait taire ses scrupules à l'égard de la femme, il commença à trouver ce dialogue à voix basse près de la fenêtre bien long et il frappa contre l'estrade de ses doigts repliés, puis du poing entier. L'étudiant jeta un bref coup d'œil par-dessus l'épaule de la femme en direction de K., mais ne se laissa pas troubler, il se serra même davantage contre elle et l'enlaça. Elle pencha la tête très bas comme si elle l'écoutait attentivement, il l'embrassa bruyamment dans le cou lorsqu'elle s'inclina, sans pour autant interrompre ce qu'il disait. K. y vit la confirmation de la tyrannie qu'aux dires de la femme l'étudiant exerçait sur elle ; il se leva et se mit à aller et venir dans la pièce. Il réfléchissait, tout en jetant des regards de côté vers l'étudiant, à la manière dont il pourrait l'écarter le plus rapidement possible, c'est pourquoi il ne fut pas mécontent d'entendre l'étudiant, visiblement dérangé par ses allées et venues qui avaient déjà par moments pris l'allure de trépignements, lui faire la réflexion suivante :

— Si vous êtes impatient, vous n'avez qu'à partir. Vous auriez déjà pu vous en aller bien avant, personne ne vous aurait regretté, oui, vous auriez dû vous en aller dès mon entrée, et en vitesse encore.

Toute la rage imaginable s'exprimait peut-être dans cette remarque mais en tout cas s'y exprimait déjà l'orgueil du futur fonctionnaire de justice parlant au premier accusé venu. K. s'arrêta tout près de lui et dit en souriant :

— Je suis impatient, c'est vrai, mais le meilleur moyen de mettre un terme à cette impatience, c'est que vous nous laissiez. Si toutefois vous êtes venu ici pour étudier — j'ai entendu dire que vous étiez étudiant — je vous cède volontiers la place et je m'en vais avec cette femme. D'ailleurs, il vous faudra beaucoup étudier avant de devenir juge. Je ne connais pas encore très exactement votre juridiction mais je suppose que les propos grossiers que vous vous entendez déjà à manier avec insolence ne suffisent pas.

— On n'aurait pas dû le laisser librement courir partout, dit l'étudiant, comme s'il voulait expliquer à la femme les propos vexants que tenait K. ; c'était une erreur. Je l'ai dit au juge d'instruction. Entre les interrogatoires on aurait dû au moins le consigner dans sa chambre. Le juge d'instruction est parfois difficile à comprendre.

— Vains discours, dit K. et il étendit la main vers la femme. Venez donc !

— Ah bon ! fit l'étudiant, non, non, celle-là, vous ne l'aurez pas, et avec une force qu'on ne lui aurait pas supposée, il la prit sur son bras et, le dos courbé en la regardant avec tendresse, il courut en direction de la porte. Cela indiquait en même temps qu'il avait incontestablement un peu peur de K. qu'il se permettait pourtant de provoquer en caressant et serrant le bras de la femme de sa main libre. K. fit quelques pas en courant à côté de lui, prêt à l'empoigner et à l'étrangler s'il le fallait, lorsque la femme lui dit :

— C'est inutile, c'est le juge d'instruction qui m'envoie chercher, je n'ai pas le droit d'aller avec vous et ce petit monstre, et en disant cela, elle passait sa main sur le visage de l'étudiant, ce petit monstre ne me lâche pas.

— Et vous ne voulez pas être délivrée ! cria K. en mettant la main sur l'épaule de l'étudiant qui tenta de la happer de ses dents.

— Non ! s'écria la femme repoussant K. des deux mains. Non, non, surtout pas ça, à quoi pensez-vous donc ! Ce serait ma perte. Laissez-le donc, oh, s'il vous plaît, laissez-le donc. Il ne fait qu'exécuter l'ordre du juge d'instruction et il m'emporte auprès de lui.

— Alors qu'il coure donc et je ne veux plus jamais vous revoir, dit K. rendu furieux par la déception, et il donna dans le dos de l'étudiant un coup de poing qui le fit trébucher ; aussitôt après, la joie de ne pas être tombé le fit bondir d'autant plus haut avec son fardeau.

K. les suivit lentement, il reconnut que c'était la première défaite indubitable que ces gens lui avaient fait subir. Il n'y avait naturellement pas là de raison de prendre peur, il n'essuyait de défaite que parce qu'il recherchait le combat. Chez lui, en menant sa vie habituelle, il était mille fois supérieur à chacun de ces gens et pouvait d'un coup de pied en libérer sa route. Et il se représentait le tableau ridicule entre tous de ce pitoyable étudiant, cet enfant boursouflé, ce porte-barbe voûté agenouillé devant le lit d'Elsa en train d'implorer sa pitié, mains jointes. Cette idée plut tellement à K. qu'il résolut, si l'occasion devait un jour se présenter, d'amener l'étudiant chez Elsa.

Par curiosité, K. se précipita encore jusqu'à la porte ; il voulait voir où on allait emporter la femme ; l'étudiant n'allait tout de même pas l'emporter dans la rue sur son bras. Il y avait bien moins de chemin à faire que cela ; juste en face de l'appartement un étroit escalier de bois menait probablement au grenier, il tournait, de sorte qu'on n'en voyait pas l'extrémité. C'est par cet escalier que l'étudiant emporta la femme ; il allait déjà très lentement et il soufflait car la course l'avait affaibli. La femme saluait K., en bas, de la main et par ses haussements d'épaules elle essayait de montrer qu'elle n'était pour rien dans cet enlèvement, mais ce geste n'indiquait pas non plus beaucoup de regret. K. la regarda, sans expression, comme une étrangère. Il ne voulait montrer ni qu'il était déçu, ni qu'il pouvait facilement surmonter sa déception.

Tous deux avaient déjà disparu mais K. se tenait encore sur le seuil de la porte. Il fallait donc supposer que la femme non seulement l'avait trompé mais qu'elle lui avait aussi menti en lui disant qu'on l'emportait chez le juge d'instruction. Le juge d'instruction n'était tout de même pas assis au grenier à l'attendre. On avait beau regarder l'escalier de bois, il n'expliquait rien. K. remarqua alors un petit bout de papier près de la montée, il y lut en caractères maladroits et enfantins : « Accès aux bureaux du tribunal ». C'est donc ici, dans le grenier de cet immeuble de location, que se trouvaient les bureaux administratifs du tribunal. Ce n'était pas là une installation capable d'inspirer beaucoup de respect et, pour un accusé, c'était rassurant de s'imaginer de combien peu d'argent disposait ce tribunal obligé d'installer ses bureaux là où les locataires déjà au nombre des plus démunis jetaient leur bric-à-brac inutile. Pourtant, il n'était pas exclu non plus que le tribunal possédât suffisamment d'argent mais les fonctionnaires devaient se jeter dessus avant même qu'il eût été utilisé à des fins judiciaires. C'était même très vraisemblable à en croire les expériences que K. avait faites jusque-là ; un pareil laisser-aller était quelque peu déshonorant pour un accusé mais plus rassurant dans le fond que ne l'eût été une réelle pauvreté du tribunal. Aussi K. comprenait-il maintenant qu'on eût honte de convoquer l'accusé au grenier pour le premier interrogatoire et qu'on préférât aller l'importuner chez lui. De quelle position K. ne jouissait-il pas par rapport au juge installé dans son grenier, alors que lui-même avait à la banque un grand bureau avec une antichambre et pouvait, par une fenêtre immense, regarder la place animée au-dessous de lui. Il est vrai qu'il n'avait pas, quant à lui, de revenus secondaires provenant de pots-de-vin ou de détournements et il ne pouvait pas non plus se faire apporter une femme au bureau par l'appariteur. Mais, pour cette vie tout au moins, K. était tout prêt à renoncer à cela.

K. était encore en arrêt devant le bout de papier lorsqu'un homme monta l'escalier, regarda la salle de séjour par la porte ouverte d'où l'on apercevait aussi la salle des séances et demanda enfin à K. s'il n'avait pas vu une femme ici, quelques instants auparavant.

— Vous êtes l'appariteur du tribunal, n'est-ce pas ? demanda K.

— Oui, dit l'homme. Ah ! oui, vous, vous êtes l'accusé K., maintenant je vous reconnais aussi, soyez le bienvenu. Et il tendit la main à K. qui ne s'y était pas du tout attendu.

— Mais il n'y a pas de séance affichée pour aujourd'hui, dit alors l'appariteur, comme K. se taisait.

— Je sais, dit K. en regardant le costume civil de l'appariteur qui, en plus des boutons habituels, ne portait comme insigne de fonction que deux boutons dorés qui semblaient avoir été détachés d'une vieille capote d'officier. — Il y a un petit instant j'ai parlé à votre femme. Elle n'est plus ici. L'étudiant l'a emportée chez le juge d'instruction.

— Vous voyez ! dit l'appariteur, toujours on me l'emporte. Pourtant, c'est dimanche aujourd'hui et je ne suis astreint à aucun travail, mais rien que pour m'éloigner d'ici, on m'envoie apporter un message inutile. Et on ne m'envoie pas très loin de sorte que je puisse avoir l'espoir de revenir, peut-être, encore à temps si je me dépêche beaucoup. Donc je cours tant que je peux et mon message, qu'on aura à peine compris étant donné mon essoufflement, je le crie par l'entrebâillement de la porte de l'administration à laquelle on m'a envoyé. Je reviens en courant, mais l'étudiant s'est encore plus dépêché que moi, il est vrai que son chemin est moins long que le mien, il n'a que l'escalier du grenier à descendre. Si j'étais moins dépendant, il y a longtemps que j'aurais écrasé l'étudiant contre ce mur. Ici à côté du papier épinglé. J'en rêve sans cesse. Ici un peu en dessous du plancher, je le vois aplati, les bras écartés, les doigts écarquillés, ses jambes torses nouées en cercle et tout autour des gouttes de sang.

— Il n'y a pas d'autre solution ? demanda K. en souriant.

— Pas que je sache, dit l'appariteur. Et maintenant, ça va être pire encore. Jusqu'ici, il ne l'emportait que chez lui, maintenant, il est vrai que je m'y attendais depuis longtemps, il va aussi la porter chez le juge d'instruction.

— Et votre femme n'y est vraiment pour rien ? interrogea K. Il lui fallait se dominer en posant cette question car lui aussi sentait la jalousie le gagner.

— Mais si, bien sûr ! dit l'appariteur. C'est surtout de sa faute à elle. C'est elle qui s'est pendue à son cou. Pour ce qui le concerne, toutes les filles, il leur court après. Dans ce seul immeuble, il s'est fait jeter à la porte de cinq logements où il s'était introduit. Il est vrai que ma femme est la plus belle de tout l'immeuble et c'est justement moi qui n'ai pas le droit de me défendre.

— S'il en est ainsi, dit K., il n'y a évidemment pas de solution.

— Et pourquoi n'y en aurait-il pas ? demanda l'appariteur. Un jour que l'étudiant, qui est un trouillard, voudrait toucher ma femme, il faudrait lui administrer une rossée telle qu'il ne s'y risquerait jamais plus. Mais moi, je n'en ai pas le droit et personne d'autre ne veut me faire ce plaisir car tous craignent son pouvoir. Seul un homme comme vous le pourrait.

— Comment cela, comme moi ? demanda K. étonné.

— Vous êtes accusé, voyons ! dit l'appariteur.

— Oui, dit K. mais ne me faut-il pas craindre son influence, peut-être pas sur l'issue même du procès mais probablement sur son instruction préliminaire ?

— Certes, fit l'appariteur comme si le point de vue de K. était tout aussi juste que le sien. Mais chez nous en règle générale, il n'est pas fait de procès sans issue.

— Je ne suis pas de votre avis, dit K., mais cela ne devrait pas m'empêcher de m'occuper de l'étudiant à l'occasion.

— Je vous en serais très reconnaissant, dit l'appariteur un peu cérémonieusement ; il ne semblait donc pas vraiment croire à l'accomplissement possible de son vœu le plus cher.

— Peut-être, continua K., d'autres fonctionnaires et peut-être tous mériteraient-ils le même traitement ?

— Oui, oui, dit l'appariteur comme si cela allait de soi.

Puis il regarda K. avec confiance, comme il ne l'avait pas encore fait malgré toute son amabilité et il ajouta :

— Que voulez-vous, on se rebelle toujours.

Mais la conversation le mettait tout de même un peu mal à son aise ; il l'interrompit en disant :

— Il faut que j'aille m'annoncer aux bureaux. Voulez-vous m'accompagner ?

— Je n'ai rien à y faire, dit K.

— Vous pouvez regarder les bureaux. Personne ne s'occupera de vous.

— Cela vaut donc la peine d'être vu ? demanda K. en hésitant, mais il avait une grande envie d'y aller.

— Eh bien, dit l'appariteur. Je pensais que cela vous intéresserait.

— Soit, dit K. finalement. Je vous accompagne, et il monta l'escalier plus vite que l'appariteur.

En entrant, il faillit tomber car il y avait une marche derrière la porte.

— On n'a pas beaucoup d'égards pour le public, dit-il.

— On n'a pas d'égards du tout, dit l'appariteur. Regardez donc cette salle d'attente.

C'était un long couloir d'où des portes grossièrement charpentées conduisaient aux diverses sections du grenier. Bien que la lumière n'arrivât pas directement, il ne faisait pas tout à fait noir ; certains compartiments, en effet, qui donnaient sur le couloir, comportaient de simples barrières de bois au lieu de cloisons de planches ; elles montaient, il est vrai, jusqu'au plafond ; c'est par là qu'entrait un peu de jour. On pouvait y voir des fonctionnaires en train d'écrire ou appuyés debout aux montants en train d'observer les gens dans le couloir.

Il n'y avait que peu de monde dans le couloir, probablement parce que c'était dimanche. Ils donnaient l'impression d'être des gens très modestes. Ils étaient assis à intervalles quasi réguliers sur les deux rangées de longs bancs de bois installés de chaque côté du couloir. Tous étaient mal vêtus, bien que la plupart, à en juger aux traits de leur visage, l'attitude, la coupe de la barbe et beaucoup d'autres petits détails impondérables, semblassent appartenir aux classes supérieures. Comme il n'y avait pas de portemanteaux, ils avaient mis leurs chapeaux sous le banc, chacun suivant probablement l'exemple de l'autre. Lorsque ceux qui étaient assis le plus près de la porte virent K. et l'appariteur, ils se levèrent pour saluer et les suivants se croyant obligés de saluer à leur tour, tout le monde se leva à leur passage. Aucun ne se tenait tout à fait droit ; le dos fléchi, les genoux pliés, ils avaient l'air de mendiants. K. attendit l'appariteur qui marchait derrière lui et dit :

— Comme ils doivent être humiliés !

— Oui, dit l'appariteur. Ce sont des accusés, tous ceux que vous voyez ici sont des accusés.

— Vraiment ! dit K., mais alors ce sont mes collègues. Et il se tourna vers celui qui était le plus près de lui ; un homme grand, svelte, aux cheveux déjà presque gris.

— Qu'attendez-vous ici ? demanda-t-il poliment.

L'homme fut décontenancé par cette interpellation inattendue, et c'était d'autant plus gênant à voir qu'il s'agissait visiblement d'un homme qui avait l'expérience du monde, maître de lui en d'autres circonstances et qui certainement n'abdiquait pas facilement la supériorité qu'il s'était acquise sur bien des gens. Mais ici, il ne savait que répondre à une question aussi simple, il regardait les autres comme s'il était de leur devoir de l'aider et comme si personne ne pouvait exiger de lui une réponse si cette aide venait à manquer. L'appariteur, alors, s'approcha et dit pour rassurer l'homme et l'encourager :

— Ce monsieur vous demande seulement ce que vous attendez. Répondez donc.

La voix de l'appariteur qui lui était probablement familière eut plus d'effet.

— J'attends, commença-t-il, et il s'interrompit.

Il avait visiblement choisi ce début pour répondre très exactement à la question posée, mais il ne trouvait pas la suite. Quelques-uns de ceux qui attendaient s'étaient approchés et entouraient le groupe, l'appariteur leur dit :

— Allons, allons dégagez, libérez le passage.

Ils reculèrent un peu mais tout de même pas jusqu'à l'endroit où ils s'étaient tenus assis tout à l'heure. Entre-temps, l'homme interrogé s'était ressaisi et il répondit avec même un petit sourire :

— Il y a un mois, j'ai établi quelques requêtes et j'en attends l'exécution.

— Vous semblez vous donner beaucoup de mal ?

— Oui, dit l'homme. N'est-ce pas mon procès à moi ?

— Tout le monde ne pense pas comme vous, dit K. ; moi par exemple, je suis accusé moi aussi, mais aussi vrai que je veux aller au paradis, je n'ai ni établi de requête ni rien entrepris de semblable. Pensez-vous que ce soit nécessaire ?

— Je ne sais pas très bien, dit l'homme de nouveau complètement désemparé ; visiblement, il croyait que K. le plaisantait, c'est pourquoi, sans doute, de peur de commettre quelque nouvel impair, il aurait de préférence répété tout entière sa réponse de tout à l'heure, mais devant le regard impatient de K., il dit seulement :

— En ce qui me concerne, j'ai établi des requêtes.

— Vous ne semblez donc pas croire que je suis accusé ?

— Oh ! mais si, bien sûr, dit l'homme en faisant un pas de côté. Sa réponse cependant n'exprimait pas la foi mais la crainte.

— Donc, vous ne me croyez pas ? demanda K.

Comme provoqué inconsciemment par toute l'humilité de l'homme, il le prit par le bras comme s'il voulait le contraindre à croire. Il ne voulait pas lui faire mal, il ne l'avait d'ailleurs qu'à peine touché et pourtant l'homme se mit à crier comme si K. l'avait non pas saisi avec deux doigts mais pris avec des tenailles portées au rouge. Ces cris ridicules mirent le comble à l'exaspération de K. ; si on ne croyait pas qu'il fût accusé, tant mieux, peut-être le prenait-on même pour un juge. Et pour prendre congé, il l'empoigna vraiment plus fort, le repoussa sur son banc et continua son chemin.

— La plupart des accusés sont tellement sensibles ! dit l'appariteur.

Derrière eux maintenant tous ceux qui attendaient se rassemblèrent autour de l'homme qui avait déjà cessé de crier et ils semblaient lui demander des précisions sur l'incident. Un gardien arrivait à la rencontre de K. ; on le reconnaissait principalement à un sabre dont le fourreau, à en juger du moins par la couleur, devait être en aluminium. K. s'en étonna et voulut même le prendre dans la main. Le gardien qui était venu à cause du cri demanda ce qui était arrivé. L'appariteur chercha à le rassurer en quelques mots, mais le gardien déclara qu'il devait aller se rendre compte par lui-même ; il fit un salut et continua son chemin à pas très rapides mais très courts sans doute à cause de la goutte. K. ne se soucia plus de lui ni de tous ces gens assemblés là dans la galerie ; à mi-couloir, en effet, il avait vu qu'il était possible d'obliquer à droite par une ouverture dépourvue de porte. Il fit comprendre à l'appariteur qu'il voulait savoir si c'était là le bon chemin, l'appariteur fit oui de la tête et K. obliqua. Toujours devoir marcher un pas ou deux devant l'appariteur lui pesait, cela donnait, en cet endroit du moins, l'impression qu'il était un inculpé qu'on allait présenter au juge. Il s'arrêtait donc souvent pour attendre l'appariteur mais celui-ci, alors, marquait aussitôt le pas. Enfin, pour couper court à son malaise K. dit :

— Maintenant j'ai vu comment c'est ici, je voudrais m'en aller.

— Vous n'avez pas encore tout vu, dit l'appariteur impassible.

— Je ne veux pas tout voir, dit K., qui d'ailleurs se sentait véritablement fatigué. Je voudrais m'en aller, comment sort-on d'ici ?

— Vous ne savez déjà plus où vous êtes ? demanda l'appariteur étonné. Vous tournez là-bas au bout et puis vous prenez le couloir à droite jusqu'à la porte.

— Venez avec moi, dit K. Montrez-moi le chemin, je vais le manquer, il y en a tant.

— C'est le seul chemin, dit l'appariteur d'un ton de reproche. Je ne peux pas revenir avec vous, il faut que j'aille porter mon message et j'ai déjà perdu beaucoup de temps à cause de vous.

— Venez avec moi, répéta cette fois K. d'un ton plus tranchant, comme s'il avait enfin pris l'appariteur en flagrant délit de mensonge.

— Mais ne criez donc pas comme ça, chuchota celui-ci. Il y a partout des bureaux ici. Si vous ne voulez pas revenir tout seul, venez encore un petit bout avec moi ou attendez-moi ici que j'aie porté mon message ; ensuite, je veux bien vous accompagner.

— Non, non dit K., je n'attendrai pas et vous, vous allez venir avec moi, tout de suite.

K. n'avait pas encore examiné l'endroit où il se trouvait, c'est seulement à l'instant où s'ouvrit une de ces nombreuses portes en bois qui l'entouraient qu'il se mit à le regarder. Une jeune fille qu'avait dû attirer sa voix forte arriva et demanda :

— Monsieur désire ?

Derrière elle on voyait encore un homme s'approcher dans la pénombre. K. regarda l'appariteur. Celui-ci avait pourtant dit qu'on ne s'occuperait pas du tout de lui et voilà deux personnes déjà ; un peu plus et l'ensemble des fonctionnaires allait le remarquer et demander une explication sur sa présence en ce lieu. Or la seule qui fût acceptable et compréhensible était celle-ci : il était un accusé et voulait savoir la date du prochain interrogatoire. C'était bien là l'explication qu'il ne voulait justement pas donner, d'autant plus qu'elle n'était pas conforme à la vérité car il n'était venu que par curiosité ou plutôt, explication plus impossible encore, par besoin de constater que l'intérieur de cet appareil judiciaire était tout aussi répugnant que l'extérieur. Tout donnait à penser que sa supposition avait été exacte, il ne voulait pas aller plus avant, il se sentait bien assez oppressé par ce qu'il avait vu jusqu'ici, et il n'était pas en état d'affronter un de ces fonctionnaires supérieurs qui pouvaient surgir à chaque porte ; il voulait s'en aller avec l'appariteur ou seul s'il le fallait.

Sa manière de se tenir là, sans rien dire, devait certes attirer l'attention et de fait la jeune fille et l'appariteur le dévisageaient, comme si l'instant d'après allait s'opérer en lui une profonde métamorphose qu'ils ne voulaient pas manquer d'observer. Dans l'encadrement de la porte se trouvait l'homme que K. avait remarqué tout à l'heure, dans le lointain, il se tenait au linteau de la porte basse et se balançait un peu sur la pointe des pieds, comme un spectateur impatient. Mais la jeune fille fut la première à se rendre compte qu'un léger malaise était la raison du comportement de K., elle apporta un fauteuil et demanda :

— Vous ne voulez pas vous asseoir ?

K. s'assit aussitôt et, pour être mieux soutenu encore, il s'appuya sur les accoudoirs.

— Vous avez un peu le vertige, n'est-ce pas ? lui demanda-t-elle.

Il voyait maintenant son visage tout près de lui ; il avait cette expression de sévérité qu'ont certaines femmes pendant leur belle jeunesse.

— Ne vous faites pas de soucis, dit-elle. Ce n'est pas quelque chose d'inhabituel, chacun est pris d'un accès de ce genre quand il vient pour la première fois. Vous venez pour la première fois, n'est-ce pas ? Eh ! bien, alors, cela n'a rien d'extraordinaire. Le soleil chauffe tellement la charpente du toit et le bois brûlant rend l'air si lourd et si épais, c'est pourquoi l'endroit ne se prête guère à l'installation de bureaux, quels que soient les grands avantages qu'il offre par ailleurs. Mais pour ce qui est de l'air, les jours où il y a beaucoup de monde, et c'est presque tous les jours, l'air est à peine respirable. Si de plus vous songez que souvent les gens viennent ici étendre du linge — on ne peut pas complètement l'interdire aux locataires — vous ne devriez pas vous étonner d'avoir été pris d'un léger malaise. Mais finalement on s'habitue très bien à cet air. Quand vous serez venu pour la deuxième ou la troisième fois, c'est à peine si vous le trouverez oppressant. Vous sentez-vous déjà mieux ?

K. ne répondit pas, cela le gênait trop d'être par cette soudaine faiblesse livré à ces gens ; de plus, comme il connaissait maintenant les causes de son malaise, il ne se sentait pas mieux, mais plutôt un peu plus faible. La jeune fille s'en rendit tout de suite compte et pour ménager un peu de fraîcheur à K., elle prit un long crochet appuyé contre le mur et ouvrit une petite lucarne ménagée juste au-dessus de K. et qui donnait sur le dehors. Mais il en tomba tant de suie que la jeune fille dut tout de suite la refermer et enlever à l'aide de son mouchoir la suie des mains de K. trop fatigué pour le faire lui-même. Il serait bien resté assis tranquillement jusqu'au moment où il aurait repris des forces pour s'en aller, ce qui arriverait d'autant plus tôt qu'on s'occuperait moins de lui. Mais la jeune fille ajouta :

— Vous ne pouvez pas rester ici, vous gênez le passage.

Du regard K. demanda quel passage il pouvait bien gêner.

— Si vous voulez, je vais vous conduire à l'infirmerie. Aidez-moi, voulez-vous ? dit-elle à l'homme à la porte, qui d'ailleurs s'approcha aussitôt. Mais K. ne voulait pas aller à l'infirmerie ; c'était cela justement qu'il voulait éviter, qu'on le conduise plus loin ; plus loin il irait, pire ce serait, c'est pour cette raison qu'il dit :

— Je peux très bien marcher. Et trop amolli par ce fauteuil confortable, il se leva en tremblant. Mais il ne parvenait pas à se tenir debout.

— Ça ne va tout de même pas, dit-il, secouant la tête, et il se rassit en soupirant.

Il se rappela l'appariteur, qui pourrait malgré tout le conduire facilement jusqu'à la sortie, mais celui-ci devait être parti depuis longtemps déjà. K. eut beau regarder entre l'homme et la jeune fille, il n'arrivait pas à découvrir l'appariteur.

— Je crois, dit l'homme qui était d'ailleurs habillé avec élégance et se faisait surtout remarquer par un gilet gris terminé par deux longues pointes, je crois que le malaise vient de l'atmosphère qui règne ici, c'est pourquoi le mieux, et c'est aussi sûrement ce qu'il désire, c'est que nous ne le conduisions pas à l'infirmerie mais que nous le fassions sortir des bureaux.

— C'est cela même, s'écria K. et, de joie, il en aurait presque interrompu ce que cet homme disait. « Tout de suite ça ira mieux, je ne suis pas d'ailleurs si faible que cela, j'ai besoin seulement qu'on me soutienne un peu par les aisselles, je ne vous donnerai pas beaucoup de mal et le chemin n'est pas bien long ; conduisez-moi jusqu'à la porte, je m'assiérai encore un peu sur les marches et tout de suite, ça ira mieux. D'habitude je n'ai jamais d'accès de cette sorte et j'en suis le premier surpris. Moi aussi, je suis employé et je suis habitué à l'air des bureaux, mais ici, c'en est vraiment trop. Vous l'avez dit vous-même. Voulez-vous donc être assez aimable pour me conduire un peu, j'ai le vertige et je me sens mal quand je me lève tout seul » ; et il écarta un peu les bras pour leur permettre de le prendre plus facilement.

L'homme ne répondit pas à cette invite mais gardant tranquillement les mains dans les poches, il se mit à rire :

— Vous voyez, dit-il à la jeune fille, je suis tombé juste. Ce n'est qu'ici que Monsieur ne se sent pas bien et non pas en général.

La jeune fille sourit aussi, mais du bout des doigts elle frappa légèrement le bras de l'homme, comme s'il s'était permis à l'égard de K. une plaisanterie tout de même un peu trop poussée.

— Mais à quoi pensez-vous donc ? dit l'homme riant toujours. Je veux vraiment conduire Monsieur dehors.

— Alors c'est bien, dit la jeune fille inclinant un instant sa tête délicate : — N'attachez pas trop d'importance à ce rire, dit-elle à K. qui, redevenu triste, regardait fixement devant lui et ne semblait pas avoir besoin d'explications.

— Ce monsieur... je peux vous présenter, n'est-ce pas ? (Le monsieur en donna l'autorisation d'un geste de la main.) Ce monsieur donc est le préposé aux renseignements. Il donne aux intéressés qui attendent tous les renseignements dont ils ont besoin et comme notre juridiction n'est pas très connue parmi la population, on demande beaucoup de renseignements. Il connaît la réponse à toutes les questions. Vous pouvez si vous en avez un jour l'envie le mettre à l'épreuve. Mais ce n'est pas là son seul privilège ; son second privilège, c'est l'élégance de sa mise. Nous, c'est-à-dire le corps des fonctionnaires, nous avons un jour été d'avis qu'il fallait habiller de façon élégante le préposé aux renseignements qui sans cesse et le premier a affaire au public, pour qu'il donne une impression de dignité. Nous autres, nous sommes, comme vous pouvez vous en rendre compte immédiatement, en me regardant, malheureusement très mal habillés et de façon démodée, d'ailleurs cela n'a pas grand sens de faire des dépenses pour des vêtements car nous demeurons presque sans interruption dans les bureaux, nous dormons même ici. Mais comme je vous l'ai dit, pour le préposé aux renseignements, nous avons estimé de beaux vêtements indispensables. Mais comme nous n'avons pas pu les obtenir de notre administration, un peu étrange sur ce point, nous avons fait une quête — des justiciables y ont participé eux aussi — et nous lui avons acheté ce beau costume et d'autres encore. Tout est donc prêt pour qu'il fasse une bonne impression mais par son rire il gâche tout cela et fait peur aux gens.

— C'est bien ça, dit le monsieur ironiquement. Mais je ne comprends pas, mademoiselle, pourquoi vous racontez toutes nos affaires intimes à ce monsieur ou plutôt pourquoi vous les lui imposez, car il ne veut nullement les connaître. Regardez-le donc assis là, visiblement occupé de ses propres affaires.

K. n'avait pas même envie de le contredire, il se pouvait que la jeune fille eût de bonnes intentions, elle se proposait peut-être de le distraire ou de lui donner l'occasion de se ressaisir, mais le but était manqué.

— Il fallait que je lui explique votre rire, dit la jeune fille, il était offensant.

— Je crois qu'il pardonnerait des offenses encore bien pires si je finissais par le conduire dehors.

K. ne dit rien, il ne leva pas même les yeux. Il tolérait que les deux parlent de lui comme d'une chose, c'était même ce qu'il y avait de préférable. Mais tout à coup, il sentit la main du préposé aux renseignements sur l'un de ses bras et la main de la jeune fille sur l'autre.

— Allons debout, faible créature ! dit le préposé aux renseignements.

— Je vous remercie beaucoup tous les deux, dit K. heureusement surpris.

Il se leva lentement et dirigea lui-même ces mains étrangères jusqu'aux endroits où il avait le plus besoin d'appui.

— On dirait, chuchota la jeune fille à l'oreille de K. pendant qu'ils s'approchaient du couloir, que je tiens beaucoup à faire apparaître le préposé aux renseignements sous un jour favorable, mais il faut me croire, je veux seulement dire la vérité. Il n'a pas le cœur dur. Il n'est pas obligé de reconduire les justiciables malades et il le fait tout de même, comme vous voyez. Personne parmi nous peut-être n'a le cœur dur, nous aimerions tous venir en aide, mais le fait d'être fonctionnaires de justice nous donne facilement l'air d'avoir le cœur dur et de ne vouloir aider personne. J'en souffre véritablement.

— Vous ne voulez pas vous asseoir un peu ici ? demanda le préposé aux renseignements.

Ils étaient déjà dans le couloir et juste devant l'accusé auquel K. s'était adressé tout à l'heure. K. avait presque honte devant lui, il s'était tenu tellement droit en sa présence et maintenant, il fallait que deux personnes le soutiennent et le préposé aux renseignements tenait son chapeau en équilibre au bout de ses doigts écartés, ses cheveux décoiffés pendaient sur son front en sueur. Mais l'accusé ne paraissait pas le remarquer, il se tenait humblement devant le préposé aux renseignements, dont le regard l'ignorait et il cherchait seulement à faire pardonner sa présence.

— Je sais, dit-il, qu'il ne peut être fait droit à mes requêtes aujourd'hui. Mais je suis venu quand même, je pensais que je pourrais attendre ici. C'est dimanche et ici je ne dérange pas.

— Ce n'est pas la peine de vous excuser, dit le préposé aux renseignements, votre caractère scrupuleux est à tous égards louable, il est vrai que vous occupez de la place inutilement, mais aussi longtemps que cela ne me gêne pas, je ne veux en aucune manière vous empêcher de suivre très exactement la marche de vos affaires. Quand on a vu des gens négliger honteusement leur devoir, on apprend à avoir de la patience avec des gens comme vous. Asseyez-vous.

— Comme il s'y entend à parler aux justiciables, chuchota la jeune fille. K. approuva de la tête mais lorsque le préposé aux renseignements lui demanda une nouvelle fois :

— Vous ne voulez pas vous asseoir ici ?

— Non, dit K., je ne veux pas me reposer.

Il avait dit cela le plus nettement possible, or cela lui aurait fait beaucoup de bien de s'asseoir. On eût dit qu'il avait le mal de mer. Il croyait être sur un bateau par très forte houle. L'eau semblait se jeter contre les parois de bois, un grondement de masses d'eau qui se referment paraissait venir des profondeurs du couloir, comme si le couloir tanguait dans le sens de la largeur et comme si les justiciables de chaque côté étaient tantôt soulevés, tantôt abaissés. Le calme de la jeune fille et de l'homme qui le conduisaient n'en était que plus incompréhensible.

Il leur était livré, s'ils le lâchaient, il tomberait comme une planche. Des éclairs passaient et repassaient dans leurs petits yeux. K. sentait leurs pas réguliers sans pouvoir les faire siens car on le portait presque. Il remarqua enfin qu'ils lui parlaient, mais il ne les comprit pas, il n'entendait qu'une rumeur qui remplissait tout et que traversait un son aigu et immuable comme provenant d'une sirène.

— Plus haut, murmura-t-il la tête inclinée, et il avait honte.

Alors, tout à coup, comme si le mur devant lui s'était déchiré, il sentit un courant d'air frais et il entendit qu'on disait à côté de lui :

— D'abord, il veut s'en aller, ensuite, on a beau lui dire cent fois que la sortie est là, il ne bouge pas.

K. remarqua qu'il se trouvait debout devant la porte de sortie que la jeune fille avait ouverte. C'était comme si toutes ses forces lui étaient revenues d'un coup. Pour avoir un avant-goût de liberté, il descendit tout de suite une marche de l'escalier et prit congé de ses accompagnateurs qui se penchaient vers lui.

— Merci beaucoup, répéta-t-il.

Il leur serra à tous deux les mains à plusieurs reprises et ne cessa que lorsqu'il s'aperçut qu'eux, habitués à l'air des bureaux, supportaient mal l'air relativement frais qui venait de l'escalier. Ils pouvaient à peine répondre et la jeune fille serait peut-être tombée si K. n'avait pas refermé la porte précipitamment. Un instant encore K. se tint immobile et un miroir de poche à la main, il se lissa les cheveux, ramassa son chapeau qui se trouvait une marche plus bas, le préposé aux renseignements avait dû l'y lancer, et descendit l'escalier en courant, si frais et à si grandes enjambées qu'il fut presque effrayé par le changement. Jamais encore son état de santé qui était des plus solides ne lui avait ménagé de telles surprises. Son corps voulait-il peut-être se révolter et lui préparer un nouveau procès puisqu'il supportait l'ancien si facilement ? Il ne repoussa pas complètement l'idée d'aller consulter un médecin à la prochaine occasion, en tout cas il voulait à l'avenir — et en ceci, il pouvait être son propre conseiller — mieux utiliser les dimanches matin.

Chapitre cinquième

Le fouetteur.

LORSQUE l'un des soirs suivants K. passa dans le couloir qui séparait son bureau de l'escalier principal — il était presque le dernier cette fois à rentrer chez lui, seuls deux serviteurs restaient à travailler à l'expédition dans le petit champ lumineux d'une ampoule électrique — il entendit gémir derrière une porte où il avait toujours cru n'y avoir qu'un débarras. Il s'arrêta étonné et prêta l'oreille pour voir s'il ne s'était pas trompé. Un instant ce fut le silence, puis les gémissements reprirent. D'abord il voulut aller chercher l'un des domestiques, peut-être pouvait-on avoir besoin d'un témoin, mais ensuite il fut pris d'une curiosité à ce point indomptable qu'il ouvrit littéralement la porte à la volée. C'était bien, comme il l'avait supposé, un débarras. De vieux imprimés inutilisables, des encriers de terre cuite vides s'entassaient derrière le seuil. Mais dans la pièce elle-même, trois hommes se tenaient courbés sous le plafond bas, une bougie fixée sur une étagère leur donnait de la lumière :

— Que faites-vous là ? demanda K., dont la voix chavirait d'énervement. L'un des hommes qui visiblement dominait les autres et attirait d'abord le regard était gainé d'une sorte de vêtement de cuir sombre, qui laissait le cou jusqu'au milieu de la poitrine et les bras entièrement nus ; il ne répondit pas. Mais les deux autres s'écrièrent :

— Maître ! nous devons être fouettés parce que tu t'es plaint de nous au juge d'instruction.

C'est alors seulement que K. s'aperçut qu'il s'agissait, en effet, des deux gardiens Franz et Willem et que le troisième tenait une verge à la main pour les fouetter.

— Quoi ! fit K. en les regardant les yeux écarquillés, je ne me suis pas plaint, j'ai seulement dit ce qui s'était passé chez moi. Et vous ne vous êtes tout de même pas comportés de façon irréprochable.

— Maître, dit Willem, pendant que Franz tentait visiblement de s'abriter derrière lui pour se protéger du troisième, si vous saviez comme nous sommes mal payés, vous nous jugeriez mieux. Moi, j'ai une famille à nourrir et Franz, que voici, voulait se marier ; on cherche à s'enrichir du mieux qu'on peut, et le travail seul, même le plus acharné, n'y suffit pas. Votre linge fin m'a tenté, naturellement, il est interdit aux gardiens de faire ça, ce n'était pas bien, mais il est de tradition que le linge revienne aux gardiens ; il en a toujours été ainsi, vous pouvez me croire ; c'est d'ailleurs compréhensible, que peuvent bien représenter encore ces choses-là pour qui a le malheur d'avoir été arrêté ? Mais il se trouve que s'il en fait état publiquement, inévitablement la punition s'ensuit.

— Ce que vous dites là, je ne le savais pas, d'ailleurs, je n'ai nullement demandé que vous soyez punis, pour moi c'était une question de principe.

— Franz, dit Willem en se tournant vers l'autre gardien, est-ce que je ne te l'avais pas dit que monsieur n'avait pas du tout demandé que nous soyons punis ? Et tu l'entends, il ne savait même pas que nous devions l'être.

— Ne te laisse pas émouvoir par de tels discours, dit le troisième à K., la punition est aussi juste qu'inévitable.

— Ne l'écoute pas, dit Willem et il s'interrompit pour vite porter à sa bouche sa main sur laquelle il venait de recevoir un coup de fouet, nous ne sommes punis que parce que tu nous as dénoncés. Sinon rien ne nous serait arrivé, même si on avait appris ce que nous avons fait. Peut-on dire que cela est juste ? Nous deux, mais moi, en particulier, nous avons longtemps fait nos preuves comme gardiens — toi-même tu es forcé de reconnaître que du point de vue de l'administration nous avons fait bonne garde — nous avions des perspectives d'avancement et nous serions certainement devenus fouetteurs, comme lui qui a eu la chance de n'être dénoncé par personne, car c'est vraiment rare qu'une telle dénonciation ait lieu. Et maintenant, Maître, tout cela est perdu, notre carrière terminée, nous serons obligés d'exécuter beaucoup de tâches encore plus subalternes que celle de gardien et par-dessus le marché nous devons recevoir cette terrible correction.

— Le fouet peut-il faire mal à ce point ? demanda K. en examinant la verge que le fouetteur brandissait devant lui.

— C'est qu'il faut que nous nous mettions tout nus, dit Willem.

— Ah, bon ! dit K. en regardant le fouetteur avec attention ; il était bronzé comme un matelot et il avait un visage sauvage et frais.

— Il n'y a pas moyen de leur éviter cette fessée à ces deux-là ? lui demanda-t-il.

— Non, fit le fouetteur et il secoua la tête en souriant.

— Déshabillez-vous ! ordonna-t-il aux gardiens. Et à K., il dit : — Ce n'est pas la peine de croire tout ce qu'ils disent, la peine du fouet les a déjà rendus un peu faibles d'esprit. Ce que celui-ci, par exemple — il montra Willem —, a raconté de son éventuelle carrière est proprement ridicule. Regarde-le, comme il est gras — les premiers coups de fouet vont se perdre dans la graisse —, sais-tu ce qui l'a rendu si gras ? Il a l'habitude de dévorer le petit déjeuner de tous ceux qu'on arrête. N'a-t-il pas aussi mangé ton petit déjeuner à toi ? Tu vois, je le disais bien. Mais un homme avec un ventre pareil ne peut absolument pas devenir fouetteur, c'est tout à fait exclu.

— Et pourtant, il y en a des fouetteurs comme ça, affirma Willem qui était justement en train de déboucler la ceinture de son pantalon.

— Non, dit le fouetteur en lui passant le fouet sur le cou de manière telle qu'il en tressaillit, tu n'as pas à écouter mais à te déshabiller.

— Je te paierai bien, si tu les laisses s'en aller, dit K., et sans regarder le fouetteur — de telles affaires, on les conclut mieux si on garde les yeux baissés — il sortit son portefeuille.

— Tu veux donc me dénoncer moi aussi, dit le fouetteur, et me faire avoir le fouet à moi aussi ? Non ! non !

— Sois donc raisonnable, dit K. Si j'avais voulu les faire punir, ces deux-là, je ne serais pas à cette heure en train d'essayer de payer une rançon pour eux. Je pourrais tout simplement claquer la porte, sans consentir à en voir et en entendre davantage et retourner chez moi. Or je ne le fais pas et de plus je tiens vraiment à les délivrer, si j'avais su qu'ils devaient être ou pourraient même être punis, jamais je n'aurais prononcé leurs noms. Je ne les tiens, en effet, nullement pour coupables, c'est l'Organisation, ce sont les hauts fonctionnaires qui sont coupables.

— Exactement ! s'écrièrent les gardiens, et ils reçurent aussitôt un coup de fouet sur leurs dos déjà dévêtus.

— Si tu avais ici sous ton fouet un grand juge, dit K., et tout en parlant il repoussait de la main le fouet que l'autre s'apprêtait déjà à lever une nouvelle fois, vraiment, je ne t'empêcherais pas d'assener tes coups, au contraire, je te payerais même afin de te donner des forces pour la bonne cause.

— Ce que tu dis a l'air vrai, dit le fouetteur, mais je ne me laisse pas corrompre. Je suis employé pour fouetter et je fouette.

Le gardien Franz, qui, peut-être, dans l'attente d'une issue favorable de l'intervention de K. était resté sur sa réserve, s'avança, jusqu'à la porte, vêtu seulement de son pantalon, se pendit au bras de K. en s'agenouillant et chuchota :

— Si tu ne peux obtenir que nous soyons épargnés, essaye au moins de me délivrer, moi. Willem est plus âgé que moi, moins sensible à tous égards et il y a quelques années déjà il a été puni d'une peine du fouet légère, mais moi, je ne suis pas encore déshonoré et c'est Willem qui m'a poussé à agir ainsi. C'est lui qui est mon instituteur dans le bien et le mal. En bas devant la banque, ma pauvre fiancée attend et j'ai tellement honte.

Il essuya son visage ruisselant de larmes à la veste de K.

— Je n'attendrai pas plus longtemps ! dit le fouetteur qui prit le fouet des deux mains et se mit à frapper Franz, pendant que Willem accroupi dans un coin regardait à la dérobée sans oser bouger sa tête. C'est alors que s'éleva le cri de Franz, ininterrompu et uniforme ; il ne semblait pas provenir d'un être humain mais d'un instrument martyrisé, tout le couloir en résonnait, l'immeuble entier devait l'entendre.

— Ne crie pas, s'exclama K. sans pouvoir se retenir et pendant qu'il regardait avec anxiété dans la direction d'où les serviteurs n'allaient pas manquer de surgir, il bouscula Franz, pas très fort, mais assez pourtant pour que celui-ci, qui avait perdu le sens, tombât par terre et se mît, pris de spasmes, à battre le sol des mains ; mais il n'échappa pas au fouet qui allait le trouver jusque par terre et pendant qu'il se tordait sous ses coups, le fouet ne cessait de s'élever et de s'abaisser. Et déjà au loin un serviteur faisait son apparition et un autre le suivait à quelques pas de distance. K. avait claqué la porte avec violence, il était allé à une des fenêtres sur la cour et il l'avait ouverte. Les cris avaient complètement cessé. Pour ne pas laisser approcher les serviteurs, il cria :

— C'est moi !

— Bonsoir, monsieur le Fondé de pouvoir ! lui répondit-on, il est arrivé quelque chose ?

— Non, non, répondit K., c'est un chien qui hurle comme ça dans la cour.

Mais comme les domestiques ne bougeaient tout de même pas, il ajouta :

— Vous pouvez rester à votre travail, et pour ne pas avoir à commencer une conversation avec eux, il se pencha par la fenêtre. Lorsque après un instant, il regarda dans le couloir, ils étaient déjà partis. K. resta à la fenêtre, il n'osait pas aller dans le débarras et il ne voulait pas non plus rentrer chez lui. Son regard plongeait sur une petite cour carrée entourée de toutes parts de bureaux, toutes les fenêtres étaient déjà obscures, seules les plus hautes captaient un reflet de lune. K. s'efforçait de percer l'obscurité d'un coin de la cour où quelques voitures à bras se trouvaient emboîtées les unes dans les autres. N'avoir pu empêcher cette fessée, cela le tourmentait, mais s'il n'y avait pas réussi ce n'était pas de sa faute, si Franz n'avait pas crié — certes, cela avait sûrement fait très mal, mais il faut savoir se dominer à un moment décisif —, s'il n'avait pas crié, K. aurait très vraisemblablement trouvé un moyen pour tout de même convaincre le fouetteur. Si tous les fonctionnaires subalternes étaient de la racaille, pourquoi donc ce fouetteur qui exerçait la fonction la plus inhumaine aurait-il fait exception ? D'ailleurs, K. avait bien observé la lueur qui s'était allumée dans ses yeux à la vue du billet de banque, il n'avait à l'évidence fouetté pour de bon que pour augmenter encore un peu le montant du pot-de-vin. Et K. n'aurait pas été regardant, il avait vraiment eu à cœur de délivrer les gardiens ; si déjà il avait commencé à combattre la corruption de cette justice, il était naturel d'intervenir aussi de ce côté-là.

Mais dès l'instant où Franz s'était mis à crier, c'en avait été fini. K. ne pouvait tolérer que les domestiques et peut-être toutes sortes de gens arrivent et le surprennent en train de négocier avec ces gens-là dans ce débarras.

Personne, vraiment, ne pouvait exiger de lui un sacrifice pareil. Et l'eût-il envisagé, le plus simple aurait été que K. se déshabillât lui-même et s'offrît au fouetteur à la place des gardiens. D'ailleurs, le fouetteur n'aurait certainement pas accepté cette substitution car il aurait par là, sans en retirer un seul avantage, gravement manqué à son devoir, et doublement, sans doute, car aussi longtemps que K. se trouvait sous le coup de la procédure, il ne pouvait qu'être invulnérable pour tous les fonctionnaires du tribunal. Dans le cas présent, il est vrai, d'autres règlements s'appliquaient peut-être. Toujours est-il que K. n'avait rien pu faire d'autre que de claquer la porte, cela n'avait nullement écarté le danger. Il était regrettable que pour finir il eût lui-même donné un coup à Franz, geste que son seul énervement pouvait excuser.

Dans le lointain, il entendait les pas des domestiques ; pour ne pas se faire remarquer par eux, il ferma la porte et se dirigea vers l'escalier principal. Arrivé à la porte du débarras, il s'arrêta un instant et tendit l'oreille. Tout était silencieux. Il se pouvait que l'homme eût fouetté les gardiens à mort, ils avaient en effet été totalement laissés à sa merci. Déjà K. avait tendu la main vers la poignée, mais il la retira. Il ne pouvait plus aider personne et les domestiques arriveraient immédiatement ; mais il se flattait pourtant d'amener cette affaire au grand jour et de punir, dans la mesure de ses forces, les vrais coupables, les hauts fonctionnaires dont aucun n'avait encore osé se montrer à lui.

En redescendant le perron de la banque, il observa soigneusement tous les passants, mais nulle part il ne vit de jeune fille attendant quelqu'un. Ce qu'avait dit Franz de sa fiancée qui l'attendait se révélait donc être un mensonge, excusable évidemment, et qui n'avait eu pour seul but qu'éveiller plus de pitié encore.

Même le jour suivant les gardiens ne quittèrent pas l'esprit de K. ; il fut distrait pendant le travail et pour en venir à bout il dut rester encore un peu plus longtemps au bureau que la veille. Lorsqu'en partant il passa une fois encore devant le débarras, il l'ouvrit comme par habitude. Or, il ne parvint pas à se ressaisir devant ce qu'il découvrit au lieu de l'obscurité attendue. Tout était inchangé, tel qu'il l'avait trouvé la veille au soir en ouvrant la porte. Les imprimés et les encriers derrière le seuil, le fouetteur avec la verge, les gardiens encore totalement dévêtus, la bougie sur l'étagère, les gardiens commencèrent à geindre et ils s'écrièrent « Maître ! ». Aussitôt K. ferma la porte de toutes ses forces et la frappa des poings comme si elle devait ainsi être mieux fermée. Pleurant presque il courut voir les appariteurs qui travaillaient tranquillement devant leurs polycopieuses et s'arrêtèrent étonnés.

— Rangez donc enfin le débarras ! s'écria-t-il, nous étouffons littéralement sous la crasse.

Les appariteurs se dirent prêts à le faire le lendemain ;

K. opina de la tête ; maintenant, tard le soir, il ne pouvait plus les contraindre à ce travail comme il l'avait envisagé. Il s'assit un peu, pour garder les appariteurs quelque temps à proximité, il mit quelques polycopiés sens dessus dessous, croyant ainsi se donner l'air de les vérifier et puis, comme il se rendit compte que les appariteurs n'oseraient pas partir en même temps que lui, il s'en retourna chez lui fatigué et vide de pensées.

Chapitre sixième

L'oncle. — Leni.

Un après-midi — K. était justement très occupé par le départ du courrier —, l'oncle Karl, un petit propriétaire foncier, se faufila dans son bureau entre deux appariteurs qui apportaient des dossiers. A sa vue, K. fut bien moins effrayé qu'il ne l'avait été quelque temps auparavant à l'idée que l'oncle n'allait pas tarder à venir. Depuis près d'un mois déjà, K. n'en doutait pas, l'oncle allait arriver. Alors déjà, il avait cru le voir, légèrement voûté, son panama un peu cabossé à la main gauche, la main droite, de loin déjà, tendue vers lui par-dessus le bureau avec une précipitation aveugle, renversant tout ce qui se trouvait sur son passage.

L'oncle était toujours pressé car poursuivi par la malencontreuse idée de régler tout ce qu'il avait projeté de faire pendant la journée qu'il allait passer dans la capitale, sans, pour autant, laisser échapper les conversations, les affaires ou les plaisirs qui s'offraient à lui. K. qui lui devait beaucoup, car l'oncle avait été son tuteur, était obligé de l'aider en toutes occasions pour ce genre de choses et de l'héberger chez lui par-dessus le marché. « Le fantôme de nos campagnes », avait-il coutume de l'appeler.

Aussitôt après les salutations — il n'avait pas le temps de s'asseoir dans le fauteuil que lui offrait K. — il pria celui-ci de lui accorder un bref entretien entre quatre yeux.

— C'est nécessaire, dit-il, avalant à grand-peine, c'est nécessaire pour ma tranquillité.

K. fit aussitôt sortir les appariteurs de la pièce avec la consigne de ne laisser entrer personne.

— Qu'ai-je entendu, Joseph ? s'écria l'oncle, lorsqu'ils furent seuls ; il s'assit sur la table, sans même regarder, fourra divers papiers sous lui pour être mieux assis. K. se tut, il savait ce qui allait venir, mais tout à coup arraché à son travail harassant, il se laissa aller à une lassitude agréable et regarda par la fenêtre l'autre côté de la rue dont on ne voyait qu'un petit triangle, un morceau de mur vide entre deux éventaires de magasins.

— Tu regardes par la fenêtre ! s'écria l'oncle en levant les bras, au nom du ciel réponds-moi donc ! Est-ce vrai, cela peut-il être vrai ?

— Mon cher oncle ! dit K. s'arrachant à sa distraction, mais je ne sais pas du tout ce que tu veux.

— Joseph, fit l'oncle, en le mettant en garde, tu as toujours dit la vérité pour autant que je sache. Dois-je considérer que tes derniers mots sont de mauvais augure ?

— Je devine ce que tu veux, dit K., docile. Tu as vraisemblablement entendu parler de mon procès.

— C'est bien cela, répondit l'oncle en hochant lentement la tête, j'ai entendu parler de ton procès.

— Et par qui donc ? demanda K.

— C'est Erna qui me l'a écrit ; elle n'a guère de rapports avec toi, tu ne t'occupes malheureusement pas beaucoup d'elle et pourtant elle l'a tout de même appris. J'ai reçu la lettre aujourd'hui et je suis naturellement arrivé tout de suite. Il n'y a aucune autre raison, mais celle-là me semble suffisante. Je peux te lire le passage de sa lettre qui te concerne. — Il tira la lettre de son portefeuille. — Voici. Elle écrit : “ Ça fait longtemps que je n'ai pas vu Joseph, la semaine dernière je me suis rendue à la banque, mais Joseph était à ce point occupé qu'on ne m'a pas laissé arriver jusqu'à lui ; j'ai attendu presque une heure, mais il m'a fallu rentrer à la maison parce que j'avais ma leçon de piano. J'aurais bien aimé lui parler, peut-être une occasion se trouvera-t-elle prochainement. Pour ma fête, il m'a envoyé une grande boîte de chocolats, c'était une très gentille attention de sa part. J'ai oublié de vous l'écrire à ce moment-là, ce n'est que maintenant que vous me le demandez que je m'en souviens. Il faut que vous sachiez qu'à la pension les chocolats disparaissent immédiatement, à peine s'est-on rendu compte qu'on vous a fait cadeau de chocolats qu'ils ont déjà disparu. Mais pour en revenir à Joseph, j'ai encore quelque chose à vous dire. Comme je vous l'ai dit, on ne m'a pas laissé le voir à la banque parce qu'il était en pourparlers avec un monsieur. Après avoir attendu tranquillement un certain temps, j'ai demandé à un appariteur si l'entretien allait encore durer longtemps. Il me dit que c'était bien possible car il s'agissait probablement du procès intenté à monsieur le Fondé de pouvoir. Je demandai de quel procès il pouvait bien s'agir et s'il ne se trompait pas, mais il répondit qu'il ne se trompait pas, que c'était bien un procès et même un procès grave, mais qu'il n'en savait pas plus. Lui-même aurait volontiers aidé monsieur le Fondé de pouvoir car celui-ci était un homme bon et juste, mais il ne savait pas comment il pourrait faire et il souhaitait seulement que des hommes influents s'occupent de lui. C'est certainement ce qui allait se passer et tout allait bien se terminer, mais pour l'instant, comme il pouvait s'en rendre compte à l'humeur de monsieur le Fondé de pouvoir, les choses n'allaient pas bien du tout. Naturellement je n'ai pas accordé beaucoup d'importance à ces discours. J'ai aussi cherché à tranquilliser ce naïf domestique, je lui ai interdit d'en parler à quiconque et je tiens le tout pour du bavardage. Pourtant, il serait peut-être bon, cher père, que lors de ta prochaine visite tu te préoccupes de cette affaire, il te sera facile d'apprendre plus précisément de quoi il s'agit et si cela devait être nécessaire d'intervenir grâce à tes nombreuses et influentes relations. Si cela ne devait pas être nécessaire, c'est le plus vraisemblable, cela donnera du moins à ta fille l'occasion de t'embrasser, ce qui lui ferait plaisir. »

— Quelle bonne petite, dit l'oncle lorsqu'il eut fini de faire la lecture de la lettre et il essuya quelques larmes. K. hocha la tête, dérangé comme il l'avait été ces derniers temps par toutes sortes de choses, il en avait complètement oublié Erna et son anniversaire, et l'histoire des chocolats avait de toute évidence été inventée à seule fin de le défendre contre l'oncle et la tante. C'était très touchant et les billets de théâtre qu'il allait lui envoyer régulièrement à partir de maintenant n'étaient certainement pas une récompense suffisante mais il ne se sentait pas en état de faire des visites au pensionnat ni de faire la conversation à une petite lycéenne de dix-huit ans.

— Et alors qu'est-ce que tu en dis ? demanda l'oncle à qui la lettre avait fait oublier hâte et énervement et qui paraissait vouloir la relire une fois encore.

— Oui, mon oncle, c'est vrai.

— Vrai ? cria l'oncle. — Qu'est-ce qui est vrai ? Comment cela peut-il être vrai ? Et quel procès est-ce donc ? Ce n'est tout de même pas un procès pénal ?

— Si, c'est un procès pénal, répondit K.

— Et tu es assis là tout tranquillement et tu as un procès pénal sur les bras ? s'exclama l'oncle qui parlait de plus en plus fort.

— Plus je suis calme, mieux cela ira, dit K. lassé, ne crains rien.

— Voilà qui devrait me tranquilliser ! s'écria l'oncle. Joseph, cher Joseph, pense à toi, à tes proches, à notre bon renom ! Tu as jusque-là été notre honneur, tu n'as pas le droit de devenir notre honte. Ton attitude, il regarda K., la tête inclinée, ne me plaît pas, aucun accusé innocent n'a une pareille attitude quand il est encore en pleine possession de ses forces. Dis-moi vite de quoi il s'agit pour que je puisse t'aider. Il s'agit naturellement de la banque.

— Non, dit K. en se levant, mais tu cries trop fort, cher oncle, l'appariteur est sans doute derrière la porte à écouter. Cela m'est désagréable, il vaut mieux que nous nous en allions. Alors je répondrai à tes questions, dans la mesure du possible. Je sais très bien que je dois des comptes à la famille.

— C'est juste s'écria l'oncle, très juste seulement, dépêche-toi, Joseph, dépêche-toi !

— J'ai encore quelques indications à donner, dit K. et il demanda par téléphone à son adjoint de venir, lequel arriva quelques instants plus tard. L'oncle, dans son excitation, lui indiqua de la main que K. l'avait fait appeler, ce qui de toute façon ne laissait pas le moindre doute. K., debout devant son bureau, donnait des explications au jeune homme qui l'écoutait avec froideur mais attention ; il parlait à voix basse et s'aidant de divers documents qui se trouvaient sur son bureau, il lui indiquait ce qui devait encore être réglé le jour même, en son absence.

L'oncle dérangeait, planté là, yeux écarquillés, se mordant les lèvres, il n'écoutait pas ce qui se disait mais il en avait l'air et c'était déjà bien assez gênant. Puis il se mit à faire les cent pas dans la pièce, s'arrêtant tantôt devant la fenêtre, tantôt devant un tableau en poussant diverses exclamations du genre : C'est complètement incompréhensible, ou bien : Ce que ça va donner. Je vous le demande un peu !

Le jeune homme fit comme s'il ne s'apercevait de rien, il écouta tranquillement jusqu'au bout les indications de K., prit même quelques notes et s'en alla après s'être incliné devant K. et devant l'oncle qui lui tournait justement le dos et regardait par la fenêtre en froissant les rideaux à pleines mains. La porte s'était à peine refermée que l'oncle s'exclama :

— Enfin le guignol est parti, et nous pouvons nous en aller nous aussi.

Il n'y eut malheureusement aucun moyen d'empêcher l'oncle de poser des questions sur le procès, dans le hall où se trouvaient quelques appariteurs et quelques employés et que traversait justement le directeur général adjoint.

— Alors, Joseph, commença l'oncle en répondant par un léger salut aux révérences de ceux qui se trouvaient là, maintenant, dis-moi franchement quelle espèce de procès est-ce là ?

K. fit quelques réflexions qui ne voulaient rien dire, il se mit même à rire et ce n'est qu'une fois arrivés sur le perron qu'il expliqua à l'oncle qu'il n'avait pas voulu parler devant ces gens.

— Très juste, dit l'oncle, mais maintenant, parle.

La tête penchée, fumant un cigare à courtes bouffées pressées, il écoutait.

— Avant tout, mon oncle, dit K., il ne s'agit pas du tout d'un procès devant un tribunal ordinaire.

— C'est grave, fit l'oncle.

— Comment ? demanda K. en regardant l'oncle.

— Je dis que c'est grave, répéta l'oncle. Ils se tenaient sur l'escalier qui descendait vers la rue ; comme le portier semblait écouter, K. entraîna l'oncle jusqu'en bas ; la circulation intense de la rue les enveloppa. L'oncle qui avait pris le bras de K. semblait moins pressé de l'interroger sur le procès ; ils marchèrent même un certain temps en silence.

— Mais comment est-ce arrivé ? demanda finalement l'oncle, s'arrêtant de façon si soudaine que les gens qui marchaient derrière eux s'écartèrent, effrayés. — Ces choses-là n'arrivent tout de même pas inopinément, elles se préparent longtemps à l'avance, il a bien dû y avoir quelque signe précurseur, pourquoi ne m'as-tu pas écrit ? Tu sais que je ferais tout pour toi, je suis encore dans une certaine mesure ton tuteur et jusqu'à aujourd'hui j'en ai été fier. Naturellement je t'aiderai cette fois encore, seulement si le procès est déjà engagé, c'est très difficile. Le mieux ce serait que tu prennes un petit congé et que tu viennes chez nous à la campagne. D'ailleurs, tu es un peu amaigri, je m'en rends compte. A la campagne tu vas prendre des forces, c'est ce qu'il faut, car des efforts pénibles t'attendent certainement. De plus tu seras en quelque sorte soustrait au tribunal. Ici, ils ont tous les moyens possibles en leur pouvoir ; ils les utiliseront nécessairement de façon automatique à ton égard, mais à la campagne, ils seraient obligés de déléguer des envoyés ou d'essayer de t'influencer par lettre, télégramme ou téléphone. Cela en diminue naturellement l'effet, ne t'en délivre pas, il est vrai, mais te donne le temps de souffler.

— Ils pourraient m'interdire de partir, dit K. que les propos de l'oncle avaient ramené à leurs façons de voir les choses.

— Je ne crois pas qu'ils le feront, dit l'oncle pensivement. Ton départ ne leur fera pas perdre assez de pouvoir.

— Je pensais, dit K. prenant l'oncle par le bras pour l'empêcher de s'arrêter, que tu accorderais à tout cela encore moins d'importance que moi et maintenant c'est toi qui le prends si mal.

— Joseph, s'écria l'oncle, et il voulut se détacher de lui pour pouvoir s'arrêter, mais K. ne le lâcha pas, tu es transformé, tu avais toujours eu une capacité si juste d'appréciation et c'est justement maintenant qu'elle te lâche. Veux-tu donc perdre ton procès ? Sais-tu ce que cela signifie ? Cela signifie que tu es simplement rayé de la carte. Et toute ta parenté sera concernée ou du moins humiliée au-delà de toute expression ; Joseph, reprends-toi. Ton indifférence me fait perdre l'esprit. Quand on te regarde on est presque tenté de croire le proverbe : " Avoir un tel procès, c'est déjà l'avoir perdu. "

— Cher oncle, fit K., s'énerver ne sert à rien, à toi, ça ne te sert à rien et ne me servirait à rien à moi non plus. On ne gagne pas les procès avec de l'énervement, toi aussi, accorde quelque valeur à mon expérience pratique, tout comme moi j'estime et apprécie beaucoup la tienne, même si elle me surprend. Comme tu dis que la famille elle aussi va avoir à souffrir du procès — je ne puis pour ma part comprendre comment, mais cela est secondaire — je veux bien faire tout ce que tu diras. Seul le séjour à la campagne, je ne le tiens pas pour profitable, même dans le sens où tu l'entends, car cela voudrait dire fuite et sentiment de culpabilité. De plus ici, je suis davantage poursuivi mais je puis aussi davantage me consacrer à l'affaire.

— C'est juste, dit l'oncle d'un ton de voix qui paraissait indiquer qu'enfin leurs points de vue se rapprochaient Je faisais cette proposition seulement parce que je voyais toute l'affaire compromise par ton indifférence si tu restais ici et je trouvais mieux de m'en occuper à ta place. Mais si tu veux le faire toi-même en y consacrant toutes tes forces, c'est naturellement beaucoup mieux.

– Nous voilà donc d'accord là-dessus, dit K. Et tu as

une proposition à me faire pour ce que je dois entreprendre en premier ?

— Il faut naturellement que j'y réfléchisse d'abord, dit l'oncle, il faut que tu n'oublies pas que ça fait bientôt vingt ans que je suis à la campagne et cela émousse le discernement. Les relations avec diverses personnalités peut-être plus compétentes dans ce domaine se sont espacées d'elles-mêmes. Je suis un peu abandonné à la campagne, tu le sais bien. On ne s'en rend compte soi-même que dans des occasions de ce genre. D'un côté je ne m'attendais pas du tout à ton affaire, même si, curieusement, la lettre d'Erna m'a bien fait me douter de quelque chose de ce genre et j'en ai presque acquis la certitude, aujourd'hui, en te voyant. Mais cela ne fait rien, l'important maintenant, c'est de ne pas perdre de temps.

Tout en parlant, il avait, se dressant sur la pointe des pieds, hélé une automobile et, donnant une adresse au chauffeur, il entraîna K. derrière lui à l'intérieur de la voiture.

— Nous allons maintenant chez l'avocat Huld, dit-il, il a été mon condisciple. Tu le connais sûrement de nom, n'est-ce pas ? Non ? Voilà qui est étrange. Comme défenseur et avocat des pauvres, il a une grande réputation. Mais c'est en tant qu'homme que j'ai surtout une grande confiance en lui.

— Tout ce que tu entreprends me convient, dit K., bien que la manière hâtive et brusquée dont l'oncle s'occupait de tout cela le mît mal à son aise. Il n'était pas très réjouissant de se rendre en tant qu'accusé chez un avocat des pauvres. Je ne savais pas, dit-il, que dans une telle affaire on pouvait aussi avoir recours à un avocat.

— Mais bien sûr, dit l'oncle, cela va de soi. Et pourquoi donc pas ? Et maintenant pour que je sois exactement informé de l'affaire, raconte-moi tout ce qui est arrivé jusqu'ici.

K. commença à raconter aussitôt, sans rien passer sous silence, sa totale sincérité était la seule protestation qu'il pouvait se permettre contre le point de vue de l'oncle selon lequel le procès était une grande honte. Il ne mentionna le nom de Mlle Bürstner qu'une seule fois et de manière fugitive, mais cela ne nuisit en rien à sa franchise car Mlle Bürstner n'avait rien à voir avec le procès.

Tout en racontant il regardait par la vitre et il constata qu'ils s'approchaient précisément de ce faubourg où se trouvaient les bureaux du tribunal ; il le fit remarquer à l'oncle qui ne trouva pas la coïncidence particulièrement frappante. La voiture s'arrêta devant un immeuble sombre. L'oncle sonna tout de suite à la première porte du rez-de-chaussée, et pendant qu'ils attendaient, il sourit, ce qui découvrit ses grandes dents et il murmura :

— Huit heures, ce n'est pas une heure pour les visites de la clientèle. Mais Huld ne m'en voudra pas.

Deux grands yeux noirs firent leur apparition derrière le judas de la porte, regardèrent les deux visiteurs un instant et disparurent, mais la porte ne s'ouvrit pas. L'oncle et K. se confirmèrent réciproquement avoir vu les deux yeux.

— C'est une nouvelle bonne qui a peur des inconnus, dit l'oncle, et il frappa une fois encore.

Les yeux réapparurent et cette fois on pouvait presque croire qu'ils étaient tristes, mais peut-être n'était-ce aussi qu'une illusion due à la flamme du gaz qui juste audessus de leurs têtes brûlait avec un fort sifflement en donnant peu de lumière.

— Ouvrez, cria l'oncle en frappant du poing contre la porte. Nous sommes des amis de monsieur l'avocat !

— Monsieur l'avocat est malade, entendirent-ils chuchoter derrière eux.

Sur le seuil d'une porte à l'extrémité du petit couloir se tenait un monsieur en robe de chambre. C'était lui qui à voix très basse avait dit cela. L'oncle, déjà furieux de la longue attente, se retourna tout d'une pièce et dit :

— Malade ? Vous dites qu'il est malade ?, et il s'avança presque menaçant vers lui, comme si ce monsieur était lui-même la maladie.

— On vous a déjà ouvert, dit le monsieur en montrant la porte de l'avocat, et, relevant les pans de sa robe de chambre, il disparut. On avait vraiment ouvert la porte, une jeune fille — K. reconnut les yeux noirs un peu saillants — se tenait dans l'antichambre, vêtue d'un long tablier blanc, une bougie à la main.

— La prochaine fois vous tâcherez d'ouvrir un peu plus vite, dit l'oncle en guise de salutation, pendant que la jeune fille esquissait une révérence.

— Viens Joseph ! dit-il à K. qui passa lentement devant la jeune fille.

Monsieur l'avocat est malade, dit la jeune fille comme l'oncle se précipitait vers une porte sans même s'arrêter. K. encore ébahi regardait la jeune fille qui s'était déjà retournée pour refermer la porte de l'appartement, elle avait un visage arrondi de poupée, non seulement les joues pâles et le menton étaient ronds mais ses tempes et son front aussi.

— Joseph ! s'écria l'oncle encore une fois et à la jeune fille il demanda : C'est sa maladie de cœur ?

— Je crois bien que oui, dit la jeune fille ; elle avait trouvé le moyen de les précéder avec sa bougie et de leur ouvrir la porte de la chambre.

Dans un coin de la pièce où la lumière de la bougie n'arrivait pas encore, un visage à longue barbe se redressa dans le lit :

— Qui vient donc, Leni ? demanda l'avocat qui, ébloui par la bougie, ne reconnaissait pas les visiteurs.

— C'est Albert, ton vieil ami, dit l'oncle.

— Ah ! Albert, dit l'avocat en se laissant retomber sur ses coussins comme si pour ce visiteur-là ce n'était pas la peine de faire semblant.

— Est-ce que cela va si mal que ça ? demanda l'oncle en s'asseyant sur le bord du lit. Moi je ne le crois pas. Ce n'est qu'un de ces accès de ta maladie de cœur et il va passer comme les précédents.

— C'est possible, dit l'avocat, mais c'est pis que jamais. J'ai du mal à respirer, je ne dors pas du tout et je perds mes forces tous les jours.

— Ah ! bon, dit l'oncle enfonçant de sa grande main son panama sur son genou. Voilà de mauvaises nouvelles. Est-ce que tu es soigné comme il faut ? D'ailleurs, c'est si triste ici, si sombre. Ça fait bien longtemps que je ne suis pas venu et j'ai l'impression qu'en ce temps-là, chez toi, c'était tout de même plus gai. Même ta petite demoiselle ne me paraît pas très gaie ou elle fait semblant.

La jeune fille était encore debout près de la porte, la bougie à la main ; pour autant que son regard imprécis permettait de s'en rendre compte, elle regardait K. plus que l'oncle, même lorsque celui-ci parlait d'elle. K. s'était appuyé contre un fauteuil qu'il avait poussé près de la jeune fille.

— Quand on est aussi malade que je le suis, dit l'avocat on a besoin de repos ; moi, ça ne me semble pas triste ici.

Et après une petite pause il ajouta :

— Et Leni me soigne bien, elle est gentille.

Mais l'oncle ne fut pas convaincu, il était visiblement prévenu contre la jeune garde-malade et, sans répondre au malade, il ne cessait de la regarder, l'air sévère, s'approcher du lit, mettre la bougie sur la table de nuit, se pencher sur le malade et lui murmurer quelque chose en arrangeant ses coussins. Il en oublia presque les égards qu'il devait au malade, se leva, et se mit à aller et venir derrière la jeune fille et K. n'aurait guère été étonné s'il lui avait attrapé les jupes par-derrière pour la tirer loin du lit. K. lui-même regardait tout cela tranquillement ; la maladie de l'avocat était presque la bienvenue, il n'avait pas pu s'opposer au zèle que l'oncle avait déployé pour sa cause, et il accepta volontiers de voir ce zèle détourné sans qu'il y fût lui-même pour rien. L'oncle dit alors, peut-être dans la seule intention de vexer la garde-malade :

— Mademoiselle, s'il vous plaît, laissez-nous un instant seuls, j'ai à parler d'une affaire personnelle avec mon ami.

La jeune fille qui était encore penchée sur le malade et lissait le drap du côté du mur tourna simplement la tête et dit très calmement, ce qui contrastait de manière frappante avec les propos de l'oncle, tantôt étranglés de fureur, tantôt débordants :

— Vous voyez bien, monsieur est tellement malade qu'il ne peut pas parler d'affaires personnelles.

Ce n'est probablement que par commodité qu'elle avait répété les paroles de l'oncle mais même à quelqu'un qu'elles ne concernaient pas, elles auraient certainement paru moqueuses, aussi l'oncle se redressa-t-il comme si on l'avait piqué.

— Maudite fille..., et ses éructations de colère rendaient ce qu'il disait à peine compréhensible.

K. fut effrayé, bien qu'il eût attendu quelque chose de cette sorte ; il se précipita sur l'oncle avec l'intention arrêtée de lui fermer la bouche des deux mains. Par bonheur le malade se redressa dans son lit, derrière la jeune fille, l'oncle prit un air sombre comme s'il avalait quelque chose de répugnant puis il dit d'un ton plus calme :

— Nous n'avons pas encore perdu la raison, vous savez ; si ce que j'exigeais était impossible je ne l'exigerais pas, mademoiselle ; maintenant allez-vous-en, s'il vous plaît !

La garde-malade se tenait debout près du lit, tournée vers l'oncle ; d'une main elle caressait, comme K. croyait le remarquer, la main de l'avocat.

— Tu peux tout dire devant Leni, dit le malade, d'un ton qui à l'évidence était celui d'une instante prière.

— Cela ne me concerne pas moi, dit l'oncle, ce n'est pas mon secret à moi.

Et il se retourna comme s'il avait l'intention de ne plus se prêter à la moindre discussion, mais donnait tout de même encore un temps de réflexion.

— Mais alors qui cela concerne-t-il ? demanda l'avocat d'une voix éteinte en se laissant retomber dans son lit.

— Mon neveu, dit l'oncle, d'ailleurs, je l'ai amené, et il le présenta : Fondé de pouvoir, Joseph K.

— Oh ! dit le malade beaucoup plus vivement et il tendit la main à K., excusez-moi, je ne vous avais pas vu. Va Leni, dit-il à la garde-malade qui n'opposa plus de résistance et il lui tendit la main comme s'ils allaient se séparer pour longtemps.

— Donc, dit-il enfin à l'oncle, tu n'es pas venu pour me rendre visite mais pour affaires.

On eût dit que l'idée qu'on était venu lui rendre visite parce qu'il était malade avait jusque-là paralysé l'avocat, tant il avait l'air maintenant d'avoir repris des forces, il restait constamment appuyé sur un coude, ce qui devait être passablement pénible et sans cesse il tirait sur des poils au milieu de sa barbe.

— Tu as déjà bien meilleure mine, dit l'oncle, depuis que cette sorcière est sortie. Il s'interrompit et chuchota :

— Je parie qu'elle écoute ! et il bondit vers la porte. Mais il n'y avait personne derrière la porte, l'oncle revint non pas déçu, mais plutôt désappointé ; qu'elle n'écoutât pas lui semblait une méchanceté plus grande encore.

— Tu te méprends sur son compte, dit l'avocat sans chercher à prendre sa défense ; peut-être voulait-il faire entendre par là qu'elle n'avait nul besoin d'être défendue. Mais sur un ton qui marquait un bien plus grand intérêt il continua : Pour ce qui est de l'affaire concernant monsieur ton neveu, je m'estimerais heureux si mes forces pouvaient suffire pour une tâche d'une telle difficulté ; je crains bien qu'elles ne soient pas suffisantes, mais en tout cas, il n'y aura rien que je ne tente ; si je ne suffis pas on pourrait encore recourir à quelqu'un d'autre. Pour être franc l'affaire m'intéresse trop pour que je puisse renoncer à m'en occuper si peu que ce soit. Si mon cœur me lâche, du moins ce sera là une digne occasion de défaillance complète.

K. avait l'impression de ne pas comprendre un seul mot de tout ce discours ; il regarda l'oncle, pour trouver auprès de lui une explication, mais celui-ci était assis la bougie à la main sur la table de nuit d'où une bouteille de médicament avait déjà roulé sur le tapis ; il approuvait de la tête tout ce que disait l'avocat et de temps à autre il regardait K. pour l'inviter à manifester la même approbation. Peut-être l'oncle avait-il déjà parlé du procès à l'avocat. Mais cela était impossible, tout ce qui avait précédé s'élevait contre cette hypothèse. C'est pourquoi il dit :

— Je ne comprends pas.

— Peut-être est-ce moi qui vous ai mal compris ? demanda l'avocat aussi étonné et gêné que l'était K. J'ai peut-être été présomptueux ? De quoi vouliez-vous donc parler avec moi ? J'ai pensé qu'il s'agissait de votre procès ?

— Naturellement, dit l'oncle qui demanda à K. : Mais qu'est-ce que tu veux donc ?

— Oui, mais d'où savez-vous quelque chose de moi et de mon procès ? demanda K.

— Ah ! bon, voilà, dit l'avocat en souriant Je suis avocat, je fréquente les milieux des tribunaux, on parle de différents procès et ceux qui sont frappants on s'en souvient surtout quand cela concerne le neveu d'un ami. Il n'y a là rien de curieux.

— Que veux-tu donc ? demanda l'oncle une fois encore. Tu es tellement agité.

— Vous fréquentez le milieu de ce tribunal ?

— Oui, dit l'avocat.

— Tu poses des questions comme un enfant, dit l'oncle.

— Qui devrais-je donc fréquenter si ce n'est des gens de ma spécialité ? ajouta l'avocat.

C'était à ce point irréfutable que K. ne répondit pas. « Vous travaillez bien au tribunal du palais de justice et non dans celui du grenier ? » avait-il voulu dire mais sans arriver à se dominer suffisamment pour le dire vraiment.

— Il faut bien vous dire, continua l'avocat, comme s'il donnait des explications superflues et comme s'il omettait quelque chose d'évident, il faut vous dire que je retire beaucoup d'avantages pour ma clientèle de telles fréquentations, au point qu'il vaut mieux ne pas toujours en parler. Actuellement, ma maladie me gêne quelque peu mais j'ai tout de même des visites, de bons amis du tribunal et j'apprends tout de même pas mal de choses. J'en apprends peut-être plus que d'aucuns qui, en excellente santé, passent leurs journées au tribunal. Ainsi j'ai en ce moment même une visite qui m'est très chère.

Et il montra un coin obscur de la pièce.

— Où donc ? demanda K., presque grossièrement, sous le coup de la première surprise. Il regardait autour de lui, hésitant, la lumière de la petite bougie était loin de porter jusqu'au mur opposé. Et en effet, quelque chose se mit à bouger, là-bas, dans le coin. A la lumière de la bougie que l'oncle tenait maintenent levée, on voyait un monsieur d'un certain âge assis à une petite table. Il avait dû s'arrêter de respirer pour qu'on ne le remarquât pas. Il se leva, embarrassé, visiblement mécontent qu'on ait attiré l'attention sur lui. De ses mains qu'il agitait comme de courtes ailes, il semblait vouloir écarter toutes les présentations et toutes les salutations, comme s'il ne voulait en aucun cas déranger les autres par sa présence et comme s'il priait instamment qu'on le rendît à l'obscurité et qu'on oubliât sa présence. Mais cela n'était plus possible.

— C'est que vous nous avez surpris, dit l'avocat pour donner une explication ; en même temps, de la main, il encourageait le monsieur à s'approcher, ce que celui-ci fit lentement, tout en regardant autour de lui de façon hésitante mais non sans dignité.

— Monsieur le chef du Secrétariat. Ah, pardon, je n'ai pas fait les présentations. Voici mon ami Albert et voici son neveu, le Fondé de pouvoir Joseph K., et voici monsieur le chef du Secrétariat. Monsieur le chef du Secrétariat a eu la grande amabilité de me rendre visite. Il est vrai que seul un initié, sachant à quel point monsieur le chef du Secrétariat est surchargé de travail, peut apprécier une telle visite à sa juste valeur. Et pourtant, il est venu. Nous étions en train de nous entretenir tranquillement, pour autant du moins que mon état de faiblesse le permettait, nous n'avions pas, il est vrai, interdit à Leni de faire entrer des visiteurs, mais nous n'en attendions point. Nous pensions cependant que nous devions rester seuls. C'est alors qu'il y eut tes coups de poing, Albert ; monsieur le chef du Secrétariat s'est reculé dans ce coin avec sa table et sa chaise mais, si le besoin s'en fait sentir, nous pouvons très bien débattre d'une affaire commune et nous rapprocher. — Monsieur le chef du Secrétariat, dit-il avec une inclinaison de la tête et un sourire soumis en indiquant un fauteuil à proximité du lit.

— Malheureusement, je ne puis plus rester que quelques minutes, dit aimablement le chef du Secrétariat en s'asseyant confortablement dans le fauteuil et en regardant sa montre. Les affaires m'appellent, mais je ne veux pas manquer l'occasion de faire la connaissance d'un ami de mon ami.

Il inclina légèrement la tête vers l'oncle qui semblait très satisfait de cette nouvelle relation, mais que sa nature empêchait d'exprimer des sentiments de reconnaissance. Il répondit aux paroles du chef du Secrétariat par un rire gêné mais bruyant. Un bien vilain spectacle !

K. pouvait tout observer tranquillement car personne ne se souciait de lui ; le chef du Secrétariat, puisqu'on l'avait tiré de son coin sombre, donna le ton à la conversation comme cela semblait être son habitude ; l'avocat, dont la faiblesse initiale n'avait peut-être eu pour rôle que de chasser les nouveaux visiteurs, écoutait attentivement, la main à l'oreille ; l'oncle, en porte-bougie, balançait la bougie sur sa cuisse, et souvent l'avocat le regardait inquiet. L'oncle fut bien vite débarrassé de sa gêne. Il était enchanté tant par les propos du chef du Secrétariat que par les mouvements de main doux et ondoyants dont il les accompagnait.

Le chef du Secrétariat ne tint pas le moindre compte de K. appuyé au montant du lit, peut-être exprès ; il ne servait que d'auditeur aux vieux messieurs. D'ailleurs, c'est à peine s'il savait de quoi on parlait et bientôt il se mit à penser, tantôt à la jeune garde-malade et à la façon cavalière dont l'oncle l'avait traitée, tantôt au chef du Secrétariat dont il se demandait s'il ne l'avait pas déjà vu quelque part, peut-être même au milieu du public lors de son premier interrogatoire. Peut-être se trompait-il mais le chef du Secrétariat se serait parfaitement intégré aux vieux messieurs à la barbe rare au premier rang de l'assistance. C'est alors qu'un bruit comme de porcelaine brisée venu de l'antichambre fit dresser l'oreille à tous.

— Je vais aller voir ce qui se passe, dit K. et il sortit lentement comme s'il donnait aux autres l'occasion de le retenir.

A peine était-il arrivé dans le vestibule où il cherchait à s'orienter dans l'obscurité qu'une petite main se posa sur la sienne qui tenait encore la porte. C'était la garde-malade qui avait attendu là.

— Il ne s'est rien passé, chuchota-t-elle. J'ai seulement jeté une assiette contre le mur pour vous faire sortir.

K. intimidé dit :

— Moi aussi j'ai pensé à vous.

— Tant mieux, fit la jeune fille, venez.

Après quelques pas, ils arrivèrent à une porte de verre dépoli que la garde-malade ouvrit devant K.

— Entrez donc, dit-elle.

C'était sans aucun doute le cabinet de travail de l'avocat ; pour autant qu'on pouvait s'en rendre compte à la lumière de la lune qui n'éclairait qu'une petite portion quadrangulaire du plancher, devant chacune des trois grandes fenêtres, il était garni de vieux meubles lourds et anciens.

— Par ici, dit la jeune fille et elle montra un coffre sombre avec un dossier en bois sculpté. Quand il se fut assis K. continua à faire des yeux le tour de la pièce ; elle était grande et haute de plafond, la clientèle de l'avocat des pauvres devait s'y sentir perdue. K. croyait les voir s'avancer à petits pas vers l'immense bureau. Puis il oublia cela et n'eut plus d'yeux que pour la garde-malade assise tout près de lui et qui le repoussait presque jusque contre l'accoudoir.

— Je pensais, dit-elle que vous viendriez de vous-même sans que j'aie à vous appeler. C'était étrange tout de même. D'abord, dès l'entrée vous n'avez cessé de me regarder et ensuite vous m'avez fait attendre. D'ailleurs, appelez-moi Leni, ajouta-t-elle vite et sans transition, comme s'il ne fallait pas perdre le moindre instant.

— Volontiers, dit K. mais pour ce qui est de la bizarrerie dont vous parlez, Leni, elle s'explique facilement. Premièrement, il m'a fallu écouter le bavardage de ces vieux messieurs et je ne pouvais pas, comme ça, m'en aller, sans raison. Deuxièmement, je ne suis pas entreprenant mais plutôt timide. Vous non plus d'ailleurs, Leni, vous ne semblez pas être de celles qui se laissent embarquer au premier clin d'œil.

— Ce n'est pas cela, dit Leni en posant le bras sur le dossier et en regardant K., mais je ne vous ai pas plu et je ne vous plais sans doute pas encore.

— Plaire serait peu dire, dit K. en éludant.

— Oh ! dit-elle en souriant.

La remarque de K. et cette petite exclamation lui avaient donné un certain avantage. C'est pourquoi K. se tut un instant. Comme il s'était déjà habitué à l'obscurité de la pièce, il arriva à distinguer divers détails de l'ameublement. Un grand tableau surtout le frappa, à droite de la porte ; il se pencha en avant pour mieux le voir. Il représentait un homme en robe de juge, assis sur un trône surélevé dont les dorures se détachaient en de nombreux points de la toile. Ce qui était inhabituel c'était que le juge n'était pas représenté assis, calme et digne, mais appuyant fermement le bras gauche sur le dossier et l'accoudoir, pendant que le bras droit était complètement dégagé et que la main tenait seulement l'accoudoir, comme si le juge allait se lever l'instant d'après, peut-être, sous le coup d'une indignation violente afin d'émettre quelque sentence définitive ou même prononcer le verdict. Il fallait s'imaginer l'accusé au pied de l'escalier dont on apercevait la dernière marche couverte d'un tapis jaune.

— Peut-être est-ce là mon juge, dit K. en montrant le tableau du doigt.

— Je le connais, dit Leni en levant elle aussi la tête, il vient souvent. Le portrait date de sa jeunesse, mais il ne peut en aucun cas lui avoir ressemblé car il est minuscule. Pourtant, il s'est fait comme allonger sur le portrait car il est d'une vanité insensée, comme ils le sont tous ici. Mais moi aussi, je suis vaniteuse et mécontente de ne pas vous plaire du tout.

La seule réponse que K. fit à cette dernière remarque fut d'étreindre Leni et de l'attirer à lui. Elle appuya tranquillement sa tête sur son épaule et pour revenir à ce qu'elle avait dit, il lui demanda :

— Et quel rang occupe-t-il ?

— Il est juge d'instruction, dit-elle en prenant la main de K. qui la tenait enlacée en jouant avec ses doigts.

— Encore une fois rien que juge d'instruction, dit K. déçu, les hauts fonctionnaires se cachent. Mais il est tout de même assis sur un trône.

— Tout ça, c'est de l'invention pure, dit Leni, le

visage penché sur la main de K., en réalité il est assis sur une chaise de cuisine recouverte d'une couverture de cheval repliée. Mais faut-il toujours que vous pensiez à votre procès ? ajouta-t-elle lentement.

— Non, pas du tout, dit K., j'y pense probablement trop peu.

— Votre faute d'ailleurs n'est pas là, dit Leni. Vous êtes trop intransigeant à ce que j'ai entendu dire.

— Qui a dit cela ? demanda K. Il sentit son corps contre sa poitrine et baissa les yeux sur son opulente chevelure sombre et torsadée.

— J'en dirais trop si je vous le disais, répondit Leni. Ne me demandez pas de noms, je vous en prie, ne soyez plus dans votre tort, ne soyez plus si intransigeant ; contre ce tribunal-là on ne peut de toute façon pas se défendre, on ne peut qu'avouer. Avouez donc à la première occasion, c'est alors seulement qu'est donnée la possibilité d'échapper. Pourtant, même si cela est tout à fait impossible sans aide extérieure, ne vous inquiétez pas, cette aide je vous l'apporterai, moi.

— Vous paraissez bien connaître le tribunal et toutes les impostures qui y sont nécessaires, dit K. la prenant, comme elle se pressait par trop contre lui, sur ses genoux.

— Voilà, comme ça c'est bien, dit-elle, s'y installant tout en lissant sa jupe et en arrangeant son corsage. Puis des deux mains, elle se pendit à son cou, se renversa en arrière et le regarda longuement.

— Et si je ne le fais pas, cet aveu ? Vous ne pouvez pas m'aider alors ? demanda K., pour voir.

« Je suis en train de recruter des aides », pensa-t-il presque étonné, « Mlle Bürstner d'abord, puis la femme de l'appariteur du tribunal et enfin cette petite infirmière qui semble avoir incroyablement besoin de moi. La voilà assise sur mes genoux comme si c'était là sa vraie place. »

— Non, répondit Leni en secouant lentement la tête, dans ce cas je ne peux pas vous aider. Mais d'ailleurs, vous ne voulez pas de mon aide, vous n'y tenez pas, vous n'en faites qu'à votre tête et vous ne vous laissez pas convaincre. Avez-vous une amie ? demanda-t-elle après quelques instants.

— Non, dit K.

— Oh, si, dit-elle.

— Oui, c'est vrai. Pensez donc, je l'ai reniée et pourtant je porte même sa photo sur moi.

Et sur sa prière il lui montra une photo d'Elsa, assise sur les genoux de K. Leni étudia le portrait. C'était un instantané. On avait photographié Elsa après une de ces danses tourbillonnantes qu'elle aimait tant danser la nuit au café, sa jupe, on le voyait au mouvement des plis, tournait encore autour d'elle, elle appuyait ses mains sur ses hanches fermes et, le cou tendu, elle tournait la tête en riant ; on ne pouvait voir sur la photo à qui s'adressait ce rire.

— Elle est lacée serrée, dit Leni, montrant l'endroit où à son avis cela se voyait. — Elle ne me plaît pas, elle est gauche et grossière. Mais peut-être est-elle douce et aimable avec vous, on le dirait à voir le portrait. Ces grosses filles fortes ne savent souvent rien d'autre qu'être aimables et douces. Mais irait-elle jusqu'à se sacrifier pour vous ?

— Non, dit K., elle n'est ni douce ni aimable et elle ne se sacrifierait pas non plus pour moi. Je ne lui ai d'ailleurs jusqu'ici demandé ni l'un ni l'autre. Oui, je n'ai même jamais regardé cette photo aussi attentivement que vous.

— Alors vous ne tenez donc pas tellement à elle ? dit Leni, ce n'est donc pas du tout votre bonne amie ?

— Si, dit K., je ne reviens pas sur ce que j'ai dit.

— Elle peut bien être votre bonne amie en ce moment, mais elle ne vous manquerait pas beaucoup si vous la perdiez, par exemple, ou si vous l'échangiez contre quelqu'un comme moi ?

— Evidemment, dit K. en souriant. Ce n'est pas impossible, mais elle a un grand avantage sur vous, elle ne sait rien de mon procès et même si elle savait quelque chose, elle n'y penserait pas. Elle ne tenterait pas de me faire céder.

— Ce n'est pas un avantage, dit Leni. Si elle n'a pas

d'autre avantage que celui-là, je ne perds pas courage. A-t-elle quelque défaut physique ?

— Un défaut physique ? demanda K.

— Oui, dit Leni. Moi j'ai un de ces petits défauts physiques, tenez voyez. Elle écarta l'annulaire et le majeur de sa main droite entre lesquels la peau avait poussé presque jusqu'à la phalange supérieure de ses doigts courts. Dans l'obscurité K. ne remarqua pas tout de suite ce qu'elle voulait lui montrer, c'est pourquoi elle lui guida la main pour qu'il puisse tâter.

— Quel curieux caprice de la nature, dit K., et lorsqu'il eut regardé la main tout entière il ajouta : Une jolie griffe !

Avec une sorte de fierté, Leni, regardait sans cesse K. étonné écarter et rapprocher ses deux doigts qu'il finit par baiser fugitivement et qu'il lâcha ensuite.

— Oh ! s'écria-t-elle aussitôt, vous m'avez embrassée. En hâte, bouche ouverte, elle grimpa sur ses genoux, maintenant qu'elle était si près de lui, il se dégageait d'elle une odeur musquée et excitante, comme poivrée, elle attira sa tête vers elle, se pencha sur lui, le mordit et l'embrassa dans le cou, lui mordit même les cheveux.

— Vous m'avez échangée ! s'écria-t-elle de temps à autre. Regardez, ça y est, vous m'avez échangée ! C'est alors que ses genoux dérapèrent, avec un petit cri elle tomba presque sur le tapis ; K. l'enlaça pour la retenir encore et elle l'entraîna avec elle sur le sol.

— Maintenant tu m'appartiens, dit-elle.

« Voici la clé de la maison, viens quand tu veux », ce furent ses dernières paroles, et il sentit encore dans le dos un baiser mal ajusté. Lorsqu'il sortit par le portail de l'immeuble, il tombait une pluie légère ; il voulut prendre le milieu de la rue pour encore apercevoir peut-être Leni à la fenêtre, mais l'oncle se précipita alors hors d'une automobile en stationnement devant la maison que K., dans sa distraction, n'avait même pas aperçue ; il prit K. par le bras et le repoussa contre le portail de l'immeuble, comme s'il voulait l'y clouer.

— Comment, mon garçon, as-tu pu faire une chose

pareille ! Tu as porté un préjudice terrible à ton affaire qui était en bonne voie. Tu vas te cacher quelque part avec ta petite saleté qui, de plus, est de toute évidence la bonne amie de l'avocat et tu restes des heures sans revenir. Et tu ne cherches même pas de prétexte et ne dissimules rien, non, ouvertement tu vas la rejoindre et tu restes avec elle. Et pendant ce temps nous sommes assis là ensemble, l'oncle qui se donne de la peine pour toi, l'avocat qui doit être gagné à ta cause, le chef du Secrétariat surtout, ce grand monsieur, qui est presque maître absolu de ton affaire à son stade actuel. Nous voulons nous consulter pour voir comment t'aider, il me faut traiter l'avocat avec précautions, celui-ci doit à son tour traiter avec précautions le chef du Secrétariat et toi tu avais au moins toutes les raisons de me soutenir. Au lieu de cela, tu ne reviens pas. Finalement il est impossible de le cacher plus longtemps ; il se trouve que ce sont des hommes polis, à l'aise partout, ils n'en parlent pas, ils me ménagent. Mais à la fin eux-mêmes n'y tiennent plus et comme ils ne peuvent pas parler de l'affaire, ils finissent par garder le silence. Des minutes durant nous sommes restés assis là à écouter si tu n'allais pas revenir. En vain. Finalement le chef du Secrétariat, qui est resté bien plus longtemps qu'il le voulait, se lève, prend congé, me plaint visiblement, sans pouvoir me venir en aide, attend encore à la porte, ce qui est d'une amabilité incroyable, puis il s'en va. Moi, j'étais naturellement heureux qu'il soit parti, je ne parvenais pas à respirer. Tout cela a eu bien plus d'effet encore sur l'avocat malade ; il ne pouvait même plus parler lorsque je pris congé de lui. Tu as probablement contribué à son effondrement complet et tu précipites ainsi la mort d'un homme dont tu dépends. Et moi ton oncle, tu me laisses ici debout sous la pluie — tâte donc, je suis trempé — attendre des heures et me ronger de soucis !

Chapitre septième

L'avocat, l'industriel, le peintre.

PAR un matin d'hiver — dehors la neige tombait sous un jour gris — K. était assis au bureau, extrêmement fatigué déjà, malgré l'heure matinale. Pour au moins échapper aux employés subalternes il avait chargé son appariteur de ne laisser entrer aucun d'eux sous prétexte qu'il était occupé à un travail important. Mais au lieu de travailler, il fit tourner son fauteuil, déplaça lentement quelques objets sur sa table, puis, sans s'en rendre compte, il laissa son bras allongé sur le plateau de la table et resta assis immobile, tête baissée.

La pensée du procès ne le lâchait plus. Plus d'une fois déjà, il s'était demandé s'il ne serait pas bon de rédiger un mémorandum pour sa défense et de le soumettre au tribunal. Il y ferait un bref récit de sa vie et expliquerait pour chaque événement de quelque importance les raisons qui l'avaient poussé à agir comme il l'avait fait, il dirait si, selon son point de vue d'aujourd'hui, il approuvait ou désapprouvait cette manière d'agir et donnerait ses raisons dans l'un et l'autre cas. Les avantages d'une telle défense écrite étaient tout à fait évidents en comparaison de la simple défense par l'avocat qui d'ailleurs n'était pas tout à fait irréprochable. K. ne savait rien de ce qu'entreprenait celui-ci, en tout cas ce n'était pas grand-chose ; depuis un mois l'avocat ne l'avait plus fait venir et aucune des entrevues antérieures ne lui avait donné l'impression que cet homme pourrait faire grand-chose pour lui ; surtout, il ne lui avait presque pas posé de questions. Et pourtant, il y avait tellement de questions à poser. Questionner était l'essentiel ; K. avait le sentiment de pouvoir lui-même poser toutes les questions nécessaires. L'avocat, par contre, au lieu d'en poser, racontait quelque chose ou restait assis en face de lui, sans rien dire, se penchait, sans doute parce qu'il entendait mal, un peu par-dessus son bureau, tirait sur une mèche au milieu de sa barbe et regardait le tapis, peut-être justement l'endroit où K. avait été étendu avec Leni. De temps à autre il lui prodiguait quelques avertissements vides comme on en donne aux enfants. Discours tellement vains et ennuyeux que K. était décidé à ne pas donner un centime d'honoraires.

Quand l'avocat croyait l'avoir suffisamment humilié, il recommençait à l'encourager quelque peu ; il avait, racontait-il, déjà gagné tout à fait ou en partie beaucoup de procès semblables. Des procès qui, s'ils n'étaient pas en fait aussi difficiles que le sien, étaient, vus de l'extérieur, plus désespérés encore. La liste de ces procès il l'avait, disait-il, ici, dans ce tiroir — et disant cela il frappait contre un quelconque tiroir de son bureau — mais ces dossiers, il ne pouvait malheureusement pas les faire voir, étant donné qu'il s'agissait de secrets professionnels. Néanmoins la grande expérience qu'il avait acquise grâce à tous ces procès allait profiter à K.

Naturellement, disait-il, il avait commencé à travailler tout de suite et le premier recours était déjà presque prêt. Il était d'une grande importance parce que la première impression faite par la défense déterminait souvent toute l'orientation du procès. Mais malheureusement, et il était bien obligé d'attirer l'attention de K. sur ce point, il arrivait parfois que ces premiers recours ne fussent pas même lus par le tribunal. On se contentait de les joindre au dossier en indiquant que les auditions et l'observation de l'accusé étaient pour l'instant plus importants que tout document écrit. Lorsque l'impétrant insistait on ajoutait qu'avant toute décision on examinerait l'ensemble des pièces, dès que le dossier serait complet, et bien entendu aussi ce premier recours. Mais hélas, cela n'était pas vrai non plus, la plupart du temps, ou bien, comme l'avocat l'avait entendu dire, le premier recours était égaré, ou il avait complètement disparu, ou bien s'il avait été gardé jusqu'au bout, on ne le parcourait que de façon fugitive. Tout cela, disait-il était regrettable mais assez justifié. K. ne devait pas l'oublier, la procédure n'était pas publique, elle pourrait le devenir si le tribunal l'estimait nécessaire mais la loi ne prescrivait nul caractère public. Par suite, les dossiers du tribunal et surtout l'acte d'accusation étaient inaccessibles tant à l'accusé qu'à la défense, c'est pourquoi on ne savait pas en général ou du moins pas exactement contre quoi ce premier recours devait soulever des objections ; c'est pourquoi il ne saurait contenir que par hasard quelque chose de quelque importance pour l'affaire.

Ce n'est que plus tard, lorsqu'au cours des auditions de l'accusé les divers chefs d'accusation et l'exposé des motifs se dégagent avec plus de netteté ou qu'il est du moins possible de les deviner, c'est alors seulement qu'on peut élaborer des recours vraiment efficaces et qui contiennent même des éléments de preuve. Dans de telles conditions, la défense est naturellement dans une situation très défavorable et difficile. Mais cela aussi est voulu. Car la défense en réalité n'est pas vraiment autorisée par la loi mais simplement tolérée et il y a même désaccord sur l'interprétation de l'article de loi : à savoir si on doit le comprendre dans le simple sens de la tolérance. C'est pourquoi, au sens strict du terme, il n'existe pas d'avocats reconnus par le tribunal du tout ; ceux qui se présentent devant ce tribunal comme avocats ne sont en fin de compte que des avocats marrons. Naturellement, cela a un effet très déshonorant pour toute la corporation et si K. devait avoir prochainement l'occasion de se rendre dans les bureaux du tribunal, il pourrait jeter un coup d'œil à la salle des avocats, simplement pour l'avoir vue. Il serait probablement effrayé à la vue des gens qui s'y réunissaient. Rien que la pièce étroite et basse qui leur est attribuée montre le mépris que le tribunal nourrit à leur égard. La pièce ne reçoit de la lumière que par une petite lucarne, placée si haut que si l'on veut regarder dehors — et d'ailleurs on reçoit alors dans le nez la fumée d'une cheminée qui se trouve devant et qui vous noircit la figure —, on est d'abord obligé de trouver un collègue qui vous prenne sur son dos. Dans le plancher de cette pièce — pour donner encore un exemple de cet état de choses — il y a depuis plus d'un an un trou, pas assez grand pour que quelqu'un puisse passer à travers, mais de taille suffisante pour qu'on s'y enfonce de toute la jambe. La salle des avocats se trouve au second grenier, si donc quelqu'un s'y enfonce, sa jambe pend dans le premier grenier et précisément dans le couloir où attendent les justiciables. Prétendre, comme on le fait dans le milieu des avocats, que de telles conditions sont honteuses, c'est peu dire. Les plaintes adressées à l'administration n'ont pas le moindre effet, mais de plus, il est strictement interdit aux avocats de faire modifier à leurs propres frais quoi que ce soit dans cette pièce. Mais cette manière de traiter les avocats a ses raisons elle aussi. On veut écarter la défense, le plus possible, tout doit reposer sur l'accusé lui-même. Ce n'est pas un mauvais calcul, au fond, mais rien ne serait erroné comme d'en conclure que devant un tel tribunal les avocats sont inutiles pour l'accusé. Au contraire, il n'y a aucun tribunal où ils soient aussi nécessaires que celui-ci. La procédure en effet n'est pas seulement secrète pour le public, elle l'est aussi pour l'accusé. Naturellement autant que faire se peut, mais cela se peut dans une très large mesure.

L'accusé lui-même, en effet, n'a aucun droit de regard sur les dossiers et il est très difficile de déduire des interrogatoires à partir de quels documents ceux-ci sont menés, surtout pour l'accusé lui-même, troublé et pris par tous les soucis possibles qui détournent son attention. C'est ici qu'intervient la défense. Généralement, les défenseurs n'ont pas le droit d'assister aux interrogatoires, c'est pourquoi ils doivent essayer, dès la porte du cabinet du juge d'instruction, de tirer de l'accusé tous les renseignements possibles sur le déroulement de l'interrogatoire et recueillir de ces récits déjà très embrouillés ce qui peut être valable pour la défense. Mais le plus important n'est pas cela, car de cette manière on ne peut pas apprendre grand-chose, encore qu'ici comme partout un homme de valeur en apprenne beaucoup plus que d'autres. Le plus important reste malgré tout les relations personnelles de l'avocat, c'est elles qui font toute la valeur de la défense. Or, de sa propre expérience K. avait pu se rendre compte qu'à un niveau inférieur l'organisation du tribunal n'était pas parfaite, qu'on y trouvait des employés peu consciencieux et corrompus ; de ce fait des brèches étaient en quelque sorte ouvertes dans la sévère ordonnance du tribunal.

Or c'est là que se pressent la plupart des avocats, c'est là qu'on corrompt et qu'on épie, oui, récemment il y a même eu des vols de dossiers. Il est indéniable que l'on peut par cette voie aboutir momentanément à des résultats étonnamment favorables pour l'accusé et ces petits avocats s'en vantent mutuellement et attirent ainsi des clients, mais pour le déroulement ultérieur du procès, cela ne signifie rien ou rien de bon. Seules des relations personnelles honnêtes ont une valeur réelle et surtout les relations avec des fonctionnaires supérieurs, par quoi, il faut naturellement seulement entendre des fonctionnaires supérieurs de grade inférieur. Ainsi seulement il est possible d'influencer le déroulement du procès, insensiblement d'abord mais de façon de plus en plus manifeste ensuite. Peu d'avocats, naturellement, y arrivent et c'est ici que le choix de K. a été fort heureux. Il n'y avait qu'un autre avocat ou deux à pouvoir faire état de relations semblables à celles du Dr Huld. Eux, il est vrai, ne se soucient guère de fréquenter la société de la salle des avocats et n'ont rien à voir avec elle. Mais la relation avec les fonctionnaires du tribunal n'en est que plus étroite. Il n'était pas même toujours nécessaire que lui, le Dr Huld, se rende au tribunal et qu'il attende dans les antichambres des juges d'instruction la venue quasi fortuite de l'un d'eux, pour en tirer au gré de son humeur, un avantage la plupart du temps illusoire ou pour ne pas même arriver à cela. Non, K. l'avait bien vu lui-même, les fonctionnaires, et parmi eux de hauts fonctionnaires, viennent d'eux-mêmes, ils se plaisent à donner des renseignements clairs ou du moins faciles à interpréter, parlent de la suite qui va être donnée aux procès, oui, vont dans des cas isolés jusqu'à se laisser convaincre et adoptent volontiers un point de vue qui n'est pas le leur. Pourtant, disait-il, c'était surtout sur ce dernier point qu'il ne fallait pas trop leur faire confiance, quelle que soit la netteté avec laquelle ils expriment leurs nouvelles intentions, favorables à la défense, peut-être se rendent-ils ensuite tout droit dans leurs bureaux et élaborent-ils une décision de justice qui dit exactement le contraire et plus rigoureuse encore à l'encontre de l'accusé que leur intention première à laquelle ils prétendaient pourtant avoir renoncé. On ne pouvait pas évidemment se défendre là contre car ce qui avait été dit entre quatre yeux, on ne pouvait en tirer aucune conséquence officielle et même si la défense ne devait pas avoir à cœur de conserver la bonne grâce de ces messieurs, ce serait la même chose.

Par ailleurs, ce n'est pas seulement par humanité ou amitié que ces messieurs se mettent en rapport avec la défense, bien sûr, uniquement avec des défenseurs compétents, mais bien plutôt parce qu'à certains égards ils en sont tributaires. Ici, disait-il, se révélait l'inconvénient d'une organisation judiciaire, qui exige le secret des procédures. Les fonctionnaires manquent de contacts avec la population ; pour les procès ordinaires ou moyens ils sont bien équipés, un tel procès va presque de lui-même et n'a besoin que d'un petit coup de pouce ça ou là, mais à l'égard des cas très simples comme aussi à l'égard des cas particulièrement difficiles, ils sont souvent désemparés, prisonniers, nuit et jour, de leurs lois, ils n'ont pas le sens des rapports humains et dans ces cas-là, ils s'en rendent compte, c'est un grave défaut. Alors, ils viennent chez l'avocat pour lui demander conseil et un appariteur les suit qui porte les documents pourtant tellement secrets. A cette fenêtre, par exemple, on aurait pu rencontrer certains de ces messieurs qu'on se serait le moins attendu à y voir, en train de regarder la rue d'un air morne pendant que l'avocat assis à sa table étudie les dossiers pour leur donner un bon conseil. C'était à de pareilles occasions d'ailleurs qu'on pouvait voir à quel point ces messieurs prenaient leur profession au sérieux et à quel point ils se désespéraient de rencontrer des obstacles que leur nature les empêche de surmonter. Leur situation, disait-il, n'était guère facile non plus ; il serait injuste de la considérer comme aisée. Les différences et les degrés hiérarchiques étaient infinis et même les initiés ne s'y reconnaissaient pas.

En règle générale la procédure devant les tribunaux est secrète même pour les fonctionnaires subalternes, c'est pourquoi ils ne peuvent presque jamais suivre dans leur évolution ultérieure les affaires qu'ils traitent, et l'affaire souvent leur tombe sous les yeux sans même qu'ils sachent d'où elle leur arrrive, et elle continue sans qu'ils sachent où elle va. La leçon qu'on pourrait donc tirer de l'étude des divers stades du procès, de la décision finale et de ses raisons, échappe à ces fonctionnaires. Ils n'ont le droit que de s'occuper de la seule partie du procès délimitée pour eux par la loi, et ils en savent la plupart du temps moins du résultat de leur travail que la défense, laquelle reste en règle générale en relations avec les accusés jusqu'à la conclusion du procès. A cet égard ceux-ci peuvent donc apprendre bien des choses précieuses de la défense. Tous les fonctionnaires, disait-il, sont à vif, même s'ils paraissent calmes. Bien sûr, ce sont surtout les petits avocats qui souffrent de cela. On raconte par exemple l'histoire suivante qui a toutes les chances d'être vraie : un vieux fonctionnaire, un monsieur bienveillant et tranquille, avait travaillé un jour et une nuit durant, sans interruption, sur une affaire judiciaire difficile, tout particulièrement embrouillée par les demandes de révision des avocats — personne en effet n'est plus zélé que ces fonctionnaires. Or, vers le matin, après vingt-quatre heures d'un travail probablement peu fructueux, il est allé à la porte d'entrée, s'y est embusqué et a jeté en bas de l'escalier tous les avocats qui faisaient mine de vouloir entrer. Les avocats alors se rassemblèrent en bas de l'escalier et se consultèrent pour savoir ce qu'il y avait lieu de faire ; d'une part ils ne pouvaient réellement prétendre être admis à l'intérieur, aussi ne pouvaient-ils guère entreprendre quoi que ce fût contre ce fonctionnaire sur le plan juridique, et, comme il a déjà été dit, ils devaient se garder d'indisposer contre eux le corps des fonctionnaires. D'autre part toute journée qu'ils ne passent pas au tribunal est pour eux une journée perdue et ils tenaient donc beaucoup à entrer. Finalement, ils décidèrent d'un commun accord de fatiguer le vieux monsieur.

Sans cesse un avocat envoyé par les autres montait l'escalier en courant et, en offrant le plus de résistance possible, résistance, il est vrai passive, se faisait jeter en bas où il arrivait dans les bras de ses collègues. Cela dura une heure à peu près, après quoi, le vieux monsieur, déjà épuisé par le travail nocturne, se fatigua réellement et rentra dans ses bureaux. En bas, les autres ne voulurent d'abord pas y croire, ils envoyèrent l'un d'entre eux regarder s'il n'y avait vraiment plus personne devant la porte. Alors seulement ils entrèrent tous, probablement sans même oser murmurer. Car les avocats sont bien loin de vouloir introduire ou obtenir une quelconque amélioration dans le fonctionnement du tribunal — même le moins important d'entre eux est au moins partiellement capable de se rendre compte de ce qui s'y passe, alors que — et cela est très révélateur — presque tous les accusés, même des gens très simples, se mettent dès le début de leur procès à penser à des propositions d'amélioration et perdent ainsi du temps et des forces qui pourraient être bien mieux utilisés ailleurs. La seule chose qu'il y avait à faire, disait l'avocat, était de s'accommoder de la réalité telle qu'elle était. Et même s'il était possible d'apporter des améliorations de détail — mais c'est là une croyance insensée, au meilleur des cas on ne les aurait apportées que pour des affaires futures et à soi-même on aurait causé le plus grand tort en attirant sur soi l'attention d'un corps de fonctionnaires toujours vindicatifs. Surtout ne pas attirer l'attention ! Se tenir tranquille ! Même si les choses prenaient une tournure qu'on déplore ! Essayer de se rendre compte que ce grand organisme judiciaire reste éternellement, pour ainsi dire, en suspens ; si l'on entreprend quelque chose par soi-même, on creuse le sol sous ses propres pas et on peut tomber, alors que ce grand organisme trouve facilement à compenser le petit dérangement dont il a été l'objet — tout se tient en effet — sans changer en quoi que ce soit, si ce n'est pour devenir plus fermé, plus attentif, plus sévère, plus implacable encore.

Qu'on veuille donc bien laisser l'avocat faire le travail, au lieu de l'entraver. Les reproches ne servent pas à grand-chose, surtout lorsqu'on est incapable de faire voir ce qui les fonde mais, tout de même, il fallait bien que K. sache à quel point il avait nui à sa propre cause par son attitude à l'égard du chef du Secrétariat. Cet homme influent était déjà presque à rayer de la liste des gens auprès de qui on pouvait tenter quelque chose pour K. Il faisait exprès celui qui n'entendait pas lorsqu'on faisait la moindre allusion au procès. Car à certains égards les fonctionnaires sont comme des enfants. Des choses tout à fait innocentes, mais l'attitude de K. malheureusement n'était pas de celles-ci, suffisaient parfois à les blesser à ce point qu'ils ne parlaient plus même à de bons amis, se détournaient d'eux quand ils les rencontraient et travaillaient contre eux dans tous les domaines possibles. Et puis un jour, de façon surprenante, sans raison particulière, ils consentent à rire d'une petite plaisanterie qu'on n'a osée que parce qu'elle paraissait de toute façon vouée à l'échec et les voilà réconciliés. C'est pourquoi il est en même temps facile et difficile d'avoir des relations avec eux, et pour cela il n'existait guère de règles de conduite.

Parfois, dit l'avocat, il y avait vraiment de quoi s'étonner qu'une vie de durée moyenne suffise à apprendre assez de choses pour pouvoir travailler avec quelques chances de succès. On connaît, c'est vrai, des heures d'abattement, comme tout le monde en a, où l'on croit ne pas avoir atteint le moindre résultat, où on a l'impression que seuls les procès destinés d'avance à une heureuse conclusion se terminent bien, ce qui, bien entendu, aurait aussi été le cas sans assistance aucune, alors que tous les autres, on les a perdus malgré toute la vigilance, toute la peine prise, malgré tous les petits succès apparents dont on s'était tellement réjoui. Et puis, rien ne semble plus sûr et si on posait la question, l'aide que l'on avait voulu apporter avait indéniablement fait prendre la mauvaise direction à des procès bien engagés. Même cela, c'est encore une sorte de confiance en soi, mais c'est bien la seule chose qui reste. Les avocats sont particulièrement exposés à de tels accès — ce ne sont naturellement que des accès, rien de plus — lorsqu'un procès qu'ils ont mené fort loin et de façon satisfaisante leur est tout à coup retiré. Cela, c'est bien la pire des choses qui puisse arriver à un avocat. Ce n'est pas l'accusé qui leur enlève le procès, cela n'arrive sûrement jamais ; un accusé qui a un jour pris un avocat déterminé doit le garder quoi qu'il arrive. Comment pourrait-il, une fois qu'il s'est fait aider, s'en tirer seul ? Donc cela n'arrive pas, mais ce qui arrive parfois, c'est que le procès prenne une direction où l'avocat n'a plus le droit de l'accompagner. Le procès, l'accusé et tout le reste, tout est enlevé à l'avocat ; alors même les relations les meilleures avec les fonctionnaires ne servent plus à rien, car eux-mêmes ne savent rien.

Il se trouve que le procès est entré dans un stade où plus aucune aide ne doit être apportée, où ce sont des cours de justice inaccessibles qui s'en occupent, où l'accusé lui non plus n'est plus accessible pour l'avocat. Et puis un jour on rentre chez soi et sur son bureau on trouve toutes les nombreuses requêtes que l'on a établies dans cette affaire avec tout le zèle possible et les plus beaux espoirs ; elles ont été retournées car elles ne peuvent trouver place à ce nouveau stade du procès, ce ne sont que chiffons de papier sans valeur. Pourtant cela ne voulait pas dire, absolument pas, que le procès était d'ores et déjà perdu, du moins n'existait-il aucune raison déterminante de le supposer ; simplement, on ne sait plus rien du procès et on n'en saura plus rien non plus. Ces cas-là étaient heureusement exceptionnels et même si le procès de K. devait être un cas de cette sorte, il était pour l'instant encore très éloigné de ce stade-là. Il y avait encore de multiples occasions pour un travail d'avocat, et K. pouvait avoir la certitude qu'elles seraient exploitées.

La requête, comme il avait déjà été dit, n'avait pas encore été transmise mais cela ne pressait pas ; le plus important, c'étaient les conversations préliminaires avec les fonctionnaires compétents et celles-ci avaient déjà commencé. Avec un succès mitigé, il faut bien l'avouer. Il était préférable de ne révéler provisoirement aucun détail qui pourrait avoir sur K. une influence défavorable, lui faire trop espérer ou le rendre par trop craintif ; qu'il soit seulement dit que quelques-uns s'étaient exprimés de manière très favorable et s'étaient montrés fort bien disposés, alors que d'autres s'étaient exprimés de façon moins favorable mais n'avaient nullement refusé leur aide. Le résultat était donc dans l'ensemble très heureux, mais il ne fallait pas en tirer de conclusions particulières, car tous les débats préliminaires débutent de la même manière et seule l'évolution ultérieure montre quelle a été la valeur réelle de ces débats préliminaires. En tout cas, rien n'était perdu et s'il devait encore être possible de gagner, malgré tout, le chef du Secrétariat — différentes démarches avaient déjà eu lieu en ce sens —, alors le tout serait, comme disaient les chirurgiens, une plaie nette et l'on pourrait tranquillement attendre la suite.

L'avocat était inépuisable dans ce genre de discours. Il les renouvelait à chaque visite. Il y avait toujours des progrès, mais jamais il ne pouvait être question de la nature même de ces progrès. On ne cessait d'élaborer la première requête, mais elle n'était jamais terminée, et à la visite suivante, ce retard était présenté comme un grand avantage car le moment choisi pour le dépôt de la requête aurait été très défavorable, ce qu'on n'avait pas pu prévoir. S'il arrivait à K., épuisé par les discours, de faire remarquer que les choses allaient bien lentement, même en tenant compte de toutes les difficultés, il s'entendait répondre que cela n'allait pas lentement du tout, mais qu'on en serait naturellement bien plus loin si K. s'était adressé à l'avocat en temps voulu. Cela, malheureusement, il ne l'avait pas fait et cette négligence amenait d'autres inconvénients en plus de simples pertes de temps.

Leni était le seul intermède bienfaisant dans ces visites. Elle s'arrangeait toujours pour apporter le thé de l'avocat quand K. était là. Elle se tenait alors derrière

K. et paraissait regarder l'avocat penché, très bas sur sa tasse, en train de se verser le thé puis de le boire avec avidité ; en secret, elle laissait K. lui prendre la main. Il régnait un silence total. L'avocat buvait, K. pressait la main de Leni et Leni osait parfois caresser doucement les cheveux de K.

— Tu es encore là ? demandait l'avocat quand il avait fini.

— Je voulais remporter la tasse, disait Leni. Encore un dernier serrement de main, l'avocat s'essuyait la bouche et se remettait à s'adresser à K. avec une véhémence renouvelée. L'avocat voulait-il le consoler ou le désespérer ? K. ne le savait pas, mais il en était sûr, sa défense n'était pas en de bonnes mains. Tout ce que l'avocat racontait était peut-être vrai, bien que de toute évidence, il cherchât à se mettre le plus en avant possible et qu'il n'eût probablement jamais à s'occuper d'un procès de l'importance de celui de K. Ses relations personnelles avec les fonctionnaires dont il ne cessait de faire état n'en restaient pas moins suspectes. Etait-il possible qu'il les utilisât au profit exclusif de K. ?

Jamais l'avocat n'omettait de faire remarquer qu'il ne s'agissait que de fonctionnaires subalternes, donc de fonctionnaires très dépendants, dont l'avancement pourrait être influencé par l'évolution des procès. N'utilisaient-ils pas l'avocat pour faire évoluer le procès à leur façon, toujours défavorable à l'accusé ? Peut-être ne le faisaient-ils pas pour tous les procès, cela n'était guère vraisemblable ; il y avait à coup sûr des procès où ils consentaient des avantages à l'avocat en échange des services rendus, car ils tenaient certainement à ce que la bonne réputation des avocats ne soit pas entamée. Mais si les choses en étaient vraiment ainsi, de quelle façon allaient-ils intervenir dans le procès de K., lequel, comme l'avocat l'expliquait, était un procès très difficile, donc important, et qui avait été très remarqué au tribunal, dès le début. On ne pouvait guère douter de ce qu'ils feraient. Un signe en était que la première requête n'avait même pas encore été transmise bien que le procès durât déjà depuis des mois et que, selon les indications de l'avocat, tout n'en était encore qu'au début ; cela était naturellement tout à fait propre à endormir l'accusé et à le laisser sans défense pour tout à coup lui assener la décision de justice ou tout au moins l'avis que l'instruction était terminée à son désavantage et que le dossier avait été transmis à une instance supérieure.

Il était indispensable que K. intervînt lui-même. Or c'était justement lors d'accès de grande fatigue, comme ce matin d'hiver où malgré lui toute une foule de choses lui passaient par la tête, que cette certitude devenait particulièrement nette. Le mépris qu'il avait jadis nourri à l'égard du procès n'était plus de mise. S'il avait été seul au monde, il lui eût été facile de ne pas en tenir compte ; d'ailleurs il était certain qu'en ce cas le procès n'aurait pas eu lieu. Or, il se trouvait que son oncle l'avait déjà traîné chez l'avocat ; des considérations familiales entraient en ligne de compte ; sa situation n'était plus tout à fait indépendante de l'évolution du procès, lui-même avait imprudemment fait état du procès devant des gens qu'il connaissait avec une sorte de satisfaction inexplicable ; d'autres l'avaient appris on ne savait comment ; les relations avec Mlle Bürstner étaient incertaines comme le procès lui-même. Bref, il n'avait plus guère le choix d'accepter ou de refuser le procès, il était en plein dedans et il lui fallait se défendre. S'il était fatigué, c'était grave.

Pour l'instant, il n'y avait pas de raisons de s'inquiéter outre mesure. Il avait su en un temps relativement court s'élever à ce haut poste qu'il occupait à la banque et il avait su, apprécié de tous, s'y maintenir ; il lui fallait maintenant consacrer à son procès une partie de ces facultés qui lui avaient permis cela et alors, c'était hors de doute, tout allait bien se terminer. S'il voulait arriver à quelque chose, il fallait surtout refuser, dès l'abord, toute idée d'une faute quelconque. Il n'y avait nulle faute. Le procès n'était rien d'autre qu'une grande affaire, comme il en avait déjà souvent conclu à l'avantage de la banque, une affaire où, comme il était de règle, divers dangers menaçaient qu'il fallait prévenir. A cette fin, il importait de ne pas s'arrêter à l'idée d'une faute quelconque mais de s'en tenir fermement à l'idée de son propre intérêt. Il ne pouvait donc faire autrement que de retirer très bientôt, sinon ce soir même, à l'avocat le droit de le représenter. A en croire ce que celui-ci racontait, ce serait là quelque chose de tout à fait inouï et de profondément blessant, mais K. ne pouvait pas tolérer que les efforts qu'il faisait pour son procès fussent entravés, peut-être par son propre avocat lui-même. Une fois débarrassé de l'avocat, il importait de transmettre la requête aussitôt et si possible insister chaque jour pour qu'elle fût enfin prise en considération. A cette fin, il ne suffisait pas que K. fût assis là dans le couloir comme les autres, son chapeau posé sous le banc. Lui-même ou les femmes ou d'autres messagers devraient jour après jour venir assaillir les fonctionnaires et les contraindre à s'asseoir à leur table et à étudier la requête de K. au lieu de regarder le couloir à travers les montants de la clôture. Il allait ne pas falloir relâcher ces efforts, il fallait tout organiser, tout surveiller ; pour une fois le tribunal allait se heurter à un accusé qui s'entendrait à défendre ses droits.

Même si K. se faisait fort d'arriver à tout cela, il restait l'insurmontable difficulté de rédaction de la requête. Naguère, il y avait une semaine à peu près, il avait eu honte de penser qu'il pouvait être appelé un jour à établir lui-même une telle requête ; il n'avait pas pensé que cela pût aussi être difficile. Il se souvenait d'un matin où, surchargé de travail, il avait tout à coup tout écarté d'un revers de main, pris son bloc-notes et avait, à titre d'essai, tenté de jeter les grandes lignes d'un projet de requête pour le mettre peut-être à la disposition de son lourdaud d'avocat, lorsque la porte du cabinet directorial s'ouvrit et le directeur général adjoint fit son entrée en riant aux éclats. K. en avait éprouvé un grand sentiment de gêne, bien que le directeur général adjoint ne fût naturellement pas en train de rire de la requête dont il ne savait rien mais d'une plaisanterie des milieux boursiers qu'on venait de lui raconter ; pour la comprendre, il fallait un dessin que le directeur général adjoint se mit en devoir d'exécuter sur le bloc-notes destiné à la requête, penché par-dessus le bureau de K., avec le crayon qu'il lui avait pris des mains.

Aujourd'hui K. ignorait tout de la honte, il fallait établir la requête. S'il ne trouvait pas au bureau le temps pour cela, ce qui était très probable, il lui faudrait la rédiger chez lui, la nuit ; si les nuits n'y suffisaient pas, il lui faudrait prendre un congé. Surtout ne pas s'arrêter à mi-chemin, car cela c'était toujours et partout, et pas seulement dans les affaires, la solution la moins sensée. La requête représentait certes un travail presque interminable. Même si l'on n'était pas inquiet de nature, il était facile de se rendre compte qu'il devait être impossible d'arriver un jour à terminer la rédaction de cette requête. Si la ruse ou la paresse pouvaient empêcher l'avocat d'en venir à bout, ce n'était pas son cas à lui ; ce qui pouvait seul l'en empêcher, c'était l'ignorance où on était de la nature de l'accusation et de ses prolongements éventuels ; il fallait se rappeler sa vie entière dans ses moindres actions et ses moindres événements, en faire le récit et en vérifier l'exactitude de tous les côtés. Et de plus, ce qu'un pareil travail pouvait être triste. Il convenait peut-être pour occuper la retraite d'un vieillard tombé en enfance et l'aider à passer les longues journées. Et c'était justement maintenant où K. avait besoin de toutes ses forces intellectuelles pour son travail, où son ascension n'était pas achevée, où il était déjà une menace pour le directeur général adjoint, où chaque heure passait tellement vite, où il voulait jouir de sa jeunesse pendant les courtes soirées et les nuits, c'était maintenant donc qu'il devait se mettre à la rédaction de cette requête. Une fois encore ses réflexions se muèrent en plaintes.

Involontairement, presque pour simplement en finir, il chercha du doigt le bouton de la sonnette électrique reliée à l'antichambre et en y appuyant il leva les yeux et regarda l'heure à la pendule. Il était onze heures, il avait donc passé deux heures, un temps long et précieux, à rêvasser et il était naturellement encore plus fatigué qu'auparavant. Mais au moins n'avait-il pas perdu son temps, il avait pris des décisions qui pouvaient être précieuses. Les appariteurs apportèrent le courrier et deux cartes de visite de messieurs qui attendaient K. déjà depuis longtemps. C'étaient justement deux clients très importants de la banque qu'on n'aurait jamais dû faire attendre. Pourquoi donc venaient-ils à un si mauvais moment et pourquoi, c'est ce que semblaient à leur tour se demander ces messieurs, derrière la porte fermée, K. le zélé consacrait-il les meilleures heures de travail à ses affaires privées ? Fatigué de ce qui avait précédé et fatigué de ce qui allait suivre, K. se leva pour recevoir le premier.

C'était un petit homme vif, un industriel que K. connaissait bien. Il regretta d'avoir dérangé K. dans un travail important et K. à son tour regretta d'avoir si longtemps fait attendre l'industriel. Mais ces regrets, il les exprima de façon si mécanique et avec une intonation si fausse que l'industriel aurait dû le remarquer s'il n'avait pas été entièrement absorbé par son affaire. Au lieu de cela, en effet, il tira vite des factures et des tableaux de chiffres de toutes ses poches, les étala devant K., expliqua plusieurs rubriques, corrigea même une petite faute de calcul qui l'avait frappé alors qu'il survolait simplement son papier, il rappela à K. une affaire semblable conclue avec lui, il y avait à peu près un an de cela et dit, comme en passant, qu'une autre banque était toute prête à faire de gros sacrifices pour obtenir ce contrat ; et finalement il se tut afin de connaître l'avis de K.

Au début, K. avait fort bien suivi l'exposé de l'industriel, il s'était lui aussi entièrement absorbé dans cette importante affaire, mais malheureusement pas pour longtemps ; bientôt il n'écouta plus, un certain temps encore, il souligna les exclamations de l'industriel par des hochements de tête, puis il cessa même de faire ce geste, se bornant à regarder le crâne chauve penché au-dessus des papiers et à se demander quand l'industriel allait enfin s'apercevoir qu'il faisait tout son discours pour rien.

Lorsqu'il se tut enfin, K. crut vraiment que c'était pour lui donner l'occasion d'avouer qu'il était incapable d'écouter. A regret, il se rendit compte, à voir le regard tendu de l'industriel, visiblement prêt à toutes les objections, qu'il fallait continuer cette conversation d'affaires. Il inclina donc la tête comme s'il recevait un ordre et, avec son crayon il se mit lentement à parcourir le papier en tous sens, il s'arrêtait ici ou là, regardant un chiffre fixement. L'industriel s'attendait à des objections, peut-être les chiffres n'avaient-ils pas été suffisamment étayés, établis, peut-être n'étaient-ils pas non plus l'essentiel ; toujours est-il que l'industriel posa la main sur les papiers et, s'approchant de nouveau tout près de K., il recommença un exposé d'ensemble de toute l'affaire.

— C'est difficile, dit K., retroussant les lèvres et, comme les papiers, la seule chose à quoi il eût pu se retenir, étaient maintenant invisibles, il se laissa glisser le long de l'accoudoir. C'est tout juste s'il leva les yeux lorsque la porte du bureau directorial s'ouvrit et que le directeur général adjoint y apparut vague, comme derrière un voile de gaze. K., sans y réfléchir davantage, se contenta de remarquer l'effet très heureux qu'avait pour lui l'arrivée de celui-ci. Car l'industriel aussitôt bondit de son fauteuil et se précipita vers le directeur général adjoint ; K. aurait bien voulu qu'il fût dix fois plus leste encore, car il craignait que le directeur général adjoint ne pût disparaître à nouveau. Crainte inutile, les deux messieurs allèrent l'un vers l'autre, se tendirent la main et s'approchèrent ensemble du bureau de K.

L'industriel se plaignait d'avoir trouvé si peu d'écho auprès du fondé de pouvoir et il montra K. qui, sous le regard du directeur général adjoint s'était de nouveau penché sur les papiers. Puis, lorsque tous deux s'appuyèrent à sa table de travail, que l'industriel se mit en devoir de gagner à sa cause le directeur général adjoint, K. eut l'impression de deux hommes démesurément grands, en train de décider de lui par-dessus sa tête. Lentement, les yeux prudemment levés, il tenta de savoir ce qui se tramait là-haut, prit, sans même regarder, l'un des papiers sur le bureau, le posa sur le plat de la main et le tendit, peu à peu, en se levant lui-même, jusqu'à la hauteur de ces messieurs.

Il ne pensait à rien de bien précis ; s'il agissait ainsi, c'est qu'il avait le sentiment de devoir se comporter de cette façon-là, quand il aurait achevé la grande requête qui le disculperait entièrement. Le directeur général adjoint, qui donnait toute son attention à la conversation, ne jeta qu'un regard furtif sur le papier, ne le parcourut même pas, car ce qui était important pour le fondé de pouvoir était sans importance pour lui ; il le prit de la main de K. et dit : « Merci, je sais déjà tout », et le reposa tranquillement sur la table. K. rempli d'amertume détourna les yeux. Mais le directeur général adjoint ne s'en aperçut pas, ou s'il s'en était aperçu cela n'avait pu que l'encourager ; à maintes reprises il éclata de rire et par une réponse pleine d'à-propos, il parvint même à mettre l'industriel dans l'embarras mais il l'en tira aussitôt en retournant l'objection contre lui-même et il finit par l'inviter à passer dans son bureau où ils pourraient mener l'affaire à son terme.

— C'est une affaire fort importante, dit-il à l'industriel, et monsieur le Fondé de pouvoir — et même en faisant cette remarque, c'est au seul industriel qu'il s'adressait — sera certainement heureux que je l'en décharge. L'affaire exige que l'on y réfléchisse calmement. Mais aujourd'hui, il me paraît surmené et d'ailleurs il y a des gens qui l'attendent depuis des heures déjà dans l'antichambre.

K. conserva tout juste assez de pouvoir sur lui-même pour se détourner du directeur général adjoint et ne montrer un visage aimable mais un sourire mécanique qu'au seul industriel ; il n'intervint plus sinon d'aucune autre façon, appuyé des deux mains sur le bureau, penché un peu en avant, comme un commis derrière son pupitre, il regardait ces deux messieurs prendre, tout en continuant à parler, les papiers sur la table et disparaître dans le bureau directorial. Sur le seuil, l'industriel se retourna en disant qu'il ne prenait pas encore congé, qu'il reviendrait informer monsieur le Fondé de pouvoir du résultat de la conversation et que d'autre part, il avait une communication à lui faire.

Enfin K. était seul. Il ne pensa nullement à faire entrer quelqu'un d'autre. Confusément, il lui vint à l'esprit qu'il était fort agréable que les gens en attente devant son bureau le croient encore en train de négocier avec l'industriel et pour cette raison personne, pas même l'appariteur, ne pouvait entrer dans le bureau. Il alla à la fenêtre, s'assit sur le bord, se tint d'une main à la poignée et regarda la place, en bas. La neige tombait toujours, le ciel ne s'était pas encore éclairci du tout.

Il resta assis comme cela longtemps, sans réellement savoir ce qui lui donnait du souci ; de temps à autre il regardait par-dessus son épaule la porte de l'antichambre, où, cela l'avait fait sursauter, il avait cru, par erreur, entendre un bruit. Mais comme il ne vint personne, il reprit son calme, alla à la table de toilette, se lava à l'eau froide et, la tête plus dégagée, il retourna à sa place à la fenêtre. La décision de prendre lui-même sa défense en main lui sembla plus lourde de conséquences qu'il avait d'abord supposé. Aussi longtemps qu'il s'était déchargé de la défense sur l'avocat, il avait au fond été peu concerné par le procès, il l'avait observé de loin et c'est à peine s'il pouvait en être directement atteint ; il avait pu vérifier où les choses en étaient quand il l'avait voulu, mais il avait aussi pu retirer la tête quand il l'avait voulu. Mais maintenant, par contre, s'il devait assumer lui-même sa défense, il lui fallait — pour l'instant au moins — s'exposer entièrement au tribunal, avec pour résultat, plus tard, une libération complète et définitive ; mais pour parvenir à celle-ci, il lui fallait provisoirement courir de bien plus grands dangers. S'il devait en douter, la réunion d'aujourd'hui avec le directeur général adjoint et l'industriel suffisait à le convaincre du contraire. Il était resté là, assis, complètement absorbé par la simple décision d'assurer sa défense lui-même ! Qu'est-ce que ce serait plus tard ? Qu'est-ce qui l'attendait ? Trouverait-il le chemin qui à travers tous les obstacles le mènerait à une heureuse conclusion ? Une défense rigoureuse — tout le reste n'avait aucun sens —, une défense rigoureuse ne nécessitait-elle pas en même temps qu'on se fermât le plus possible à tout le reste ? Y parviendrait-il sans encombre ? Et comment pourrait-il y arriver à la banque ? Il ne s'agissait pas simplement de la requête, pour laquelle un congé aurait peut-être suffi, bien qu'une demande de congé eût représenté en ce moment un risque considérable, ce dont il s'agissait, c'était du procès tout entier, dont la durée était imprévisible. Quel obstacle, tout à coup, jeté en plein dans la carrière de K. !

Et maintenant, en plus, il devait travailler à la banque ? — Il regarda son bureau. — Et c'est maintenant qu'il devait introduire des clients et traiter avec eux ? Pendant que son procès continuait à se dérouler, pendant qu'en haut, dans le grenier, les fonctionnaires se penchaient sur les pièces de son procès, lui devait s'occuper des affaires de la banque ? N'eût-on pas dit une torture, approuvée par le tribunal, en relation avec le procès et qui l'accompagnerait ? Et à la banque tiendrait-on compte pour apprécier son travail de sa situation particulière ? Ni personne ni jamais. D'ailleurs, son procès n'y était pas tout à fait inconnu, bien que K. ne sût pas exactement qui était au courant et jusqu'à quel point.

Mais il espérait que le directeur général adjoint n'en avait pas encore eu vent ; il était évident qu'il aurait utilisé cela contre K. sans la moindre humanité et sans solidarité aucune. Et le directeur ? Certes, il était bien disposé à l'égard de K. et dès qu'il aurait entendu parler du procès, pour autant qu'il était en son pouvoir, il aurait cherché à lui procurer maints soulagements, mais il n'y serait pas parvenu, car, maintenant que ce contrepoids représenté par K. s'affaiblissait, il tombait de plus en plus sous l'influence du directeur général adjoint, qui en outre utilisait le mauvais état de santé du directeur pour renforcer son propre pouvoir. Qu'est-ce que K. avait donc à espérer ? Peut-être diminuerait-il sa force de réflexion par de telles considérations, mais il était nécessaire aussi de ne pas s'illusionner soi-même et de tout voir avec le plus de clarté possible.

Sans raison particulière, rien que pour ne pas être obligé de retourner encore à sa table de travail, il essaya d'ouvrir la fenêtre. Elle s'ouvrait difficilement, il dut tourner l'espagnolette des deux mains. Le brouillard alors, mêlé de fumée, pénétra par toute la hauteur et toute la largeur de la fenêtre et remplit la pièce d'une légère odeur de brûlé. Le vent fit même entrer quelques flocons de neige.

— Un bien vilain hiver, dit derrière K. l'industriel qui, revenant de chez le directeur général adjoint, était entré dans la pièce, sans que K. s'en aperçût ; celui-ci hocha la tête et regarda avec inquiétude la serviette de l'industriel dont il allait sûrement tirer les papiers pour communiquer à K. le résultat de ses conversations avec le directeur général adjoint. Mais l'industriel suivit le regard de K., frappa de la main sur sa serviette et dit sans l'ouvrir :

— Vous voulez savoir comment cela s'est passé. J'ai déjà presque le contrat dans ma poche. Un homme charmant, votre directeur général adjoint, mais quelqu'un de redoutable.

Il se mit à rire, secoua la main de K. et voulut qu'il se mette à rire lui aussi. Or, voici que K. maintenant trouvait suspect que l'industriel ne voulût pas lui faire voir les papiers et de plus, il jugeait qu'il n'y avait pas là de quoi rire.

— Monsieur le Fondé de pouvoir, dit l'industriel, vous souffrez sans doute du temps qu'il fait ? Vous avez l'air déprimé, aujourd'hui.

— Oui, fit K. en portant la main à la tempe. Maux de tête et soucis familiaux.

— Très vrai, fit l'industriel qui était un homme pressé incapable d'écouter quelqu'un calmement. — Tout le monde a sa croix à porter.

Involontairement K. avait fait un pas en direction de la porte, comme s'il voulait raccompagner l'industriel, mais celui-ci dit :

— J'ai encore une petite communication à vous faire. Je crains fort de vous importuner avec cela, justement aujourd'hui, mais deux fois déjà nous nous sommes rencontrés ces derniers temps et chaque fois j'ai oublié de vous en parler. Et si je le repousse encore, cela perdra probablement toute sa raison d'être. Mais ce serait dommage, car au fond ce que j'ai à vous dire n'est peut-être pas tout à fait dénué de valeur.

Avant que K. ait eu le temps de répondre, l'industriel s'approcha de lui et lui frappa légèrement la poitrine de son doigt replié en disant à voix basse :

— Vous avez un procès, n'est-ce pas ?

K. eut un mouvement de recul et s'écria aussitôt :

— C'est le directeur général adjoint qui vous a dit cela ?

— Mais non, dit l'industriel, comment le directeur général adjoint le saurait-il ?

— Et vous ? demanda K., déjà beaucoup plus rasséréné.

— J'apprends un certain nombre de choses sur le tribunal, par-ci par-là, et c'est bien à cela que se rapporte ce que j'avais à vous dire.

— Il y en a des gens en rapport avec le tribunal ! dit K. en baissant la tête et en amenant l'industriel vers le bureau. Ils s'assirent comme tout à l'heure et l'industriel dit :

— Malheureusement, ce n'est pas grand-chose que j'ai à vous communiquer. Mais en de telles affaires, il ne faut rien négliger. Par ailleurs, j'ai très envie de vous aider, mon aide dût-elle être des plus modestes. Nous avons été jusqu'ici de bons amis sur le plan des affaires, n'est-ce pas ? eh ! bien alors !

K. voulut s'excuser de s'être comporté comme il l'avait fait, mais l'industriel n'admit aucune interruption, il remonta sa serviette sous son bras pour montrer qu'il était pressé et reprit :

— J'ai entendu parler de votre procès par un certain Titorelli. C'est un peintre. Titorelli, c'est son nom d'artiste, son véritable nom je ne le connais pas même. Depuis des années, il vient de temps en temps au bureau apporter de petits tableaux, pour lesquels — c'est presque un mendiant — je lui fais toujours une sorte d'aumône. Ce sont d'ailleurs de jolis tableaux, des paysages de landes, en général. Ces achats — nous nous y étions déjà tout à fait habitués tous les deux — marchaient très bien. Mais à un moment donné ces visites se répétèrent tout de même trop souvent, je lui en fis le reproche, nous nous mîmes à bavarder ; cela m'intéressait de savoir comment il faisait pour vivre seulement de sa peinture et j'appris alors à mon grand étonnement que sa principale ressource était le portrait. Il me dit travailler pour le tribunal. « Pour quel tribunal ? » demandai-je.

Alors, il me parla du tribunal. Mieux que personne vous pouvez vous figurer mon étonnement. Depuis ce temps-là, à chacune de ses visites j'apprends quelque chose de nouveau sur le tribunal et peu à peu, je vois comment cela marche. Il est vrai que Titorelli est bavard et souvent il faut que je le fasse taire, non seulement parce qu'il ment certainement, mais surtout parce qu'un homme d'affaires comme moi, qui menace de craquer à cause de ses propres soucis, ne peut en plus s'occuper des affaires d'autrui. Mais cela seulement en passant. Peut-être — c'est ce que je me suis dit — ce Titorelli peut vous être utile, il connaît beaucoup de juges et même s'il ne devait pas avoir personnellement une grande influence, il peut tout de même vous donner des conseils sur la manière de circonvenir les différentes personnes influentes. Et même ces conseils ne seraient-ils pas déterminants, ils n'en seront pas moins une fois en votre possession, d'une grande importance. Vous êtes presque avocat. J'ai toujours coutume de dire : « Monsieur le Fondé de pouvoir K., c'est presque un avocat ! » Oh ! je ne me fais pas de soucis pour votre procès. Voulez-vous aller voir Titorelli ? Sur ma recommandation il fera certainement tout ce qui est en son pouvoir. Je pense vraiment que vous devriez y aller. Naturellement, ce n'est pas la peine que ce soit aujourd'hui même ; allez-y un jour, à l'occasion. Bien sûr — c'est ce que je voulais encore vous dire — vous n'êtes pas le moins du monde obligé d'aller voir Titorelli parce que je vous donne ce conseil. Non, si vous croyez pouvoir vous passer de Titorelli, il vaut certainement mieux le laisser complètement de côté. Peut-être avez-vous déjà un plan précis et Titorelli pourrait le déranger. Non, dans ce cas n'y allez surtout pas. Il faut beaucoup prendre sur soi pour accepter les conseils d'un individu pareil. C'est comme vous le voulez ! Voici la recommandation et voici l'adresse.

Déçu, K. prit la lettre et la mit dans sa poche. Même dans le meilleur des cas l'avantage que pouvait lui procurer la recommandation de l'industriel ne compensait en rien le désavantage que celui-ci fût au courant de son procès et que le peintre en répandît la nouvelle. Il eut du mal à se contraindre à remercier de quelques mots l'industriel qui se dirigeait déjà vers la porte.

— Je vais y aller, dit-il en prenant congé de l'industriel, ou bien, comme je suis très occupé en ce moment, je vais lui écrire de bien vouloir passer au bureau.

— Je le savais bien que vous trouveriez la meilleure solution. A vrai dire, je pensais que vous préféreriez éviter d'inviter à la banque des gens comme ce Titorelli pour parler avec lui du procès. Il n'est pas non plus très bon de laisser des lettres entre les mains de gens de cette sorte. Mais vous avez certainement réfléchi à tout et vous savez ce que vous avez à faire.

K. hocha la tête et accompagna l'industriel jusqu'à la porte de l'antichambre. Or malgré son calme apparent, il était rempli d'inquiétude ; au fond, il n'avait dit vouloir écrire à Titorelli que pour montrer qu'il savait apprécier la recommandation et qu'il réfléchissait déjà aux possibilités de rencontrer Titorelli ; mais s'il avait jugé l'assistance de Titorelli utile, il n'aurait pas hésité à lui écrire.

Or, il ne s'était aperçu des dangers qui pouvaient en résulter que par la remarque de l'industriel. Pouvait-il déjà si peu se fier à sa propre intelligence ? Si déjà il était possible qu'il invitât par lettre, de la manière la plus nette, un personnage discutable pour lui demander des conseils sur son procès, alors qu'une porte seulement le séparait du directeur général adjoint, n'était-il pas possible, sinon vraisemblable qu'il existât d'autres dangers dont il ne s'apercevait pas et dans lesquels il se jetait ? Il n'y avait pas toujours quelqu'un à côté de lui pour le mettre en garde. Et c'était maintenant, justement, où il lui fallait rassembler toutes ses forces pour faire face, qu'il lui venait des doutes, jusque-là inconnus, sur sa propre vigilance. Les difficultés qu'il éprouvait à exécuter son travail de bureau allaient-elles aussi commencer pour le procès ? Il n'arrivait pas à comprendre comment il avait pu vouloir écrire à Titorelli et avoir voulu l'inviter à la banque.

Il secouait encore la tête lorsque l'appariteur s'approcha de lui et lui fit remarquer les trois messieurs, assis dans l'antichambre sur un banc ; ils attendaient depuis longtemps déjà d'être introduits auprès de K. En voyant l'appariteur parler avec K., ils s'étaient levés et chacun voulait profiter d'une occasion favorable pour être le premier à se faire entendre de K. Puisque la banque manquait d'égards au point de leur faire perdre leur temps ici dans l'antichambre, eux n'auraient plus d'égards non plus.

— Monsieur le Fondé de pouvoir, disait déjà l'un d'eux.

Mais K. s'était fait apporter son manteau d'hiver par l'appariteur et répondit à tous les trois, tout en l'enfilant avec l'aide de celui-ci :

— Pardonnez-moi, messieurs, malheureusement pour l'instant je n'ai pas le temps de vous recevoir. Je vous prie de m'en excuser, mais j'ai à régler une affaire urgente et il faut que je parte immédiatement. Vous avez vu vous-même combien j'ai été retenu ; voudriez-vous être assez aimables pour revenir demain ou quand vous le voudrez. Ou peut-être pourrions-nous parler de ces affaires par téléphone ? Ou peut-être pourriez-vous me dire brièvement de quoi il s'agit et je vous répondrai de façon détaillée par écrit ? Le mieux naturellement serait que vous reveniez prochainement.

Ces propositions de K. étonnèrent à ce point les messieurs, qui s'entendaient donc dire qu'ils avaient attendu pour rien, qu'ils en restèrent à se regarder bouche bée.

— Nous sommes donc d'accord ? demanda K. qui s'était tourné vers l'appariteur, lequel lui apportait aussi son chapeau. Par la porte ouverte du bureau de K. on voyait qu'il neigeait de plus en plus fort. C'est pourquoi K. releva le col de son manteau et le boutonna sous le menton.

C'est alors que le directeur général adjoint sortit de la pièce à côté, regarda en souriant K. discuter en manteau d'hiver avec les messieurs et demanda :

— Vous partez maintenant, monsieur le Fondé de pouvoir ?

— Oui, fit K. en se redressant. Une visite d'affaires m'appelle au-dehors.

Mais le directeur général adjoint s'était tourné vers ces messieurs.

— Et ces messieurs ? demanda-t-il, je crois qu'ils attendent depuis longtemps déjà.

— Nous nous sommes déjà mis d'accord, dit K.

Mais alors les messieurs ne se retinrent plus, ils entourèrent K. et déclarèrent qu'ils n'auraient pas attendu des heures durant, si leurs affaires n'avaient pas été importantes et s'il n'avait pas été nécessaire d'en parler maintenant et de manière approfondie et en particulier. Le directeur général adjoint les écouta un instant, considéra K. qui tenait son chapeau à la main et l'époussetait et dit :

— Messieurs, il y a une solution très simple. Si vous voulez bien vous contenter de moi, je suis prêt à traiter avec vous à la place de monsieur le Fondé de pouvoir. Vos affaires, naturellement, il faut en discuter tout de suite. Nous sommes des hommes d'affaires comme vous et savons ce que le temps signifie. Si vous voulez bien vous donner la peine d'entrer ?

Et il ouvrit la porte qui menait à l'antichambre de son bureau.

Comme le directeur général adjoint s'entendait tout de même à s'approprier tout ce que K. était contraint d'abandonner ! Et K. n'abandonnait-il pas plus de choses qu'il n'était absolument nécessaire ? Pendant qu'il s'en allait courir chez un peintre inconnu avec des espoirs imprécis et des plus minces, sa réputation, ici, subissait un dommage irréparable. Il aurait certainement été préférable de retirer son manteau et de rattraper à son profit les deux messieurs qui devaient certainement encore être à côté. K. l'aurait peut-être essayé, s'il n'avait pas vu le directeur général adjoint en train de fouiller dans son classeur à lui, comme si c'était le sien propre. Lorsque K. plein de colère s'approcha de la porte, il s'écria :

— Alors vous n'êtes pas encore parti !

Il tourna vers K. son visage dont les rides innombrables semblaient non pas prouver l'âge mais la force et il se remit à fouiller aussitôt.

— Je cherche le double d'un contrat, dit-il, qui se

trouve paraît-il chez vous comme l'affirme le représentant de la firme. Ne voudriez-vous pas m'aider à chercher ?

K. fit un pas mais le directeur général adjoint dit :

— Merci, j'ai déjà trouvé, et chargé d'une grosse liasse qui ne contenait pas seulement la copie du contrat mais bien d'autres papiers, il retourna à son bureau.

« En ce moment je ne suis pas de taille, se dit K., mais lorsque mes difficultés personnelles auront disparu ce sera lui le premier à le sentir et aussi amèrement que faire se pourra. »

Un peu calmé par cette pensée, K. chargea l'appariteur qui, depuis longtemps déjà, lui tenait la porte ouverte, de dire à l'occasion au directeur qu'il se trouvait en visite d'affaires, et il sortit de la banque presque heureux de pouvoir se consacrer un certain temps plus complètement à son affaire à lui.

Il se rendit aussitôt chez le peintre, qui habitait un faubourg diamétralement opposé à celui où se trouvaient les bureaux du tribunal. C'était un endroit plus pauvre encore, les maisons encore plus sombres, les ruelles couvertes de crasse flottant lentement sur la neige fondue. Dans la maison où le peintre habitait, un seul battant du grand portail était ouvert, mais sous l'autre il y avait une brèche dans le mur, d'où, au moment où K. s'approchait, jaillissait un liquide ignoble jaune et fumant devant lequel quelques rats prenaient la fuite vers l'égout tout proche.

En bas de l'escalier un petit enfant pleurait, couché sur le ventre, mais on l'entendait à peine à cause du vacarme assourdissant d'un atelier de ferblantier de l'autre côté du portail. La porte de l'atelier était ouverte, trois ouvriers se tenaient en demi-cercle autour d'une pièce de métal sur laquelle ils frappaient à coups de marteau. Une grande plaque de fer blanc accrochée au mur jetait une lumière mate qui tombait entre deux ouvriers et éclairait les visages et les tabliers. K. n'accorda à tout cela qu'un regard furtif ; il voulait en avoir aussi vite fini que possible, sonder le peintre en quelques mots et retourner immédiatement à la banque.

Un succès, si réduit fût-il, aurait encore un bon effet sur son travail de ce jour à la banque.

Au troisième étage, il dut ralentir son pas, il était hors d'haleine, les escaliers tout comme les étages étaient démesurément hauts, et, à ce qu'on lui avait dit, le peintre habitait une mansarde. De plus, l'air était très oppressant, l'étroit escalier n'ouvrait pas sur une cour, mais des murs l'enfermaient des deux côtés, percés, çà et là, tout en haut, de quelques petites fenêtres. Au moment même où K. s'arrêta un instant, des petites filles sortirent d'un appartement et montèrent l'escalier en riant. K. les suivit lentement, rattrappa l'une des fillettes qui avait trébuché et était restée en arrière et lui demanda tout en continuant à monter à côté d'elle :

— Est-ce qu'un peintre du nom de Titorelli habite ici ?

La fillette à peine âgée de treize ans, quelque peu bossue, le poussa du coude et le regarda de côté. Ni sa jeunesse ni son infirmité n'avaient pu l'empêcher d'être déjà tout à fait corrompue. Elle ne sourit même pas, mais regarda K. d'un regard aigu, provocant. K. fit comme s'il ne remarquait pas son attitude et demanda :

— Connais-tu le peintre Titorelli ?

Elle hocha la tête et demanda à son tour :

— Que lui voulez-vous ?

K. trouva avantageux d'obtenir encore quelques renseignements sur Titorelli :

— Je veux qu'il fasse mon portrait, dit-il.

— Faire faire votre portrait ? demanda-t-elle en ouvrant démesurément la bouche et en lui donnant un petit coup de la main comme s'il avait dit quelque chose de tout à fait surprenant ou de maladroit ; des deux mains, elle releva sa jupe déjà très courte et courut aussi vite qu'elle put pour rattraper les autres fillettes dont les cris se perdaient déjà, indistincts, dans les hauteurs de l'escalier.

Mais au palier suivant, K. les retrouva toutes. Visiblement, la petite bossue les avait informées de l'intention de K. et elles l'attendaient, se tenaient des deux côtés de l'escalier, se serraient contre le mur pour que K. pût commodément passer, et lissaient leur tablier de la main. Leurs visages et la haie qu'elles formaient à son passage montraient un mélange d'enfantillage et de corruption. Précédant les petites filles qui se regroupaient en riant derrière K. la petite bossue prit la tête. C'est à elle que K. dut de trouver tout de suite le bon chemin. Il serait en effet allé tout droit, mais elle lui montra un escalier latéral qu'il devait emprunter pour arriver chez Titorelli. L'escalier qui menait chez lui était particulièrement étroit, très long, sans un tournant, sur toute sa longueur ; il s'interrompait juste devant la porte de Titorelli. Une petite lucarne surmontait cette porte en bois blanc où le nom de Titorelli était tracé à larges coups de pinceau ; elle jetait une lumière relativement vive par contraste avec le reste de l'escalier.

K. et son escorte étaient à peine arrivés au milieu de l'escalier qu'en haut la porte s'entrebâilla et un homme attiré probablement par le vacarme de tous ces pas apparut, semble-t-il, seulement vêtu d'une chemise de nuit.

— Oh ! s'écria-t-il en voyant arriver cette foule et il disparut.

De joie la petite bossue applaudit des deux mains et les autres fillettes se pressèrent derrière K. pour le faire avancer plus vite.

Mais ils n'étaient pas encore arrivés qu'en haut le peintre ouvrit la porte toute grande et invita K. à entrer en faisant une profonde révérence. Les fillettes, par contre, il les refoula, il ne voulut en laisser entrer aucune malgré leurs prières et leurs tentatives d'entrer sinon avec sa permission, du moins contre sa volonté. Seule la bossue réussit à se faufiler sous son bras étendu, mais le peintre se jeta à sa poursuite, la souleva par sa jupe, la fit tournoyer autour de lui et la déposa ensuite devant la porte auprès des autres fillettes, qui pendant que le peintre avait abandonné son poste n'avaient tout de même pas osé en franchir le seuil. K. ne savait que penser, car tout semblait se dérouler dans la bonne entente. Les fillettes, l'une derrière l'autre, levaient le cou et criaient au peintre des plaisanteries que K. ne comprenait pas et le peintre lui aussi riait pendant que la bossue qu'il tenait par les mains s'envolait presque. Puis il ferma la porte, s'inclina une fois encore devant K., lui tendit la main et dit en se présentant :

— Titorelli, artiste peintre.

K. montra la porte derrière laquelle chuchotaient les petites filles et dit :

— Vous semblez être très aimé dans cet immeuble !

— Ah ! ces petites canailles ! fit le peintre, cherchant en vain à boutonner sa chemise de nuit sur son cou. Il était nu-pieds et vêtu seulement par-dessous d'un pantalon de lin large et jaunâtre attaché d'une courroie de cuir dont l'extrémité libre se balançait.

— Ces petites canailles, c'est une vraie plaie, continua-t-il en cessant de s'occuper de sa chemise de nuit dont le dernier bouton venait de sauter. Il alla chercher une chaise et invita K. à s'asseoir. — Une fois j'ai peint l'une d'entre elles — elle n'est même pas parmi elles aujourd'hui — et depuis ce temps elles me poursuivent toutes. Quand je suis là, elles n'entrent que lorsque je le permets, mais si je suis parti il y en a toujours au moins une qui est là. Elles se sont fait faire une clé pour ma porte qu'elles s'empruntent l'une l'autre ; vous n'imaginez pas à quel point cela est pénible. Je reviens avec une dame dont je veux faire le portrait, j'ouvre la porte avec ma clé et je trouve la bossue, par exemple, installée à la table là-bas en train de se peindre les lèvres en rouge avec le pinceau, pendant que ses petits frères et sœurs, qu'elle est chargée de surveiller, traînent partout dans la chambre et font des saletés dans tous les coins. Ou bien, et cela remonte à hier au soir, je reviens tard — c'est ce qui vous explique ma tenue et le désordre de ma chambre que je vous prie d'excuser —, donc je reviens tard et veux me mettre au lit, lorsque quelque chose me pince la jambe, je regarde sous le lit et y découvre encore un de ces monstres. Pour quelle raison elles viennent comme ça chez moi, je n'en sais rien, je ne cherche pas à les attirer, vous avez pu vous en rendre compte. Naturellement, cela me dérange dans mon travail. Si on n'avait pas mis gratuitement cet atelier à ma disposition, il y a bien longtemps que j'aurais déménagé.

Une petite voix était en train d'appeler, tendre et apeurée, derrière la porte :

— Titorelli, est-ce qu'on peut déjà venir ?

— Non, répondit le peintre.

— Et moi toute seule, non plus ? entendit-on encore demander.

— Non plus, répondit le peintre qui alla fermer la porte à clé.

K., pendant ce temps, avait fait des yeux le tour de la pièce ; jamais il ne lui serait venu à l'idée d'appeler cette misérable petite chambre un atelier. On ne pouvait guère y faire plus de deux pas en largeur. Tout était en bois, plancher, cloisons et plafond. Entre les poutres se voyaient d'étroites fentes. En face de K., le long du mur, il y avait un lit surchargé de draps et de couvertures de différentes couleurs. Au milieu de la chambre, une toile était posée sur un chevalet, enveloppée d'une chemise dont les manches pendaient jusque par terre. Derrière K. se trouvait la fenêtre par laquelle, dans le brouillard, on ne pouvait pas voir plus loin que le toit recouvert de neige de la maison voisine.

La clé qui tourna dans la serrure rappela à K. qu'il ne voulait pas rester longtemps. C'est pourquoi il tira la lettre de l'industriel de sa poche, la tendit au peintre et lui dit :

— Ce monsieur que vous connaissez m'a parlé de vous et sur son conseil je suis venu vous voir.

Le peintre lut furtivement la lettre et la jeta sur son lit. Si l'industriel n'avait pas affirmé de la manière la plus nette que Titorelli était l'une de ses connaissances et que c'était un pauvre homme tributaire des aumônes qu'il lui faisait, on aurait vraiment pu croire que Titorelli ne le connaissait pas ou que du moins il n'arrivait pas à se souvenir de lui. De plus, le peintre demanda :

— Voulez-vous acheter des peintures ou faire faire votre portrait ?

K. le regarda avec étonnement. Qu'y avait-il donc dans la lettre ? K. avait supposé que l'industriel aurait bien évidemment dit dans sa lettre que K. ne voulait rien d'autre que des informations sur son procès. Il était accouru avec trop de précipitation et sans avoir réfléchi ! Mais il était bien forcé de répondre au peintre d'une manière ou d'une autre, et regardant le chevalet, il dit :

— Vous êtes en train de travailler à une toile ?

— Oui, fit le peintre et il jeta la chemise qui était accrochée au chevalet sur le lit, où elle alla rejoindre la lettre. C'est un portrait. Un bon travail, mais il n'est pas encore tout à fait fini.

Le hasard était favorable à K., la possibilité de parler du tribunal lui était littéralement offerte, car il s'agissait de toute évidence du portrait d'un juge. Il ressemblait d'ailleurs de façon frappante au portrait qui se trouvait dans le bureau de l'avocat. Il s'agissait ici, il est vrai, d'un tout autre juge, un gros homme à la barbe noire et foisonnante qui remontait loin sur les joues ; de plus, l'autre portrait était à l'huile, celui-ci était un pastel esquissé faiblement et de manière imprécise. Mais tout le reste était semblable car le juge faisait mine aussi de se lever d'un air menaçant de son trône dont il tenait les accoudoirs.

— Mais c'est un juge ! avait voulu dire K. tout de suite, il se retint provisoirement et s'approcha du portrait, comme s'il voulait en étudier les détails. Il ne parvenait pas à s'expliquer ce que représentait un grand personnage qui occupait le milieu du dossier et il s'en enquit auprès du peintre. Celui-ci répondit qu'il fallait encore le travailler un peu, alla prendre un pastel sur une petite table et le passa un peu sur les contours du personnage, sans le rendre plus clair pour cela.

— C'est la justice, finit par dire le peintre.

— En effet, je la reconnais maintenant, fit K. Voici le bandeau autour des yeux et voici la balance. Mais n'a-t-elle pas des ailes aux talons et n'est-elle pas en train de courir ?

— Si ! fit le peintre. C'est ainsi qu'elle m'a été commandée, en fait, c'est la justice et la déesse de la victoire en un.

— Ce n'est pas une bonne association, dit K. en souriant. Il faut que la justice repose, sinon la balance vacille et aucun verdict juste n'est possible.

— Je me soumets en cela à ce que me demande mon client.

— Oui, bien sûr, dit K. dont la remarque n'avait voulu blesser personne. Vous avez peint le personnage tel qu'on le voit réellement sur le trône ?

— Non, dit le peintre. Je n'ai vu ni la figure ni le trône, tout cela est invention, mais on m'a indiqué ce que j'avais à peindre.

— Comment cela ? demanda K. faisant exprès, comme s'il ne comprenait pas tout à fait. C'est bien un juge qui est là assis sur un siège de juge ?

— Oui, dit le peintre, mais ce n'est pas un juge de rang élevé et jamais il ne s'est assis sur un pareil trône.

— Et c'est pourtant dans cette attitude solennelle qu'il se fait peindre. Il est assis là comme un président de chambre.

— Oui, dit le peintre, ces messieurs sont vaniteux. Mais ils ont l'autorisation de l'administration supérieure de se laisser peindre ainsi. On prescrit à chacun exactement la manière dont il a le droit de se faire peindre. Malheureusement, ce tableau-ci ne permet pas de bien juger des détails du costume et du siège, le pastel se prête mal à de pareils détails.

— Oui, dit K. C'est étrange qu'il soit fait au pastel.

— Le juge le voulait ainsi, dit le peintre. Il est destiné à une dame.

La vue du tableau semblait lui avoir donné envie de travailler ; il retroussa ses manches, prit quelques pastels dans sa main et K. regarda se former sous leur pointe tremblante une ombre rougeâtre qui rayonnait autour de la tête du juge et s'atténuait progressivement vers les bords du tableau. Peu à peu, ce jeu d'ombre se mit à entourer la tête comme un ornement ou une haute distinction. Mais, à une nuance imperceptible près, tout restait clair autour de l'allégorie de la justice ; elle se détachait fortement sur cette clarté, c'est à peine si elle rappelait la déesse de la justice ; elle ne ressemblait pas non plus à celle de la victoire, mais avait à tout point de vue l'air de la déesse de la chasse. Le travail du peintre intéressait K. plus qu'il n'aurait voulu ; mais finalement, il se reprocha tout de même d'être là déjà depuis si longtemps sans rien avoir entrepris pour sa propre cause.

— Comment s'appelle ce juge ? demanda-t-il tout à coup.

— Ça, je n'ai pas le droit de le dire, répondit le peintre ; il était profondément incliné devant sa toile et négligeait visiblement son hôte qu'il avait pourtant accueilli avec tant d'égards.

K. prit cela pour de l'humeur et en fut irrité parce que cela lui faisait perdre son temps.

— Vous êtes sûrement un homme de confiance du tribunal ? demanda-t-il.

Aussitôt le peintre reposa ses pastels, se redressa, se frotta les mains, et regarda K. en souriant.

— Il ne faut pas hésiter à dire la vérité, dit-il. Vous voulez avoir des renseignements sur le tribunal, comme cela est d'ailleurs indiqué dans cette lettre de recommandation et vous avez d'abord parlé de mes peintures pour me gagner à votre cause. Mais je ne vous en veux pas, vous ne pouviez pas savoir que cela ne marche pas avec moi. Oh ! je vous en prie ! coupa-t-il d'un ton tranchant, lorsque K. voulut faire une objection. Et puis il continua : D'ailleurs, votre remarque est tout à fait juste, je suis un homme de confiance du tribunal.

Il marqua une pause, comme s'il voulait laisser à K. le temps de s'accoutumer à ce fait. On entendait de nouveau les fillettes derrière la porte. Elles se bousculaient sûrement pour regarder par le trou de la serrure ; peut-être pouvait-on aussi voir l'intérieur de la pièce par les jours entre les planches. K. ne s'excusa pas car il ne voulait pas détourner le peintre de son sujet, mais il ne voulait pas davantage que le peintre se grandît par trop et se rendît de cette façon pour ainsi dire inaccessible ; c'est pourquoi il demanda :

— Est-ce une position officiellement reconnue ?

— Non ! répondit brièvement le peintre, comme si cette remarque l'empêchait de continuer.

Mais K. ne voulait nullement qu'il se tût et dit

— Souvent les situations officieuses permettent d'avoir plus d'influence que les situations officielles.

— C'est mon cas, dit le peintre qui hocha la tête en

plissant le front. Hier j'ai parlé avec l'industriel de votre cas, il m'a demandé si je voulais bien vous aider et j'ai répondu : « Que cet homme passe donc me voir », et je me réjouis de vous voir si tôt. L'affaire semble vous tenir à cœur, ce qui naturellement n'est pas pour m'étonner. Ne voudriez-vous pas d'abord vous débarrasser de votre manteau ?

Bien que K. n'envisageât de rester que très peu de temps, cette invite du peintre lui parut la bienvenue. Peu à peu, il s'était mis à trouver l'air étouffant, à plusieurs reprises, déjà, il avait regardé avec étonnement le petit poêle de fonte dans le coin qui n'était pas allumé ; la touffeur de la pièce était inexplicable. Pendant qu'il enlevait son manteau d'hiver et déboutonnait sa veste, le peintre dit en s'excusant :

— Il faut que j'aie chaud. On est bien ici, n'est-ce pas ? La chambre de ce point de vue est très bien située.

K. ne répondit rien. Ce n'était pas tant la chaleur qui le mettait mal à son aise que l'air moite qui empêchait presque de respirer ; la chambre n'avait pas dû être aérée depuis longtemps. Ce désagrément se trouvait encore accentué du fait que le peintre pria K. de s'asseoir sur le lit pendant que lui s'assit sur la seule chaise qu'il y avait dans la chambre, devant le chevalet. De plus, le peintre ne semblait pas comprendre pourquoi K. restait assis sur le bord du lit ; il voulut que K. se mette à son aise et comme K. hésitait, il alla lui-même le forcer à s'enfoncer profondément dans les coussins et les oreillers. Puis il retourna à son fauteuil et posa enfin la première question concrète qui fit oublier à K. tout le reste.

— Vous êtes innocent ? demanda-t-il.

— Oui, dit K.

Répondre à cette question lui fit réellement plaisir, d'autant plus qu'elle lui avait été posée par un particulier, donc sans entraîner de responsabilité. Personne encore ne l'avait interrogé si franchement. Et pour pleinement goûter cette joie, il ajouta :

— Je suis complètement innocent.

— Ah ! bon, dit le peintre. Il baissa la tête et parut réfléchir.

Tout à coup, il leva de nouveau la tête et dit :

— Si vous êtes innocent, l'affaire, alors, est très simple.

Le regard de K. s'attrista ; ce prétendu homme de confiance du tribunal parlait comme un enfant ingénu.

— Mon innocence ne simplifie rien, dit K. mais il ne put s'empêcher de sourire et il secoua lentement la tête. — Tout dépend de beaucoup de petites choses très fines où le tribunal se perd. Et pour finir, il tire de quelque part où il n'y avait rien une grande faute.

— Oui, oui, certainement, dit le peintre, comme si K. dérangeait inutilement le cours de ses pensées. Mais puisque vous êtes innocent ?

— Oui, certes, dit K.

— C'est le principal, dit le peintre.

Il était inaccessible aux arguments contraires, mais malgré la netteté de son attitude, on ne voyait pas bien s'il parlait ainsi par conviction ou par indifférence. K. voulait en avoir le cœur net et c'est pourquoi il dit :

— Vous connaissez certainement le tribunal bien mieux que moi, moi je n'en sais guère plus que ce que j'ai entendu de diverses personnes, il est vrai très différentes. Mais toutes étaient unanimes pour dire qu'il n'est pas établi d'accusations à la légère et qu'une fois que le tribunal accuse, c'est qu'il est fermement convaincu de la culpabilité de l'accusé et ne saurait qu'être difficilement dissuadé de cette culpabilité.

— Difficilement ? s'exclama le peintre. Jamais le tribunal ne s'en laissera dissuader. Si je peignais ici tous les juges l'un à côté de l'autre sur une toile et si vous plaidiez votre défense devant cette toile, vous auriez encore plus de succès que devant le véritable tribunal.

— Oui, dit K. pour lui-même et il oublia qu'il avait simplement voulu sonder le peintre.

Une petite fille recommença à demander derrière la porte :

— Titorelli, est-ce qu'il ne va pas bientôt s'en aller ?

— Taisez-vous ! criait le peintre en direction de la porte. Ne voyez-vous donc pas que j'ai une entrevue avec ce monsieur ?

Mais la petite fille ne se satisfit pas de cette réponse ; elle demanda :

— Tu vas le peindre ?

Et comme le peintre ne répondit pas elle ajouta :

— S'il te plaît, ne le peins pas, il est vraiment trop laid.

Il s'ensuivit un concert de cris d'approbation incompréhensibles. Le peintre bondit jusqu'à la porte, l'entrouvit — on voyait les mains tendues et jointes, implorantes des fillettes — et il dit :

— Si vous ne vous taisez pas, je vous jette toutes en bas de l'escalier. Asseyez-vous ici sur les marches et tenez-vous tranquilles.

Elles n'obéirent probablement pas tout de suite, de sorte qu'il dut prendre un ton de commandement :

— Assis, sur les marches !

C'est alors seulement que le silence se fit.

— Pardonnez-moi, dit le peintre lorsqu'il revint auprès de K. Celui-ci s'était à peine tourné vers la porte, il laissait entièrement au peintre le soin de prendre ou non sa défense. C'est à peine s'il fit un mouvement lorsque le peintre se pencha vers lui et lui souffla à l'oreille pour ne pas être entendu dehors :

— Ces fillettes, elles aussi, font partie du tribunal.

— Comment cela ? demanda K. qui inclina la tête de côté et regarda le peintre. Mais celui-ci se rassit dans son fauteuil et dit moitié par plaisanterie, moitié à titre d'explication :

— D'ailleurs, tout fait partie du tribunal.

— Ça, je ne m'en étais pas encore aperçu, dit K. La remarque de portée générale du peintre enlevait à ce qu'il avait dit des fillettes tout ce qu'il y avait d'inquiétant. Pourtant un temps durant K. regarda la porte derrière laquelle les fillettes étaient assises tranquillement ; seule l'une d'entre elles avait glissé un brin de paille à travers les planches et elle le montait et le descendait lentement.

— Vous ne semblez pas encore avoir de vue d'ensemble du tribunal, dit le peintre. Il avait largement étendu les jambes et claquait le sol de la pointe de ses souliers.

Mais comme vous êtes innocent, vous n'en aurez pas besoin. Moi seul je peux vous en sortir.

— Comment allez-vous faire ? demanda K., puisque vous avez dit vous-même il y a quelques instants que le tribunal était complètement inaccessible aux preuves.

— Inaccessible, seulement, aux preuves que l'on produit devant le tribunal, dit le peintre en levant l'index, comme si K. n'avait pas remarqué une distinction subtile. Il en va autrement pour ce que l'on tente d'entreprendre derrière le tribunal officiel, donc dans les salles de délibération, dans les couloirs ou même par exemple ici dans l'atelier.

Ce que le peintre était en train de dire là ne paraissait plus si invraisemblable, cela concordait même très largement avec ce que K. avait aussi entendu dire par d'autres gens. Oui, cela donnait même de l'espoir. Si les juges étaient vraiment si faciles à mener que l'avocat l'avait dit, alors les relations du peintre avec ces juges prétentieux étaient particulièrement importantes et certainement à ne sous-estimer en aucun cas. Le peintre alors s'intégrait très bien à ces gens, prêts à l'aider, que K. réunissait peu à peu autour de lui.

On l'avait, un jour, à la banque, félicité pour son talent d'organisateur, ici, où il en était entièrement réduit à lui-même, c'était une bonne occasion de mettre ce talent à l'épreuve. Le peintre observait l'effet que ses explications avaient fait sur K. et dit non sans une légère inquiétude :

— Ne remarquez-vous pas que je parle presque comme un juriste ? Ce sont les rapports ininterrompus que j'entretiens avec ces messieurs du tribunal qui influent sur moi. J'en tire naturellement un grand profit, mais l'élan artistique s'est en grande partie perdu.

— Comment êtes-vous, pour la première fois, entré en rapport avec les juges ? demanda K. Ce qu'il voulait, c'était d'abord gagner la confiance du peintre, avant de le prendre pour ainsi dire à son service.

— Ce fut très simple, dit le peintre, j'ai hérité de ces relations. Mon père était déjà peintre du tribunal. C'est une situation dont on hérite toujours. On ne peut pas utiliser des inconnus. En effet, peindre les fonctionnaires de divers grades est soumis à des règles si diverses, si nombreuses et surtout secrètes, qu'elles sont complètement inconnues hors de certaines familles. Là-bas, dans ce tiroir, par exemple, j'ai toutes les notes de mon père que je ne montre à personne. Seul celui qui les connaît est apte à peindre des juges. Cependant, même si je les perdais, je garderais encore dans la tête tant de règles que je suis le seul à connaître que personne ne pourrait me contester ma situation. Chaque juge, en effet, veut être peint comme le furent les anciens grands juges et cela, moi seul je sais le faire.

— Cela est enviable, dit K. qui pensait à sa situation à la banque. Votre situation est donc inébranlable ?

— Oui ! inébranlable, dit le peintre en se redressant fièrement. C'est pourquoi je puis me permettre, de temps à autre, d'aider un pauvre homme qui a un procès.

— Et comment vous y prenez-vous ? demanda K. comme si ce n'était pas lui que le peintre venait d'appeler un pauvre homme. Mais le peintre ne se laissa pas détourner de son sujet.

— Dans votre cas, par exemple, comme vous êtes tout à fait innocent, voilà ce que je ferai.

K. commençait à être importuné de ce qu'on lui parlait sans cesse de son innocence. Il avait parfois l'impression que par de telles remarques le peintre faisait de l'issue favorable du procès la condition préalable de son assistance qui du coup perdait naturellement sa raison d'être. Malgré ces doutes, K. prit sur lui et décida de ne pas interrompre le peintre. Il était résolu à ne pas renoncer à son assistance. De plus, elle ne lui semblait pas plus discutable que celle de l'avocat. K. la préférait même de loin à celle-ci, parce qu'elle lui était offerte de façon moins contrainte et plus franche.

Le peintre avait approché son fauteuil plus près du lit et il continua d'une voix étouffée :

— J'ai oublié de vous demander quelle sorte de libération vous souhaitez. Il y a trois possibilités, à savoir l'acquittement véritable, l'acquittement apparent et le report indéfini. L'acquittement véritable est naturellement le mieux, seulement je n'ai pas la moindre influence sur cette solution. A mon avis, il n'existe d'ailleurs absolument personne qui puisse avoir de l'influence sur l'acquittement véritable. C'est la seule innocence de l'accusé, probablement, qui est déterminante. Comme vous êtes innocent, vous devez pouvoir vous en remettre à votre seule innocence. Mais alors vous n'avez besoin ni de moi ni d'aucune autre sorte d'aide.

Cette description méthodique stupéfia K. d'abord, puis il dit à voix tout aussi basse que le peintre :

— Je crois que vous vous contredisez.

— Comment cela ? demanda le peintre avec patience, s'adossant en souriant. Ce sourire donna à K. le sentiment qu'il s'agissait maintenant de découvrir les contradictions non tant dans les paroles du peintre que dans la procédure elle-même. Mais pourtant, il ne céda pas et dit :

— Vous avez fait remarquer tout à l'heure que le tribunal était inaccessible aux preuves, puis vous avez limité cela au tribunal officiel et maintenant vous allez jusqu'à dire que l'innocent n'a pas besoin de preuves en présence du tribunal. Rien que cela est déjà contradictoire. De plus, vous avez dit tout à l'heure qu'on pouvait personnellement influer sur les juges et maintenant vous contestez que le véritable acquittement, comme vous dites, soit à la portée de l'influence personnelle. Là réside la seconde contradiction.

— Ces contradictions sont faciles à expliquer, dit le peintre. Il est question ici de deux choses différentes, de ce qui est écrit dans la loi et de ce dont j'ai entendu parler, moi ; vous ne devez pas confondre. Dans la loi, je ne l'ai pas lue, il est vrai, il est écrit d'une part que l'innocent sera acquitté mais d'autre part il n'est pas écrit qu'il est possible d'influencer les juges. Or moi, j'ai justement constaté le contraire. Je ne connais aucun acquittement véritable, mais bien des cas où l'influence a joué. Il est naturellement possible que dans tous les cas connus de moi, il n'y ait pas eu innocence. Mais n'est-ce pas invraisemblable ? Tant de cas et aucun innocent ? Enfant, déjà, j'écoutais très attentivement mon père, quand, chez nous, il parlait des procès ; les juges aussi qui venaient dans son atelier parlaient du tribunal ; dans nos milieux, on ne parle de rien d'autre ; dès que j'ai eu la possibilité d'aller moi-même au tribunal, je l'ai pleinement utilisée, j'ai écouté d'innombrables procès à des stades importants et, pour autant qu'ils étaient visibles, je les ai suivis — et je dois l'avouer — jamais je n'ai vu un seul acquittement véritable.

— Donc aucun acquittement véritable, dit K. comme s'il se parlait à lui-même et à ses espoirs. Voilà donc qui confirme l'opinion que j'ai déjà du tribunal. De ce côté-là, il n'y a donc pas d'espoir non plus. Un seul bourreau pourrait remplacer le tribunal entier.

— Il ne faut pas généraliser, fit le peintre mécontent. Je n'ai parlé que de ce que j'ai vu moi-même.

— C'est bien suffisant, dit K. Ou bien avez-vous déjà entendu parler d'acquittements prononcés autrefois ?

— Il paraît, répondit le peintre, qu'il y a eu des acquittements de cette sorte. Simplement, il est difficile de s'en rendre compte. Les décisions ultimes du tribunal ne sont pas rendues publiques, elles ne sont même pas accessibles aux juges, c'est pourquoi la seule chose qu'on a conservée sur ces vieux procès ce sont des légendes. Celles-ci, il est vrai, parlent d'une majorité de cas d'acquittement ; on peut les croire, mais ce n'est pas vérifiable. Et pourtant on n'a pas le droit de les négliger complètement, elles contiennent certainement une part de vérité ; de plus, elles sont très belles ; moi-même j'ai peint quelques tableaux représentant ces légendes.

— De simples légendes ne changent pas mon opinion, dit K. On ne peut évidemment pas faire état devant le tribunal de ces légendes-là ?

Le peintre se mit à rire :

— Non, ça on ne le peut pas ! dit-il.

— Alors, inutile d'en parler, dit K.

Il se proposait d'accepter provisoirement tous les avis du peintre, même s'il les tenait pour invraisemblables et même s'ils contredisaient d'autres informations. Il n'avait pas le temps de vérifier si tout ce que le peintre disait était vrai ou même de le réfuter ; il serait déjà arrivé au maximum de ce qu'il pouvait attendre s'il amenait le peintre à l'aider d'une manière quelconque et même si ce n'était pas de manière décisive. C'est pourquoi il lui dit :

— Laissons donc de côté l'acquittement véritable mais vous avez encore mentionné deux autres possibilités.

— L'acquittement apparent et le report indéfini. Il ne peut s'agir que de ces deux éventualités, dit le peintre. Mais avant que nous en parlions, ne voulez-vous pas retirer votre veston ? On dirait que vous avez chaud.

— Oui, fit K. qui jusque-là n'avait prêté attention à rien d'autre qu'aux explications du peintre, mais qui, maintenant qu'on venait de lui rappeler la chaleur, eut le front ruisselant de sueur. C'est presque insupportable.

Le peintre hocha la tête comme s'il comprenait très bien le malaise de K.

— Ne pourrait-on ouvrir la fenêtre ? demanda K.

— Non, dit le peintre, c'est une simple vitre encastrée, on ne peut pas l'ouvrir.

K. s'en rendit compte soudain, il avait pendant tout ce temps espéré que le peintre ou lui irait à la fenêtre pour l'ouvrir d'un coup. Il était disposé à respirer même le brouillard à pleins poumons. L'impression de se trouver là, totalement coupé de l'air extérieur, lui donnait le vertige. Il frappa légèrement de la main sur le duvet à côté de lui et dit d'une voix faible :

— Mais c'est inconfortable et malsain.

— Oh ! non, dit le peintre pour prendre la défense de sa fenêtre, la chaleur est bien mieux retenue par ce simple carreau qu'on ne peut ouvrir que par une double fenêtre. Si je veux aérer, ce qui n'est pas très nécessaire car partout l'air pénètre par les fentes entre les planchers, je peux ouvrir une ou même les deux portes de ma chambre.

K., un peu rasséréné par cette explication, regarda autour de lui pour trouver la seconde porte. Le peintre s'en rendit compte et dit :

— Elle est derrière vous, il m'a fallu la barrer par le lit.

C'est alors seulement que K. remarqua la petite porte dans le mur.

— Ici tout est beaucoup trop petit pour un atelier, dit le peintre comme s'il voulait prévenir une remarque de K. Il m'a fallu m'installer comme j'ai pu. Le lit devant la porte, c'est naturellement un bien mauvais endroit. Le juge, par exemple, que je peins en ce moment entre toujours par la porte près du lit et je lui ai d'ailleurs donné une clé pour qu'il puisse m'attendre, ici à l'atelier, si je ne suis pas là. Or, c'est généralement le matin de bonne heure qu'il vient, quand je dors encore. Bien sûr, lorsque la porte s'ouvre à côté de mon lit, cela me tire toujours du sommeil le plus profond. Vous perdriez tout respect pour les juges si vous entendiez les jurons par lesquels je l'accueille, lorsque, le matin, de bonne heure, il passe sur mon lit. Je pourrais, il est vrai, lui reprendre la clé, mais ce n'en serait que pire. Ici, il suffit d'un effort minime pour arracher les portes de leurs gonds.

Pendant tout ce discours, K. se demanda s'il devait enlever son veston ; s'il ne le faisait pas, il serait incapable de rester ici plus longtemps, c'est pourquoi il le retira, le posa sur ses genoux, pour pouvoir, si la conversation devait déjà être arrivée à son terme, le remettre tout de suite. A peine l'avait-il enlevé qu'une des petites filles cria :

— Il a déjà enlevé son veston. Et on les entendait se presser toutes contre les fentes pour voir le spectacle.

— Les fillettes croient que je vais vous peindre et que c'est pour cette raison que vous vous déshabillez.

— Ah ! bon, fit K. que cela amusait fort peu car il ne se sentait pas beaucoup mieux que tout à l'heure, bien qu'il fût maintenant en manches de chemise. Il demanda presque avec brusquerie : Comment appeliez-vous déjà les deux autres possibilités ? Il avait encore une fois oublié les expressions employées.

— L'acquittement apparent et le report indéfini, dit le peintre. C'est à vous de choisir, tous deux sont accessibles grâce à mon aide, naturellement non sans peine ; la différence à cet égard est que l'acquittement apparent exige un effort concentré intermittent, et le report indéfini un effort beaucoup moindre, mais ininterrompu. Parlons d'abord de l'acquittement apparent. Si c'est celui-ci que vous désirez, je prends une feuille de papier et j'y écris une confirmation de votre innocence. Le texte d'une pareille confirmation m'a été transmis par mon père et il est absolument inattaquable. Je fais avec ce certificat le tour des juges que je connais. Ainsi je commence par présenter ce soir le certificat au juge dont je suis en train de faire le portrait lorsqu'il viendra poser. Je lui présente le certificat, je lui explique que vous êtes innocent et me porte garant de votre innocence. Ce n'est pas là une garantie purement formelle mais une caution qui m'engage.

Dans le regard du peintre, il y avait comme un reproche à l'adresse de K. de vouloir lui imposer le fardeau d'une telle garantie.

— Ce serait très aimable à vous, dit K. Et le juge vous croirait et ne m'acquitterait pourtant pas véritablement ?

— Comme je vous l'ai déjà dit, répondit le peintre. D'ailleurs, il n'est pas sûr que chacun me croira ; il peut y avoir un juge qui pourrait par exemple exiger que je vous conduise auprès de lui. Alors, il vous faudrait venir avec moi. Il est vrai que, dans ce cas, la cause est à moitié gagnée, étant donné surtout que je vous aurais instruit auparavant, très exactement, de ce que vous auriez à faire en présence du juge concerné. Ce qui est plus grave — et cela aussi arrive —, ce sont les juges qui me refoulent dès l'abord. Ceux-là, il faudra y renoncer, bien sûr, cela ne veut pas dire que je ne renouvellerai pas mes tentatives auprès d'eux. D'ailleurs, nous pouvons très bien nous en passer ; des juges isolés ne font pas le poids. Donc, lorsque j'aurai un nombre suffisant de signatures de juges, je me rendrai muni de ce certificat auprès du juge qui est justement en train de s'occuper de votre procès. Il est possible qu'il me donne lui aussi sa signature, en ce cas tout ira encore plus vite. En général il n'existe plus alors beaucoup d'obstacles ; c'est alors pour l'accusé l'époque où il se sent le plus rassuré. C'est curieux, mais vrai, les gens sont à ce moment-là plus rassurés qu'après l'acquittement. Il n'y a plus besoin d'efforts particuliers. Avec l'attestation, le juge est en possession de la garantie d'un grand nombre de juges, il peut vous acquitter sans se faire de soucis et après, il est vrai, l'accomplissement d'un certain nombre de formalités ; il le fera certainement pour m'être agréable à moi et faire plaisir à d'autres gens qu'il connaît. Mais vous, vous êtes dégagé du tribunal et êtes libre.

— Alors, je suis donc libre ? dit K. en hésitant.

— Oui ! dit le peintre, mais seulement libre en apparence ou, pour mieux dire, libre à échéance. Les juges de rang inférieur, en effet, parmi lesquels se trouvent ceux que je connais, n'ont pas le droit de prononcer un acquittement définitif, ce droit le seul tribunal suprême le possède, qui vous est, qui nous est à tous, tout à fait inaccessible. Nous ne savons pas du tout ce qui s'y passe et ne voulons pas non plus, soit dit en passant, le savoir. Nos juges donc n'ont pas le grand privilège de libérer quelqu'un de l'accusation, mais ils ont le droit, certes, de l'en détacher. C'est-à-dire, si vous êtes acquitté de cette façon, vous êtes, sur le moment, hors de portée de l'accusation, mais elle continue de planer au-dessus de vous et peut, dès l'instant où arriverait l'ordre d'en haut, entrer en action immédiatement. Comme j'ai de si bonnes relations avec le tribunal, je peux aussi vous dire comment on peut distinguer au sein des règlements des bureaux des tribunaux l'acquittement véritable et l'acquittement apparent.

» Dans un acquittement véritable les dossiers du procès sont enlevés, ils disparaissent totalement de la procédure, non seulement l'accusation mais même le procès et l'acquittement sont anéantis, tout est anéanti. Il en va autrement de l'acquittement apparent. Le dossier ne s'est trouvé en rien modifié, à ceci près qu'il s'est enrichi de l'attestation d'innocence, de l'acquittement et des attendus d'acquittement. Mais pour le reste il demeure en instance, il est transmis aux tribunaux supérieurs comme l'exige la constante circulation entre les bureaux des tribunaux, il revient aux tribunaux inférieurs et va et vient ainsi avec des oscillations et des arrêts plus ou moins grands. Ces voies-là sont imprévisibles. De l'extérieur on peut avoir parfois l'impression que tout est oublié depuis longtemps, que le dossier s'est perdu et que l'acquittement est entier. Mais un initié n'en croit rien. Aucun dossier ne se perd, le tribunal ne connaît pas l'oubli. Un beau jour — personne ne s'y attendait —, un juge quelconque prend le dossier en main avec plus d'attention, s'aperçoit que, pour ce cas, l'accusation est encore vivante et ordonne l'arrestation immédiate. J'ai supposé qu'entre l'acquittement apparent et la nouvelle arrestation s'écoule un temps fort long, c'est possible, et je connais de tels cas, mais il est tout aussi possible que l'acquitté revienne du tribunal et que chez lui déjà des préposés attendent pour l'arrêter de nouveau. Alors c'en est naturellement fini de la vie libre.

— Et le procès recommence ? demanda K. presque incrédule.

— En effet, dit le peintre. Le procès recommence mais tout comme avant, il existe la possibilité d'obtenir un acquittement apparent. De nouveau il faut rassembler toutes ses forces et ne pas s'avouer vaincu.

Cela, le peintre le dit, peut-être, sous le coup de l'impression que lui faisait K., lequel s'était un peu affaissé sur lui-même.

— Mais un second acquittement, interrogea K., comme s'il voulait, cette fois, prévenir les révélations que le peintre pourrait faire, n'est-il pas plus difficile à obtenir que le premier ?

— On ne peut rien dire de certain à cet égard. Vous voulez peut-être dire que les juges sont influencés défavorablement à l'égard de l'accusé par cette seconde arrestation ? Ce n'est pas le cas. Les juges ont déjà prévu cette arrestation en prononçant leur acquittement. Ce fait joue donc à peine. Mais pour une foule d'autres raisons, en effet, l'état d'esprit des juges peut changer, tout comme l'appréciation du cas et c'est pourquoi il faut que les efforts pour obtenir ce second acquittement soient adaptés aux circonstances nouvelles et être au moins aussi puissants qu'avant le premier acquittement.

— Mais ce second acquittement à son tour n'est pas définitif, dit K. en tournant la tête.

— Naturellement pas, dit le peintre. Le second acquittement est suivi de la troisième arrestation, le troisième acquittement de la quatrième arrestation et ainsi de suite. Cela est impliqué par la seule idée d'acquittement apparent.

K. se tut.

— L'acquittement apparent, visiblement ne vous semble pas avantageux. Peut-être le report indéfini vous convient-il mieux ? Dois-je vous en expliquer la nature ?

K. hocha la tête. Le peintre s'était bien calé dans son fauteuil, sa chemise de nuit était largement ouverte, il y avait glissé une main qu'il se passait sur la poitrine et les flancs.

— Le report, dit le peintre, regardant un instant, fixement, droit devant lui comme s'il cherchait une explication entièrement satisfaisante, le report consiste en ceci que le procès est constamment maintenu à son niveau inférieur. Pour arriver à cela, il est nécessaire que l'accusé et la personne qui l'aide, celle-ci surtout, restent en rapports personnels ininterrompus avec le tribunal. Je le répète, cela ne demande pas autant d'efforts qu'un acquittement apparent, mais il faut une attention beaucoup plus grande. On n'a pas le droit de perdre le procès de vue, il faut aller voir le juge concerné, à intervalles réguliers et à certaines occasions, et chercher à le faire rester bien disposé ; si on ne connaît pas le juge personnellement, il faut le faire influencer par d'autres juges que l'on connaît, sans pour autant pouvoir laisser de côté les consultations. Si on ne laisse rien échapper on peut supposer de façon assez certaine que le procès ne dépassera pas le stade initial. Le procès, certes, ne s'arrête pas, mais l'accusé est autant garanti contre une condamnation que s'il était libre. Par rapport à l'acquittement apparent le report indéfini a l'avantage que l'avenir de l'accusé est moins incertain, il est à l'abri de l'effroi des arrestations soudaines et n'a pas à craindre d'être obligé d'assumer les efforts et l'énervement nécessaires pour arriver à l'acquittement apparent, cela à des moments, par exemple, où les circonstances extérieures sont justement les moins favorables.

» Il est vrai que le report indéfini a aussi pour l'accusé des inconvénients que l'on ne doit pas sous-estimer. Je ne pense pas ici au fait que l'accusé n'est jamais libre, il ne l'est pas plus au vrai sens du terme dans l'acquittement apparent. Il y a un autre inconvénient. Le procès ne peut pas s'arrêter sans motifs au moins apparents. C'est pourquoi il faut que quelque chose se passe. Donc de temps en temps diverses mesures doivent être prises, l'accusé doit subir des interrogatoires, des instructions doivent être menées et ainsi de suite. Il faut que le procès soit sans cesse mis en mouvement à l'intérieur du petit cercle auquel il a été artificiellement réduit. Cela entraîne bien entendu certains inconvénients pour l'accusé mais qu'il ne faut pas non plus vous exagérer. Tout cela est seulement extérieur, les interrogatoires ainsi sont très brefs ; si une fois on n'a pas le temps ou l'envie d'y aller, on peut s'excuser, on peut même fixer les dates longtemps d'avance avec certains juges, l'essentiel c'est qu'en tant qu'accusé on se présente de temps à autre auprès de son juge.

Pendant que le peintre disait ces derniers mots, K. avait mis son veston sur son bras et s'était levé.

— Il se lève déjà ! entendit-on aussitôt crier dehors devant la porte.

— Vous voulez déjà vous en aller ? demanda le peintre qui s'était levé aussi. C'est certainement l'air qui vous chasse d'ici, j'en suis navré. J'aurais encore bien des choses à vous dire. Il fallait que je sois très succinct. Mais j'espère m'être fait comprendre.

— Oh, oui ! dit K. la tête endolorie des efforts qu'il avait faits pour écouter. Malgré cette confirmation le peintre dit, résumant tout encore une fois, comme s'il voulait donner à K. une consolation à emporter pour le chemin du retour :

— Les deux méthodes ont ceci en commun qu'elles empêchent une condamnation de l'accusé.

— Mais elles empêchent aussi le véritable acquittement, dit K. doucement, comme s'il avait honte de s'être aperçu de cela.

— Vous avez perçu le fond de la chose, dit le peintre rapidement.

K. posa la main sur son manteau d'hiver mais ne put se décider à mettre son veston. Il aurait aimé prendre le tout sur son bras et se précipiter dehors. Les fillettes même n'arrivaient pas à le décider à s'habiller — or, d'avance, elles se criaient les unes aux autres qu'il était en train de le faire. Il importait au peintre de savoir quel était l'état d'esprit de K. C'est pourquoi il lui dit :

— Vous ne vous êtes pas décidé pour ce qui est de mes propositions ; je vous approuve. Je vous aurais même déconseillé de vous décider tout de suite. Un cheveu sépare les avantages et les désavantages. Il faut tout peser exactement. Il est vrai qu'on ne doit pas perdre trop de temps.

— Je reviendrai bientôt, dit K. qui mit son veston, sous le coup d'une décision subite, jeta son manteau sur son épaule et se précipita vers la porte, derrière laquelle les fillettes maintenant se mettaient à crier. K. croyait les voir à travers la porte.

— Mais il vous faut tenir parole, dit le peintre qui ne l'avait pas suivi, sinon, je viendrai à la banque vous le demander.

— Mais ouvrez donc la porte, dit K. en agitant la poignée que les fillettes retenaient dehors de l'autre côté, K. le remarquait à la pression qui s'exerçait en sens contraire.

— Vous voulez vraiment que les petites filles vous importunent ? demanda le peintre. Utilisez donc plutôt cette sortie-ci, et il montra la porte derrière le lit. K. fut d'accord et il retourna d'un bond vers le lit. Mais au lieu d'ouvrir la porte, le peintre se glissa sous le lit et d'en bas demanda :

— Rien qu'un instant encore ; ne voudriez-vous pas voir un tableau que je pourrais vous vendre ?

K. ne voulait pas être impoli, le peintre s'était vraiment occupé de lui et il avait promis de l'aider encore ; de plus, à cause de la distraction de K., la question du dédommagement pour l'aide apportée n'avait pas du tout encore été abordée ; c'est pourquoi K. ne pouvait pas refuser et il se fit montrer le tableau bien qu'il tremblât d'impatience de sortir enfin de l'atelier. Le peintre tira de dessous le lit une pile de toiles non encadrées, à ce point couvertes de poussière que celle-ci, lorsque le peintre tenta de la souffler, resta longtemps à tournoyer, étouffante, devant les yeux de K.

— Un paysage de landes, dit le peintre en tendant le tableau à K. Il représentait deux arbres pâles, qui poussaient dans l'herbe sombre, loin l'un de l'autre. A l'arrière-plan se voyait un coucher de soleil multicolore.

— C'est bien, dit K., je l'achète.

Il s'était exprimé de cette façon sèche, sans même réfléchir ; aussi fut-il content que le peintre, au lieu de prendre cela mal, se soit mis à soulever un second tableau ;

— Voici un pendant du premier.

Peut-être avait-il été conçu comme le pendant du premier, mais il n'y avait pas la moindre différence, les arbres, l'herbe, le coucher de soleil étaient pareils. Mais peu importait à K.

— Ce sont de beaux paysages, dit-il. Je les achète tous les deux et je les mettrai dans mon bureau.

— Le motif semble vous plaire, dit le peintre et il prit un troisième tableau : Ça tombe bien, j'ai encore ici un tableau semblable.

Mais il n'était pas semblable, il était exactement pareil, c'était le même paysage de landes. Le peintre utilisait fort bien l'occasion de vendre de vieux tableaux.

— Je prends encore celui-ci, dit K. Combien coûtent les trois tableaux ?

— De cela nous pourrons parler bientôt. Vous semblez pressé et, de toute façon, nous resterons en relation. D'ailleurs, je suis content que les tableaux vous plaisent, je vais vous donner tous ceux que j'ai là-dessous. Ce sont tous des paysages de landes, j'en ai déjà peint beaucoup. Il y a des gens qui refusent ces tableaux-là, parce qu'ils les trouvent lugubres, mais d'autres, et vous, vous êtes de ceux-là, aiment justement ce qui est lugubre.

Mais K. n'avait pas l'esprit à écouter le peintre-mendiant parler de ses expériences professionnelles.

— Emballez-moi tous ces tableaux ! dit-il en interrompant le peintre. Mon domestique viendra demain les chercher.

— Ce n'est pas la peine dit le peintre, je vais vous fournir un porteur qui va tout de suite aller avec vous. Et il se pencha enfin par-dessus le lit et il ouvrit la porte.

— Montez sans crainte sur le lit, dit le peintre, tout le monde le fait.

K. de toute façon n'aurait pas pris de précautions, il avait déjà mis un pied sur la couette lorsque, regardant par la porte ouverte, il eut un mouvement de recul.

— Qu'est-ce que c'est ? demanda-t-il au peintre.

— Mais qu'est-ce qui vous étonne donc ? demanda celui-ci étonné à son tour. Ce sont les bureaux du tribunal. Vous ne saviez pas qu'il y avait des bureaux ici ? Des bureaux du tribunal, il y en a dans presque tous les greniers, pourquoi n'y en aurait-il pas ici ? Mon atelier fait, lui aussi, partie des bureaux du tribunal, mais le tribunal l'a mis à ma disposition.

Ce qui avait effrayé K. ce n'était pas tellement qu'il y ait aussi des bureaux du tribunal ici, c'était lui-même, c'était son ignorance des choses judiciaires. Etre toujours préparé, ne jamais se laisser surprendre, ne pas regarder à droite sans se douter de rien, quand à gauche le juge est déjà là, voilà qui lui avait toujours paru être la règle de base du comportement de l'accusé ; or, c'était à cette règle qu'il contrevenait toujours. Devant lui s'étendait une longue galerie où soufflait un air en comparaison duquel celui de l'atelier semblait rafraîchissant. Des bancs étaient installés des deux côtés de la galerie, exactement comme dans la salle d'attente des bureaux dont K. relevait.

Il semblait exister des prescriptions rigoureuses pour l'installation des bureaux. Il n'y avait pas à cet instant beaucoup de monde. Un homme était assis là, à demi couché, la figure enfouie dans ses bras à même le banc ; il paraissait dormir ; un autre se tenait debout dans la pénombre à l'extrémité de la galerie.

K. enfin passa par-dessus le lit ; le peintre le suivit

avec les tableaux. Ils ne tardèrent pas à rencontrer un appariteur — K. reconnaissait maintenant tous les appariteurs à ce bouton doré qu'ils portaient à leur costume civil sous les boutons ordinaires — ; le peintre le chargea d'accompagner K. et de porter les tableaux. K. chancelait plus qu'il ne marchait, il pressait son mouchoir contre la bouche. Ils étaient déjà arrivés près de la sortie lorsque les fillettes se jetèrent sur eux ; donc cette rencontre ne fut pas elle non plus épargnée à K. Elles s'étaient sans doute aperçues que l'on avait ouvert la seconde porte de l'atelier et elles avaient fait le détour pour entrer par ce côté.

— Je ne peux vous accompagner plus loin, s'écria le peintre, en riant, cerné par les fillettes. Au revoir ! Et ne réfléchissez pas trop longtemps !

K. ne se retourna même pas. Dans la rue, il prit la première voiture qu'il rencontra. Il lui tardait de se débarrasser de l'appariteur dont le bouton doré ne cessait d'attirer son regard, même si personne d'autre, probablement, ne le remarquait. Entraîné par son zèle, l'appariteur voulut même monter sur le siège du cocher, mais K. l'en fit descendre. Midi était passé, depuis longtemps, lorsque K. arriva devant la banque. Il aurait bien laissé les tableaux dans la voiture mais il craignait une occasion quelconque où il serait forcé de prouver au peintre qu'il les avait. C'est pourquoi, il les fit transporter dans son bureau et il les enferma dans sa table de travail dans le tiroir tout en bas, pour les mettre, pour ces prochains jours au moins, à l'abri du regard du directeur général adjoint.

Chapitre huitième

Le négociant Block. —
K. se sépare de son avocat.

K. s'était enfin décidé à retirer sa défense à l'avocat. Certes, il ne parvenait pas à se débarrasser de ses doutes quant au bien-fondé d'une telle décision, mais la conviction prévalait que cela était nécessaire. Cette résolution lui avait coûté beaucoup de sa force de travail. Le jour où il avait voulu se rendre auprès de l'avocat, il travaillait avec une grande lenteur et il dut rester très longtemps au bureau, et il était déjà dix heures passées lorsqu'il arriva devant la porte de l'avocat. Avant même de sonner il se demanda s'il ne valait pas mieux lui donner congé par téléphone ou par lettre ; la conversation en tête à tête serait certainement très pénible. Et pourtant, en fin de compte, K. ne voulut pas renoncer à cette entrevue, car, s'il lui signifiait son congé de tout autre manière, l'avocat y répondrait par une ou deux formules toutes faites et si Leni n'arrivait pas à savoir quelque chose, il n'apprendrait jamais de quelle manière celui-ci avait accueilli son renvoi ni les conséquences que ce renvoi pourrait avoir du point de vue de l'avocat, lequel point de vue n'était pas dépourvu d'importance. Assis en face de l'avocat et lui assenant la nouvelle de sa destitution, il lui serait facile de déchiffrer tout ce qu'il voudrait sur son visage et dans ses gestes, même si l'avocat devait garder ses impressions pour lui. Il n'était d'ailleurs pas exclu que l'avocat arrive à le persuader qu'il serait bon de lui laisser sa défense et qu'il revienne sur sa décision.

Le premier coup de sonnette à la porte de l'avocat

resta comme d'habitude sans effet. « Leni pourrait tout de même se dépêcher un peu plus », pensa K. Mais il était heureux que le locataire d'en face au moins ne s'en mêlat point, comme de coutume, un homme en robe de chambre qui se mettait à proférer des injures. Pendant que K. appuyait sur le bouton de la sonnette pour la seconde fois, il se retourna une fois encore vers la porte d'en face mais celle-ci resta fermée. Finalement deux yeux apparurent au judas de la porte, mais ce n'étaient pas ceux de Leni. Quelqu'un ouvrit la porte mais cria tout en pesant encore contre elle : « C'est lui ! » et n'ouvrit complètement qu'après. K. avait tenté de forcer le passage car il entendait déjà qu'on tournait en hâte la clé dans la serrure de la porte d'en face. C'est pourquoi il fit littéralement irruption dans l'antichambre lorsque la porte s'ouvrit enfin tout à fait. Il put encore voir dans le couloir qui séparait les chambres Leni s'enfuir en chemise de nuit ; c'était bien à elle que s'était adressé l'avertissement de l'homme qui lui avait ouvert. Il la suivit encore un instant des yeux et puis il le regarda. C'était un homme petit et sec, avec une grande barbe, qui tenait une bougie à la main.

— Vous êtes employé ici ? demanda K.

— Non, répondit l'homme, je ne suis pas de la maison, l'avocat n'est que mon défenseur, je suis ici pour une affaire judiciaire.

— Sans veste ? demanda K. faisant voir d'un geste de la main à quel point l'homme était insuffisamment vêtu.

— Oh ! pardonnez-moi ! dit l'homme s'éclairant lui-même avec la bougie, comme s'il voyait pour la première fois dans quelle tenue il était.

— Leni est votre maîtresse ? demanda K. brièvement. Il avait un peu écarté les jambes et croisé derrière son dos ses mains qui tenaient son chapeau. Rien que d'être vêtu d'un épais manteau le faisait se sentir supérieur au petit homme chétif et maigre.

— Oh ! mon Dieu, dit celui-ci, levant sa main devant son visage pour se protéger et parce que effrayé. Non, non, qu'allez-vous donc imaginer ?

— Vous avez l'air sincère, dit K. en souriant, mais

venez quand même. De son chapeau il lui fit signe de venir et le fit marcher devant lui.

— Comment vous appelez-vous donc ? demanda K. en chemin.

— Block, le négociant Block, dit le petit homme en se tournant vers K., mais K. ne le laissa pas s'arrêter.

— Est-ce votre vrai nom ? demanda K.

— Certes, répondit-il, pourquoi, vous avez donc des doutes ?

— Je pensais que vous pouviez avoir des raisons de cacher votre nom, dit K.

Il se sentait libre comme on ne l'est qu'à l'étranger à parler avec de petites gens devant qui on garde pour soi tout ce qui vous concerne mais devant qui on parle avec sérénité des affaires d'autrui, ce qui les grandit à leurs propres yeux mais permet aussi de les laisser tomber quand on veut. K. s'arrêta à la porte du cabinet de travail de l'avocat, il l'ouvrit et dit au négociant qui docilement avait continué à avancer :

— Ne soyez donc pas si pressé, éclairez donc par ici ! K. pensait que Leni pourrait s'être cachée ici, il fit explorer tous les coins par le négociant mais la pièce était vide. Devant le portrait du juge, K. retint le négociant par ses bretelles, dans le dos.

— Vous le connaissez, celui-là ? demanda-t-il en levant l'index. Le négociant leva la bougie, leva les yeux en les clignant et dit :

— C'est un juge.

— Un juge de rang élevé ? demanda K. en se mettant de côté devant le négociant pour observer l'effet que le portrait faisait sur lui. Le négociant leva les yeux, admiratif :

— C'est un juge de haut rang, dit-il.

— Vous n'y connaissez pas grand-chose, dit K. Parmi les juges d'instruction de rang inférieur, c'est le plus petit de tous.

— Maintenant je me le rappelle, dit le négociant en abaissant la bougie. Moi aussi je l'ai déjà entendu dire.

— Mais bien sûr, s'écria K., j'avais oublié, bien sûr, vous avez dû vous aussi l'entendre dire.

— Mais pourquoi, pourquoi donc ? demanda le négociant allant en direction de la porte, poussé en avant par K.

Dehors dans le couloir K. dit :

— Vous savez, bien sûr, où Leni s'est cachée.

— Cachée ? dit le négociant. Non pas, elle doit être à la cuisine en train de préparer la soupe pour l'avocat.

— Pourquoi ne l'avez-vous pas dit tout de suite ? demanda K.

— Je voulais vous y conduire, mais vous m'avez rappelé, répondit le négociant, comme troublé par les ordres contradictoires.

— Vous croyez sûrement être très malin, dit K., alors conduisez-moi donc.

K. n'avait encore jamais été à la cuisine ; elle était d'une grandeur surprenante et bien équipée. Rien que le fourneau était trois fois plus grand qu'un fourneau ordinaire ; on ne voyait pas d'autres détails, car la cuisine n'était éclairée que par une petite lampe accrochée à l'entrée. Leni en tablier blanc, comme toujours, était devant le fourneau et elle cassait des œufs au-dessus d'une casserole posée sur un réchaud à alcool.

— Bonsoir Joseph, dit-elle avec un regard de côté.

— Bonsoir, dit K., montrant de la main un siège à l'écart au négociant. Mais il s'approcha tout près de Leni par-derrière, il se pencha par-dessus son épaule et lui demanda :

— Qui est cet homme ?

Leni enlaça K. d'un bras, de l'autre main elle tournait la cuiller dans la casserole ; elle l'attira vers elle et lui dit :

— C'est un homme à plaindre, un malheureux négociant, un certain Block, mais regarde-le donc.

Ils se retournèrent tous deux. Le négociant était assis sur le siège que K. lui avait indiqué, il avait soufflé la bougie dont la lumière était maintenant inutile et du doigt il appuyait sur la mèche pour l'empêcher de fumer.

— Tu étais en chemise, dit K. qui de la main lui fit de nouveau tourner la tête vers le fourneau.

Elle se tut.

— C'est ton amant ? demanda K.

Elle voulut prendre la casserole mais K. lui saisit les deux mains et lui dit :

— Allons, réponds !

— Viens dans le cabinet de travail, lui dit-elle, je vais tout t'expliquer.

— Non, dit K., je veux que tu t'expliques ici.

Elle s'accrocha à lui et voulut l'embrasser. K. la repoussa et dit :

— Je ne veux pas que tu m'embrasses maintenant.

— Joseph, dit Leni en le regardant de manière suppliante et pourtant franche, tu ne vas tout de même pas être jaloux de M. Block.

Puis se tournant vers le commerçant elle dit :

— Rudi, aide-moi donc, tu vois bien, on me suspecte, laisse donc la bougie tranquille.

On aurait pu croire que celui-ci n'avait pas fait attention mais il était parfaitement au courant :

— Je ne vois pas, moi non plus, pourquoi vous pourriez bien être jaloux, dit celui-ci, qui manifesta peu d'esprit de répartie.

— Au fond, je ne le sais pas moi non plus, dit K., qui regarda le négociant en souriant. Leni éclata de rire et utilisa ce moment d'inattention de K. pour se pendre à son bras et murmurer :

— Laisse-le donc, tu vois bien quelle sorte d'homme c'est. Je me suis un peu occupée de lui parce qu'il est un client important de l'avocat, pour cette raison uniquement. Et toi ? Veux-tu parler à l'avocat ce soir encore ? Il est très malade aujourd'hui, mais si tu le veux je vais aller t'annoncer. Cette nuit tu restes avec moi, n'est-ce pas ? D'ailleurs ça fait si longtemps que tu n'es pas venu chez nous, même l'avocat a demandé de tes nouvelles. Ne néglige pas ton procès ! Moi aussi, j'ai à te communiquer diverses choses que j'ai apprises. Mais d'abord retire ton manteau.

Elle l'aida à se déshabiller, lui enleva son chapeau et courut accrocher ses affaires au vestiaire, puis elle revint en courant surveiller sa soupe.

— Est-ce que je dois t'annoncer ou lui apporter sa soupe d'abord ?

— Annonce-moi d'abord, dit K.

Il était mécontent, il avait envisagé de parler avec Leni de façon détaillée de son affaire et en particulier de la question de savoir s'il fallait donner congé à l'avocat, mais la présence du négociant lui en avait enlevé l'envie. Or il trouvait son affaire trop importante pour que ce petit négociant puisse s'en mêler de façon peut-être décisive ; aussi rappela-t-il Leni qui se trouvait déjà dans le couloir :

— Apporte-lui tout de même la soupe d'abord, dit-il, il faut qu'il prenne des forces pour l'entretien qu'il va avoir avec moi, il en aura besoin.

— Vous êtes aussi un client de l'avocat ? dit doucement le négociant dans son coin, comme si c'était une constatation. Mais mal lui en prit.

— En quoi est-ce que cela vous regarde ? dit K.

— Vas-tu te tenir tranquille ? Bon, alors je vais d'abord lui porter la soupe, dit Leni en s'adressant à K. et elle versa la soupe dans une assiette. Il est seulement à craindre qu'il s'endorme, il s'endort aussitôt qu'il a mangé.

— Ce que j'ai à lui dire va le tenir éveillé, dit K., voulant sans cesse faire entrevoir qu'il envisageait de traiter de quelque chose d'important avec l'avocat, il voulait que Leni l'interroge pour savoir ce que c'était et lui demander conseil. Mais elle exécutait seulement, ponctuellement, les ordres qu'on lui donnait. Lorsqu'elle passa avec la tasse à côté de lui, elle le heurta exprès doucement et chuchota :

— Je t'annoncerai dès qu'il aura mangé sa soupe pour que je te retrouve le plus tôt possible.

— Va donc ! dit K. Va donc.

— Sois un peu plus aimable, dit-elle se retournant encore une fois tout d'une pièce avec sa tasse, sur le pas de sa porte

K. la suivit des yeux ; c'était enfin décidé, il allait congédier l'avocat, mieux valait peut-être d'ailleurs ne pas en parler d'abord avec Leni ; elle ne pouvait guère avoir de vue d'ensemble, elle le lui aurait sûrement déconseillé et aurait fort bien pu pour cette fois empêcher K. de donner congé à l'avocat, il serait demeuré dans le doute et l'inquiétude et puis, quelque temps plus tard, il aurait tout de même mis sa décision à exécution, car elle était par trop irrévocable. Mais plus tôt il l'exécuterait, plus il limiterait les dégâts. Peut-être le négociant avait-il quelque chose à dire à ce sujet.

K. se retourna. A peine le négociant l'avait-il remarqué qu'il voulut se lever.

— Restez assis, dit K. et il alla s'asseoir à côté de lui.

— Vous êtes déjà un vieux client de l'avocat ? demanda K.

— Oui, dit le négociant, un très vieux client.

— Depuis combien d'années assure-t-il votre défense ? demanda K.

— Je ne sais pas comment vous l'entendez, dit le négociant ; pour les affaires de droit commercial — j'ai un commerce de grain —, il est mon avocat depuis que j'ai repris l'affaire, donc depuis vingt ans ; dans mon propre procès, auquel vous faites probablement allusion, il est mon avocat également depuis le début, et ça fait plus de cinq ans. Oui, plus de cinq ans, ajouta-t-il en sortant un vieux portefeuille, voilà, j'ai tout noté ici ; si vous voulez, je peux vous dire les dates exactes. Il est difficile de se souvenir de tout. Mon procès dure d'ailleurs sûrement depuis bien plus longtemps ; il a commencé peu après la mort de ma femme, et cela fait plus de cinq ans et demi.

K. se rapprocha davantage de lui.

— L'avocat se charge donc aussi d'affaires juridiques ordinaires ? demanda-t-il. K. trouva extrêmement rassurant qu'il y ait ainsi un rapport entre les tribunaux et les diverses sciences juridiques.

— Bien sûr, dit le négociant et il chuchota à K. : On dit même qu'il est meilleur dans ces affaires-là que dans les autres.

Mais ensuite, il parut regretter ce qu'il venait de dire, il mit une main sur l'épaule de K. et lui dit :

— Je vous en prie, ne me trahissez pas.

K. pour le tranquilliser, lui frappa la cuisse et dit :

— Non, je ne suis pas un traître.

— Il est vindicatif, vous savez !

— Il ne fera sûrement rien contre un client aussi fidèle que vous, dit K.

— Oh ! si, dit le négociant, quand il est énervé, il ne connaît pas de différences, d'ailleurs je ne lui suis pas vraiment fidèle.

— Comment cela ? demanda K.

— Je ne sais pas si je puis vous le confier, demanda le négociant en proie au doute.

— Je pense que vous le pouvez, dit K.

— Eh, bien ! dit le négociant, je vais vous le confier en partie, mais il faut que vous aussi vous me confiez un secret pour que nous nous tenions l'un l'autre face à l'avocat.

— Vous êtes très prudent, dit K., mais je vais vous dire un secret qui va pleinement vous rassurer. Alors en quoi consiste donc votre infidélité à l'égard de l'avocat ?

— J'ai, dit le négociant, de façon hésitante et comme s'il avouait quelque chose de malhonnête, j'ai encore d'autres avocats à part lui.

— Mais ce n'est pas quelque chose de bien grave, fit K. un petit peu déçu.

— Ici c'est grave, dit le négociant qui respirait difficilement après l'aveu qu'il venait de faire, mais qui reprit un peu confiance après la remarque que K. venait de faire.

— Ce n'est pas permis. Et ce qui est moins permis encore c'est de prendre en plus d'un avocat attitré des avocats marrons. Et c'est précisément ce que j'ai fait, à part lui, j'ai encore cinq avocats clandestins.

— Cinq ! s'écria K. que ce nombre avait plongé dans l'étonnement. Cinq avocats en plus de celui-ci ?

Le négociant hocha la tête.

— Et je suis justement en pourparlers avec un sixième.

— Mais à quoi peuvent bien vous servir tous ces avocats ? demanda K.

— J'ai besoin d'eux tous, dit le négociant.

— Ne voulez-vous pas m'expliquer cela ? demanda K.

— Volontiers, dit le négociant. Ce que je veux surtout, c'est ne pas perdre mon procès, c'est évident. C'est pourquoi je ne puis rien négliger de ce qui pourrait m'être utile ; même si, dans un cas bien précis, il y a peu d'espoir pour que quelque chose soit utile, je n'ai pas le droit de le négliger. C'est pourquoi j'ai mis tout ce que je possède dans le procès. C'est ainsi par exemple que j'ai retiré tout mon argent de mon affaire ; jadis mes bureaux remplissaient presque un étage, aujourd'hui une petite pièce dans un bâtiment sur cour où je travaille avec un apprenti me suffit. Ce recul n'est pas dû seulement au retrait de l'argent mais aussi à la diminution de ma capacité de travail. Quand on veut faire quelque chose pour son procès, on ne peut plus beaucoup s'occuper du reste.

— Vous travaillez donc vous-même auprès du tribunal ? demanda K. C'est justement là-dessus que je voudrais avoir des renseignements.

— Je ne peux pas vous en dire grand-chose, dit le négociant. Au début, j'ai essayé moi aussi, mais très vite j'ai abandonné. C'est trop épuisant et ne sert pas à grand-chose. Travailler là-bas soi-même et y négocier s'est avéré, pour moi au moins, tout à fait impossible. Rien que d'y être assis et d'attendre est déjà un grand effort. Vous connaissez vous-même l'atmosphère étouffante dans les bureaux du tribunal.

— Comment savez-vous que je m'y suis rendu ? demanda K.

— Je me trouvais justement dans la salle d'attente lorsque vous êtes passé.

— Ça alors, quel hasard ! s'écria K., tout à fait captivé en oubliant à quel point il avait trouvé le négociant ridicule. Vous m'avez donc vu ! Vous étiez dans la salle d'attente lorsque je suis passé. Oui, j'y suis passé une fois.

— Ce n'est pas un bien grand hasard, dit le négociant, j'y suis presque tous les jours.

— Je vais sûrement, moi aussi, être obligé d'y aller plus souvent maintenant, dit K., seulement je ne serai plus accueilli avec autant de marques de considération que cette fois-là. Tout le monde s'était levé, on a dû penser que j'étais un juge.

— Non, dit le négociant, nous avons ce jour-là salué l'appariteur. Nous savions que vous étiez un accusé. De telles nouvelles se répandent très vite.

— Vous le saviez donc déjà ? dit K., alors mon comportement a dû peut-être vous paraître orgueilleux. Est-ce qu'on en a parlé ?

— Non, dit le négociant, au contraire. Mais ce sont des bêtises.

— Quelles bêtises ? demanda K.

— Pourquoi m'interrogez-vous là-dessus ? demanda le négociant avec colère. Vous ne semblez pas encore connaître les gens, là-bas, et vous allez peut-être le prendre de travers. Il faut bien vous dire que dans cette procédure, sans cesse des choses sont dites que l'on n'arrive plus à comprendre ; on est tout simplement trop fatigué et trop distrait pour bien des choses et du coup on se rabat sur des superstitions. Je parle des autres mais moi-même je ne vaux pas mieux. Une de ces superstitions, par exemple, veut que beaucoup de gens prétendent reconnaître l'issue du procès sur le visage de l'accusé et surtout au dessin des lèvres. Or ces gens ont prétendu que, d'après le dessin des vôtres, vous seriez condamné, à coup sûr et bientôt. Je le répète, c'est une superstition ridicule, d'ailleurs réfutée par les faits dans la plupart des cas ; mais lorsqu'on vit dans cette société-là, il est bien difficile d'échapper à des idées de ce genre. Vous allez voir à quel point cette superstition est forte. Vous avez bien adressé la parole à quelqu'un, là-bas, n'est-ce pas ? Mais, c'est à peine s'il a pu vous répondre. Il y a naturellement beaucoup de raisons pour être troublé en un tel endroit, mais la vue de vos lèvres en était une aussi. Plus tard, il a raconté qu'il avait aussi lu sur vos lèvres le signe de sa propre condamnation.

— Mes lèvres ? interrogea K. qui sortit un miroir de sa poche et se regarda. Je ne vois rien de particulier à mes lèvres. Et vous ?

— Moi non plus, dit le négociant, absolument rien.

— Comme ces gens sont superstitieux ! s'écria K.

— Ne vous l'ai-je pas dit ? fit le négociant.

— Mais se fréquentent-ils tant que cela et échangent-ils leurs points de vue ? dit K. Moi, jusque-là, je me suis tenu tout à fait à l'écart.

— En règle générale, ils ne se fréquentent pas, dit le négociant, ce ne serait guère possible, ils sont trop nombreux. Ils n'ont guère d'intérêts communs. Lorsque parfois une croyance commune se fait jour au sein d'un groupe, elle ne tarde pas à se révéler erronée. Rien ne peut être obtenu en commun du tribunal. Chaque cas est examiné pour lui-même, c'est le tribunal le plus soigneux qui soit. En commun, donc, on ne peut rien obtenir ; seul un individu isolé réussit parfois à obtenir quelque chose, en secret ; ce n'est qu'une fois cela obtenu que les autres l'apprennent ; personne ne sait comment cela est arrivé. Il n'y a donc pas de communauté, on se rencontre de temps à autre dans les salles d'attente mais on n'y discute guère. Les opinions superstitieuses existent depuis toujours et s'accroissent à la lettre, d'elles-mêmes.

— J'ai vu ces messieurs là-bas dans la salle d'attente, dit K., ils me semblaient attendre tout à fait inutilement.

— L'attente n'est pas inutile, dit le négociant. La seule chose inutile, c'est intervenir soi-même. Je vous l'ai déjà dit, en plus de celui-ci, j'ai maintenant cinq avocats. On aurait pu croire — moi-même je l'ai cru au début — que j'allais pouvoir leur abandonner entièrement toute l'affaire. Mais ce serait une grande erreur. Je peux encore moins la leur abandonner que si je n'avais qu'un seul avocat. Cela vous ne le comprenez sûrement pas ?

— Non, dit K., et pour empêcher le négociant de continuer à parler si vite, il mit sa main sur la sienne pour le rassurer. Je voudrais vous demander de parler un peu plus lentement, il s'agit là de toute une série de choses très importantes pour moi et je n'arrive pas très bien à vous suivre.

— C'est très bien que vous me le rappeliez, dit le négociant, vous êtes un nouveau, un jeune. Votre procès est vieux de six mois, n'est-ce pas ? Oui, j'en ai entendu parler. Un procès tout jeune encore ! Moi, ces choses-là, j'y ai déjà pensé d'innombrables fois, elles sont pour moi ce qu'il y a de plus évident au monde.

— Vous êtes certainement content que votre procès en soit à un stade aussi avancé ? interrogea K. ; il ne voulait pas demander directement où en étaient les affaires du négociant. Il n'obtint d'ailleurs pas de réponse bien claire.

— Oui, j'ai traîné mon procès, cinq ans durant, fit le négociant en baissant la tête et ce n'est pas une petite prouesse.

Il se tut quelques instants. K. prêtait l'oreille pour savoir si Leni revenait. D'une part, il ne voulait pas qu'elle vienne car il avait encore beaucoup de questions à poser et il ne voulait pas non plus être surpris par Leni en train de converser familièrement avec le négociant, mais d'autre part, il était irrité qu'elle restât si longtemps auprès de l'avocat, bien qu'il fût là, plus longtemps qu'il n'était nécessaire pour lui apporter la soupe.

— Je me rappelle exactement cette époque, recommença à dire le négociant, et K., aussitôt, fut tout attention, où mon procès avait l'âge du vôtre. Je n'avais en ce temps-là que cet avocat, mais je n'en étais pas très content.

« Voilà, j'apprends tout », pensa K., et il hocha vivement la tête comme s'il pouvait inciter le négociant à dire tout ce qu'il valait la peine de savoir.

— Mon procès, continua le négociant, ne progressait pas ; il y avait bien sûr des enquêtes, je m'y rendais chaque fois, je rassemblais du matériel, déposai tous mes livres de compte auprès du tribunal, ce qui, je l'appris plus tard, n'était pas même nécessaire, je ne cessais de courir chez l'avocat, il a lui-même déposé divers recours.

— Divers recours ? demanda K.

— Oui certes, répondit le négociant.

— Cela est très important pour moi, dit K. ; en ce qui me concerne, il est toujours en train de travailler au premier recours. Il n'a encore rien fait. Je le vois maintenant, il me néglige de façon scandaleuse.

— Il peut y avoir plusieurs raisons tout à fait justifiées au fait que le recours ne soit pas encore prêt, dit le négociant. D'ailleurs, plus tard, il s'est avéré que mes recours à moi n'avaient aucune valeur. J'en ai lu un moi-même, grâce à l'obligeance d'un fonctionnaire du tribunal. C'était très savant mais dépourvu de tout contenu. Il y avait surtout beaucoup de latin, que je ne comprends pas, puis sur des pages entières des invocations au tribunal, puis des flatteries pour tels fonctionnaires en particulier, qui, certes, n'étaient pas désignés par leur nom mais qu'un initié reconnaissait à coup sûr, puis des éloges de lui-même avec des passages où il s'humiliait véritablement à la manière d'un chien devant le tribunal et enfin des examens de jurisprudences des temps anciens, semblables, paraît-il, à mon cas.

Ces investigations, pour autant que je pouvais les suivre, étaient faites très soigneusement. Avec tout cela je ne veux pas porter de jugement sur le travail de l'avocat ; de plus, le recours que j'ai lu n'en était qu'un parmi plusieurs autres ; quoi qu'il en soit, et c'est de cela que je veux vous parler maintenant, je ne voyais nul progrès dans mon procès.

— Mais quel progrès vouliez-vous donc y voir ? demanda K.

— Votre question est très raisonnable, dit le négociant en souriant. On voit rarement des progrès dans ce genre de procédures. Mais, en ce temps-là, je ne le savais pas encore. Je suis négociant et je l'étais bien plus alors qu'aujourd'hui, je voulais des progrès palpables, il fallait que le tout s'achemine vers sa conclusion ou du moins s'élève graduellement, comme il est de règle. Au lieu de cela, il n'y avait que des interrogatoires dont le contenu était, la plupart du temps, pareil ; mes réponses étaient déjà toutes prêtes, comme une litanie ; plusieurs fois par semaine des coursiers du tribunal arrivaient dans mes bureaux, chez moi ou partout où ils pouvaient me rencontrer ; cela, naturellement, me dérangeait (aujourd'hui, c'est bien mieux, le coup de téléphone dérange beaucoup moins) ; parmi mes relations d'affaires, mais tout particulièrement dans ma famille, des bruits commençaient à se répandre sur mon procès, j'étais donc lésé de tous côtés, mais il n'y avait pas le plus petit signe indiquant que la moindre session du tribunal allait avoir lieu au cours des jours prochains.

» J'allai donc voir l'avocat pour me plaindre. Il me donna, il est vrai, de fort longues explications, mais refusa catégoriquement d'aller en quoi que ce soit dans le sens que je lui indiquai ; personne, disait-il, ne pouvait avoir d'influence sur la date de la session du tribunal, et poser la question au moyen d'un recours — ainsi que je le voulais —, c'était tout simplement incroyable et entraînerait ma perte et la sienne.

» Donc je me dis : ce que cet avocat ne veut ou ne peut pas, un autre le voudra et le pourra. J'en cherchai donc un autre. Et pour que ce soit dit, une bonne fois : aucun d'entre eux n'a exigé ni obtenu la date de la session judiciaire principale, cela est impossible, c'est vrai, à une réserve près, cependant, dont j'ai encore à vous parler ; sur ce point l'avocat ne m'a pas trompé ; mais pour le reste je n'ai pas eu à regretter de m'être adressé à d'autres avocats en plus.

» Il est fort probable que le Dr Huld vous ait déjà dit certaines choses sur les avocats marrons, il vous les a sûrement décrits comme des gens fort méprisables, et ils le sont en effet. Mais chaque fois pourtant qu'il parle d'eux et compare ses collègues à eux, il commet une petite faute que je voudrais vous faire remarquer en passant. Il nomme toujours les avocats de son milieu, pour les en distinguer, les « grands avocats ». Cela est faux, chacun naturellement peut se dire grand, si cela lui plaît, mais, dans ce cas précis, c'est le seul usage judiciaire qui en décide ; or, selon celui-ci, il existe outre les avocats marrons de petits et de grands avocats.

» Cet avocat et ses collègues ne sont que les petits avocats, les grands avocats, dont j'ai seulement entendu parler et que je n'ai jamais vus, sont hiérarchiquement bien plus haut au-dessus des petits avocats que ceux-ci ne sont supérieurs aux avocats marrons qu'ils méprisent tellement.

— Les grands avocats ? demanda K., qui sont-ils donc ? Comment arrive-t-on auprès d'eux ?

— Vous n'en avez donc jamais entendu parler ? dit le négociant. Il n'existe guère d'accusé qui, après avoir entendu parler d'eux, n'ait pas rêvé d'eux quelque temps. Il vaut mieux ne pas vous laisser aller à cela. Je ne sais pas qui sont les grands avocats, et il ne doit guère être possible d'avoir accès à eux. Je ne connais aucun cas dont on puisse dire avec certitude qu'ils soient intervenus. Ils défendent certaines personnes, mais cela.

on ne peut l'obtenir de par sa volonté propre, ils ne défendent que qui ils veulent défendre. Mais il faut que la cause dont ils s'occupent ait déjà dépassé le stade du tribunal inférieur. D'ailleurs il vaut mieux ne pas penser à eux, sinon les entrevues avec les autres avocats et leurs démarches paraissent à ce point répugnantes et inutiles, j'en ai fait l'expérience moi-même, qu'on préférerait tout laisser tomber, aller se coucher et ne plus entendre parler de rien. Mais cela, en retour, serait bien ce qu'on pourrait faire de plus bête ; d'ailleurs au lit on ne serait pas tranquille bien longtemps.

— Vous ne pensez donc pas aux grands avocats ? demanda K.

— Pas bien longtemps, dit le négociant et il se remit à sourire ; les oublier complètement, ce n'est malheureusement pas possible, la nuit surtout est propice aux pensées de cette sorte. Mais en ce temps-là ce que je voulais, c'était des succès immédiats, c'est pourquoi j'allais voir les avocats marrons.

— Comme vous voilà assis ensemble ! s'écria Leni qui était revenue, rapportant l'assiette, et qui s'était arrêtée sur le pas de la porte. Ils étaient assis tout près l'un de l'autre, leurs têtes se seraient heurtées s'ils les avaient tournées si peu que ce soit. Etant donné la petite taille du négociant qui, de plus, se tenait le dos voûté, K. était contraint lui aussi de se pencher très en avant s'il voulait entendre quelque chose.

— Un instant encore, s'écria K., comme pour repousser Leni et un tressaillement d'impatience parcourut sa main qui reposait encore sur celle du négociant.

— Il voulait que je lui parle de mon procès, dit le négociant à Leni.

— Raconte, raconte donc ! lui dit-elle. Elle parlait au négociant de façon affectueuse mais aussi avec condescendance ; cela déplut à K. ; comme il s'en était rendu compte, cet homme avait une certaine valeur, au moins avait-il de l'expérience, et il savait la communiquer à autrui. Leni probablement le jugeait mal. Il la regarda irrité enlever au négociant la bougie qu'il avait tenue pendant tout ce temps lui essuyer la main avec son tablier et puis s'agenouiller à côté de lui pour gratter un peu de cire qui avait goutté sur son pantalon.

— Vous vouliez me parler des avocats marrons, fit K., et, sans un mot de plus, il repoussa la main de Leni.

— Mais qu'est-ce que tu veux donc ? demanda Leni, faisant mine de frapper K. et continuant ce qu'elle était en train de faire.

— Oui, parler des avocats marrons, dit le négociant en se passant la main sur le front comme s'il réfléchissait.

K. voulut l'aider et dit :

— Vous vouliez avoir des succès immédiats et c'est pourquoi vous êtes allé voir les avocats marrons.

— Très juste, dit le négociant, mais sans continuer. « Peut-être ne veut-il pas parler de cela devant Leni », pensa K. ; il surmonta son impatience à entendre le reste tout de suite et ne poussa pas plus avant.

— M'as-tu annoncé ? demanda-t-il à Leni.

— Naturellement, dit celle-ci, il t'attend. Laisse Block maintenant, tu pourras parler avec Block, plus tard, puisqu'il reste ici.

K. hésita encore.

— Vous restez ici ? demanda-t-il au négociant ; il voulait que celui-ci lui réponde en personne et n'admettait pas que Leni parlât du négociant comme d'un absent ; aujourd'hui il était plein d'une colère rentrée contre elle.

Et une fois encore ce fut la seule Leni qui répondit :

— Il dort souvent ici.

— Il dort ici ? s'exclama K. ; il avait pensé que le négociant l'attendrait pendant que lui-même liquiderait rapidement l'entrevue avec l'avocat ; ils s'en iraient ensuite de concert et parleraient de tout de façon approfondie, sans être dérangés.

— Oui, dit Leni, tout le monde n'est pas comme toi, Joseph, introduit à toute heure du jour auprès de l'avocat. Tu ne sembles nullement étonné que l'avocat, malgré sa maladie, te reçoive encore à onze heures du soir. Tu considères ce que font tes amis pour toi par trop comme allant de soi. Or, tes amis, ou tout au moins moi, nous le faisons volontiers. Je ne veux pas d'autres remerciements et je n'ai pas besoin d'autres remerciements que de ton affection. « T'aimer bien ? » pensa K. au premier instant et puis ce n'est qu'alors que cela lui traversa la tête : « Mais oui, je l'aime bien. » Et pourtant il dit, négligeant tout le reste :

— Il me reçoit parce que je suis son client. Si même pour cela en plus il fallait de l'aide, il faudrait à chaque pas à la fois quémander et dire merci.

— Il est terrible aujourd'hui n'est-ce pas ? dit Leni au négociant.

« Maintenant l'absent, c'est moi », pensa K. et il fut presque fâché contre le négociant, lorsque celui-ci, faisant sienne l'impolitesse de Leni, dit :

— L'avocat le reçoit pour d'autres raisons encore. Son cas est en effet plus intéressant que le mien. De plus son procès n'en est qu'à ses débuts, donc pas encore très embourbé et l'avocat aime encore s'en occuper. Plus tard, ce sera autre chose.

— Oui, oui, dit Leni en regardant le négociant en riant, ce qu'il bavarde ! Tu ne dois — sur ces mots elle se tourna vers K. — rien croire de ce qu'il te raconte. Il est aussi bavard qu'il est gentil. C'est peut-être pour cela que l'avocat ne peut le souffrir. En tout cas, il ne le reçoit que quand il est de bonne humeur. Je me suis déjà donné beaucoup de peine pour changer cela, mais c'est impossible. Rends-toi compte, parfois j'annonce Block et il ne le reçoit que trois jours plus tard. Mais si Block n'est pas présent au moment où il est appelé, tout est perdu et il faut l'annoncer de nouveau. C'est pourquoi j'ai permis à Block de dormir ici ; il est déjà arrivé qu'il ait sonné en pleine nuit pour l'appeler. Maintenant donc Block est prêt aussi la nuit. Il est vrai que l'avocat, lorsqu'il s'aperçoit que Block est là, annule parfois la convocation.

K. regarda le négociant d'un air interrogateur. Celui-ci hocha la tête et dit avec la franchise avec laquelle il s'était tout à l'heure adressé à K. — peut-être la honte le rendait-elle distrait :

— Oui, on finit par être très dépendant de son avocat.

— Il ne se plaint que pour faire semblant, dit Leni. Il

aime beaucoup dormir ici, comme il me l'a déjà souvent avoué.

Elle s'approcha d'une petite porte qu'elle ouvrit d'une poussée.

— Veux-tu voir sa chambre à coucher? demanda-t-elle.

K. s'approcha et du seuil regarda la pièce basse et sans fenêtre, complètement occupée par un lit étroit. On ne pouvait arriver dans ce lit qu'en en escaladant le pied. A la tête du lit, une excavation dans le mur où se trouvaient méticuleusement rangés une bougie, un encrier, un porte-plume ainsi qu'une liasse de papiers, vraisemblablement des documents de procédure.

— Vous dormez dans la chambre de bonne? demanda K. en se retournant vers le négociant.

— Leni me l'a arrangée, c'est très avantageux.

K. le regarda longtemps ; la première impression que lui avait faite le négociant était probablement tout de même la bonne ; de l'expérience il en avait, car son procès durait depuis longtemps déjà, mais elle avait été chèrement acquise.

Tout à coup K. ne supporta plus la vue du négociant.

— Mets-le donc au lit! cria-t-il à Leni, qui ne paraissait pas du tout le comprendre.

Lui, il voulait se rendre auprès de l'avocat et en le congédiant se libérer non seulement de celui-ci mais aussi de Leni et du négociant. Or, avant même qu'il ne fût arrivé à la porte, le négociant s'adressa à lui parlant à voix basse :

— Monsieur le Fondé de pouvoir.

K. se retourna, le visage mauvais.

— Vous avez oublié votre promesse, dit le négociant, et il s'inclina en avant dans une attitude suppliante. Vous vouliez encore me confier un secret.

— C'est vrai, dit K. jetant un coup d'œil vers Leni qui le regardait attentivement. Eh! bien écoutez : ce n'est même plus un secret. Je vais chez l'avocat maintenant pour le congédier.

— Il le congédie! s'écria le négociant, et il se leva d'un bond de son siège et fit le tour de la cuisine les bras levés. Sans cesse il criait :

— Il congédie l'avocat !

Leni voulait se précipiter sur K. mais le négociant se mit sur son chemin ; c'est pourquoi elle lui donna un coup de ses deux poings fermés. Puis les poings toujours serrés elle courut derrière K. qui avait pourtant une grande avance. Il était déjà entré dans la chambre de l'avocat lorsque Leni le rattrappa. Il avait presque refermé la porte derrière lui, mais Leni, qui, du pied, avait coincé la porte, le prit par le bras et voulut le ramener en arrière. Mais il lui serra le poignet avec tant de force qu'elle dut le lâcher en poussant un gémissement. Elle n'osa pas entrer dans la chambre et K. ferma la porte à clé.

— Il y a déjà longtemps que je vous attends, dit l'avocat depuis son lit, et il posa un dossier qu'il était en train de lire à la lumière d'une bougie sur la petite table de nuit, mit des lunettes et jeta un regard aigu vers K.

Au lieu de s'excuser K. dit ·

— Je vais repartir bientôt.

L'avocat n'avait pas relevé la remarque de K. parce que ce n'était pas une excuse.

— Bientôt je ne vous donnerai plus accès auprès de moi à une heure aussi tardive.

— Cela va au-devant de mes vœux, dit K.

L'avocat le regarda interrogateur.

— Asseyez-vous, dit-il.

— Puisque vous le souhaitez, dit K. qui tira un fauteuil jusqu'à la petite table de nuit et s'assit.

— Il m'a semblé que vous avez fermé la porte à clé, dit l'avocat.

— Oui, dit K., c'est à cause de Leni.

Il avait l'intention de n'épargner personne. Mais l'avocat demanda :

— Vous a-t-elle encore importuné ?

— Importuné ? demanda K.

— Oui, dit l'avocat tout en riant ; il eut une quinte de toux et recommença à rire une fois celle-ci apaisée. — Vous avez certainement déjà eu l'occasion de remarquer qu'elle était importune ? demanda-t-il, et il frappa légèrement la main de K. que celui-ci avait distraitement appuyée sur la petite table de nuit et qu'il retira précipitamment.

— Vous ne semblez pas y attacher beaucoup d'importance, dit l'avocat devant le silence de K., tant mieux. Sinon il m'aurait peut-être fallu l'excuser auprès de vous. C'est une bizarrerie de Leni que je lui ai d'ailleurs pardonnée depuis longtemps et dont je n'aurais pas parlé si vous n'aviez pas fermé la porte à clé. A vous, moins qu'à personne, je devrais expliquer cette bizarrerie-là, mais vous me regardez d'un air tellement déconcerté que je vais le faire : cette bizarrerie consiste en ceci : tous les accusés, Leni les trouve beaux. Elle s'accroche à tous, les aime tous et semble, il est vrai, être aimée de tous ; pour me distraire, parfois, quand je le lui permets, elle me raconte certaines choses à ce propos. Je suis moins étonné de tout cela que vous, vous semblez l'être. Quand on a le coup d'œil qu'il faut, on trouve souvent les accusés vraiment beaux. Cela est un phénomène curieux, presque de l'ordre des sciences naturelles. Naturellement, l'accusation n'entraîne pas de modification précise, exactement décelable de l'apparence extérieure. Mais on ne peut pas non plus comparer cela aux autres affaires judiciaires ; en effet la plupart des gens continuent à vivre comme avant et ne sont pas gênés par le procès s'ils ont un bon avocat qui s'occupe d'eux. Et pourtant les gens qui ont de l'expérience en ce domaine seront capables de reconnaître, un à un, les accusés dans la foule la plus grande. A quoi ? allez-vous demander. Ma réponse ne vous satisfera pas. Les accusés simplement sont les plus beaux. Ce qui les rend beaux ce n'est pas d'être coupables, certainement, car — je suis bien obligé d'en convenir en tant qu'avocat — tous ne sont tout de même pas coupables. Ce n'est pas non plus la punition qui déjà les rend beaux, car tous ne sont pas punis, ce ne peut donc tenir qu'à la procédure intentée contre eux et qui les marque de quelque manière. Il est vrai que parmi les beaux accusés, il en est de particulièrement beaux. Mais beaux, ils le sont tous, même Block, ce misérable vermisseau.

Lorsque l'avocat eut terminé K. était prêt, il avait

même ostensiblement hoché la tête aux derniers propos de l'avocat, se donnant en quelque sorte confirmation à lui-même de ce qui avait toujours été son opinion : l'avocat ne cherchait, et c'était cette fois encore le cas, qu'à le distraire par des considérations générales qui n'avaient rien à voir avec l'affaire, pour le détourner de la question essentielle, à savoir ce qu'il avait véritablement fait pour sa cause.

L'avocat devait se rendre compte que K., cette fois, offrait plus de résistance que d'habitude car il se tut pour donner à K. la possibilité de parler lui-même et comme K. ne dit rien, il demanda :

— Etes-vous venu me voir aujourd'hui avec une intention précise ?

— Oui, dit K., et de la main il masqua un peu la lumière de la bougie pour mieux voir l'avocat ; je voulais vous dire qu'à partir d'aujourd'hui, je vous retire le droit de me représenter.

— Est-ce que je vous comprends bien ? demanda l'avocat se levant à demi dans son lit en s'appuyant de la main sur les coussins.

— Je le suppose, dit K., assis là, le corps dressé, comme aux aguets.

— Eh bien, nous pouvons aussi parler de ce projet-là, dit l'avocat après un moment.

— Ce n'est plus un projet, dit K.

— Cela se peut bien, dit l'avocat, cependant nous n'allons rien précipiter.

Il utilisa le mot « nous », comme s'il n'avait pas l'intention de lâcher K., comme s'il voulait au moins rester son conseiller, s'il ne devait plus être son défenseur.

— Ce n'est pas précipité, dit K. en se levant lentement et en se mettant derrière son fauteuil. C'est bien réfléchi et peut-être même trop. Ma décision est définitive.

— En ce cas permettez-moi encore quelques mots, dit l'avocat en écartant l'édredon et en s'asseyant sur le bord du lit. Ses jambes nues aux poils blancs tremblaient de froid. Il demanda à K. de lui passer sa couverture qui se trouvait sur le canapé. K. alla chercher la couverture et dit :

— Vous allez prendre froid inutilement.

— Le motif est assez important pour cela, fit l'avocat en s'enveloppant le corps de l'édredon puis les jambes de la couverture.

— Votre oncle est mon ami, et vous aussi, au fil du temps, m'êtes devenu cher. Je vous l'avoue franchement. Je n'ai aucune raison d'en avoir honte.

Ces discours touchants du vieil homme étaient fort importuns pour K., car ils le forçaient à donner des explications détaillées qu'il aurait bien voulu éviter et elles le troublaient par-dessus le marché, comme il se l'avouait franchement, même si elles ne pouvaient pas, il est vrai, le faire revenir sur sa décision.

— Je vous remercie pour vos dispositions amicales, dit-il, je reconnais d'ailleurs que vous vous êtes occupé de mon affaire autant qu'il vous était possible et qu'il vous paraissait opportun de le faire. Pourtant, ces derniers temps, j'en suis arrivé à la conviction que ce n'est pas suffisant. Naturellement, je ne vais pas essayer de vouloir vous convaincre, vous, un homme tellement plus âgé et expérimenté que moi ; si je l'ai parfois tenté, involontairement, excusez-moi, mais l'affaire est, comme vous l'avez dit vous-même, suffisamment importante et je suis convaincu qu'il est nécessaire d'intervenir dans le procès bien plus vigoureusement que cela n'a été fait jusque-là.

— Je vous comprends, dit l'avocat, vous êtes impatient.

— Je ne suis pas impatient, dit K. un peu agacé et faisant moins attention aux mots qu'il prononçait : Vous avez dû remarquer à ma première visite, lorsque je suis venu avec mon oncle chez vous, que le procès ne m'importait guère ; quand, pour ainsi dire, on ne me contraignait pas à m'en souvenir, je l'oubliais complètement. Mais mon oncle insistait pour que je vous confie ma défense, je le fis pour lui être agréable. On aurait pu, dès lors, s'attendre à ce que le procès soit rendu plus facile encore pour moi qu'avant, car si on se fait représenter par un avocat, c'est pour se soulager un peu du fardeau d'un procès. Mais c'est le contraire qui est arrivé. Jamais je n'ai eu autant de soucis pour mon procès que depuis que vous me défendez. Quand j'étais seul, je n'entreprenais rien concernant mon affaire, et c'est à peine si je la sentais, or voici que j'avais un défenseur. Tout était donc fait pour qu'il se passe quelque chose ; de plus en plus tendu, je ne cessais d'attendre votre intervention, mais rien ne se produisit. Il est vrai que vous m'avez communiqué diverses choses à propos du tribunal que je n'aurais peut-être obtenues de personne d'autre. Mais cela ne saurait me suffire maintenant où le procès, à la lettre, se rapproche, secrètement, de plus en plus de moi.

K. avait repoussé son fauteuil et il se tenait debout, les mains dans les poches de son gilet.

— A partir d'un certain temps de pratique, dit l'avocat doucement et posément, il ne se produit pour l'essentiel plus guère de choses nouvelles. Combien de clients à des stades semblables de leur procès se sont, semblablement à vous, tenus devant moi et ont dit des choses semblables !

— En ce cas, tous ces clients semblables ont eu tout autant raison que moi. Cela ne me réfute en rien.

— Je ne voulais pas vous réfuter, dit l'avocat, mais je voulais tout de même ajouter que j'attendais de votre part davantage de force de jugement que chez les autres, étant donné surtout que je vous ai davantage mis au courant du fonctionnement de la justice et de mon métier d'avocat que je n'ai coutume de le faire pour mes clients. Or je suis obligé de constater que, malgré tout cela, vous n'avez pas suffisamment confiance en moi, vous ne me facilitez pas les choses.

Comme l'avocat s'humiliait devant K. ! Et sans aucun égard pour son honneur professionnel, particulièrement sensible sur ce point. Et pourquoi le faisait-il ? Il était pourtant, à en croire les apparences, un homme fort occupé et, par-dessus le marché, un homme riche ; le manque à gagner et la perte d'un client ne devaient pas lui importer beaucoup. De plus il était maladif et aurait dû lui-même souhaiter qu'on le déchargeât de son travail. Et cependant, il tenait à K. ! Pourquoi ? Etait-ce sympathie personnelle pour l'oncle ou bien considérait-il le procès de K. comme extraordinaire et espérait-il s'y illustrer, ou bien était-ce pour K. lui-même, ou bien — cette possibilité n'était jamais à exclure — pour ses amis du tribunal ? Malgré le sans-gêne avec lequel K. le regardait, il ne pouvait rien déceler de ce qui se passait en lui. On pouvait même supposer qu'il attendait, le visage volontairement fermé, l'effet de ses paroles. Mais peut-être interprétait-il le silence de K. par trop en sa faveur en continuant en ces termes :

— Vous aurez remarqué que j'ai certes d'importants bureaux mais que je n'emploie pas d'auxiliaires. Jadis c'était tout autre chose ; il y eut un temps où quelques jeunes juristes travaillaient pour moi ; aujourd'hui je travaille seul. Cela est pour une part en rapport avec la modification de mon activité d'avocat, je me limite de plus en plus à des affaires juridiques dans le genre de la vôtre et pour une autre part aux connaissances de plus en plus approfondies que m'ont données ce genre d'affaires. J'ai trouvé que je n'avais le droit de laisser ce travail à personne si je ne voulais pas me rendre coupable à l'égard de mes clients ou de la charge que j'avais acceptée. Mais la décision de faire tout le travail moi-même a entraîné des conséquences ; il m'a fallu repousser presque toutes les demandes d'assistance et je ne pouvais accepter que celles qui me touchaient de près. Or il se trouve que les gens prêts à se jeter sur les moindres miettes que je laisse tomber ne manquent pas et même tout à proximité ! De plus je tombai malade à force de surmenage. Pourtant, je ne regrette pas ma décision, j'aurais dû probablement refuser plus de causes encore que je ne l'ai fait, mais il s'est avéré absolument nécessaire que je m'adonne complètement aux procès que j'avais acceptés et les succès remportés m'en ont récompensé. Un jour, dans un texte, j'ai trouvé, très bien formulée la différence qui existe entre la défense dans les causes ordinaires et la défense dans ces causes-ci. On y disait ceci : L'avocat des premières mène son client jusqu'au jugement par un fil, le second, lui, le prend sur les épaules et le porte, sans le déposer, jusqu'au verdict et même au-delà. C'est bien cela. Mais il n'est pas tout à fait vrai de dire que je ne regrette jamais d'avoir entrepris ce gros travail. Quand, comme c'est le cas pour vous, ce travail est totalement méconnu, je le regrette presque.

Ces discours rendaient K. plus impatient qu'ils ne le convainquaient. Il croyait en quelque sorte percevoir dans le timbre de voix de l'avocat ce qui l'attendait. S'il cédait, les bonnes paroles recommenceraient, les indications sur les progrès du recours et sur l'amélioration des dispositions des fonctionnaires du tribunal ; il lui ferait aussi remarquer les graves difficultés qui s'opposaient au travail ; bref, tout cela connu à satiété, on allait le ressortir pour tromper K. par de vagues espoirs et le tourmenter par des menaces imprécises.

Cela, il fallait l'empêcher définitivement, c'est pourquoi il dit :

— Que comptez-vous entreprendre si je vous laisse la défense de mes intérêts ?

L'avocat se soumit même à cette humiliante question et répondit :

— Continuer ce que j'ai déjà entrepris pour vous.

— Je le savais bien ! dit K., tout ce que vous pourrez dire encore est désormais inutile.

— Je vais encore faire une tentative, dit l'avocat comme si ce qui irritait K. n'arrivait pas à K. mais à lui. J'ai l'impression que votre façon de mal apprécier mon assistance judiciaire et tout votre comportement viennent de ce que l'on vous a trop bien traité quoique vous soyez un accusé, ou plutôt, pour parler plus exactement, de ce qu'on vous a traité avec négligence, du moins apparemment avec négligence. Cela également a ses bonnes raisons ; il vaut souvent mieux être enchaîné que libre. Mais je voudrais tout de même vous faire voir comment on traite d'autres accusés ; peut-être saurez-vous en tirer la leçon. Je vais en effet faire venir Block ; ouvrez la porte et asseyez-vous ici, à côté de la table de nuit !

— Volontiers, fit K., et il fit ce que l'avocat demandait ; il était toujours disposé à apprendre. Mais pour en tout cas prendre des assurances, il demanda encore :

— Mais vous avez bien pris note que je vous retire ma défense ?

— Oui, dit l'avocat, mais vous pouvez revenir sur votre décision aujourd'hui encore.

Il se recoucha dans son lit, remonta le duvet jusqu'au menton et se tourna vers le mur. C'est alors qu'il sonna.

Leni fit son apparition presque au moment même où la sonnette retentit ; par de rapides coups d'œil, elle chercha à savoir ce qui s'était passé ; elle fut rassurée de voir K. assis tranquille, près du lit de l'avocat. Elle fit en souriant un signe de tête à K. qui la regardait fixement.

— Va chercher Block, dit l'avocat ; mais au lieu d'aller le chercher, elle alla jusqu'à la porte et cria :

— Block ! chez l'avocat ! et puis, probablement parce que l'avocat restait détourné vers le mur et ne s'occupait de rien, elle se glissa derrière le fauteuil de K. A partir de cet instant elle l'importuna en se penchant par-dessus le dossier du fauteuil et en lui passant la main dans les cheveux ou sur les joues, il est vrai très délicatement et très précautionneusement. K. tenta de l'en empêcher en lui prenant la main, qu'après quelques résistances, elle ne chercha plus à retirer.

Block était venu dès qu'on l'avait appelé, mais il s'arrêta sur le pas de la porte et semblait se demander s'il devait entrer ou non. Il leva les sourcils et pencha la tête comme s'il écoutait pour savoir si on allait réitérer l'ordre de se rendre auprès de l'avocat. K. aurait pu l'inviter à entrer, mais il avait résolu de rompre définitivement non seulement avec l'avocat mais aussi avec tout ce qu'il y avait dans ce logement ; c'est pourquoi il ne broncha pas. Leni aussi se tut. Block constata que personne au moins ne le chassait et entra sur la pointe des pieds, le visage tendu, les mains crispées dans le dos. La porte, il l'avait laissée ouverte en vue d'un repli éventuel. Pas un seul instant il ne regarda K., mais il ne cessait de fixer l'épais édredon sous lequel on ne pouvait pas même voir l'avocat car il s'était mis tout près du mur. Mais on entendit alors sa voix :

— Block, là ?

Cette question fut au sens propre un coup dans la poitrine puis dans le dos de Block qui avait déjà fait un bon bout de chemin en avant. Il chancela, resta debout profondément courbé en avant et dit :

— A votre service.

— Que veux-tu ? demanda l'avocat, tu viens mal à propos.

— Ne m'a-t-on pas appelé ?

Se posant plus la question à lui-même qu'à l'avocat, il tenait ses mains devant lui pour se protéger et il était prêt à s'en aller en courant.

— On t'a appelé et pourtant tu viens mal à propos.

Et après une pause il ajouta :

— Tu viens toujours mal à propos.

Depuis que l'avocat parlait, Block ne regardait plus le lit, mais fixait un coin quelconque et se contentait de prêter l'oreille, comme si la vue de celui qui parlait était trop éblouissante pour qu'il pût la supporter. Mais écouter était difficile car l'avocat parlait vers le mur à voix basse et vite.

— Voulez-vous que je m'en aille ? demanda Block.

— Maintenant que tu es là, reste !

On aurait pu croire que l'avocat n'avait pas accompli le vœu de Block mais l'avait menacé, disons, de le battre car Block se mit vraiment à trembler.

— Hier, dit l'avocat, j'étais chez mon ami le troisième juge, et, peu à peu, j'ai mis la conversation sur toi. Tu veux savoir ce qu'il a dit ?

— Oh, s'il vous plaît, dit Block.

Comme l'avocat ne répondit pas immédiatement, Block répéta une fois encore sa prière et s'inclina comme s'il voulait s'agenouiller. Alors K. l'invectiva :

— Qu'est-ce que tu fais ? s'écria-t-il.

Comme Leni avait voulu l'empêcher de crier, il lui prit l'autre main et ce n'est pas par amour qu'il les lui serrait ; elle poussait d'ailleurs des gémissements et cherchait à dégager ses mains.

Mais Block fut puni de l'exclamation qu'avait poussée K. car l'avocat lui demanda :

— Qui est donc ton avocat ?

— C'est vous, dit Block.

— Et à part moi ? demanda l'avocat.

— Personne à part vous, dit Block.

— Alors, ne suis personne d'autre ! dit l'avocat.

Block fut tout à fait d'accord ; il toisait K. de regards furieux et lui adressait de violents signes de tête. Si on avait traduit ce comportement en paroles, cela aurait donné des injures grossières. Et c'est avec cet individu-là que K. avait voulu amicalement parler de son affaire !

— Je ne vais plus te déranger, dit K. rejeté en arrière dans son fauteuil. Agenouille-toi ou rampe à quatre pattes, fais ce que tu veux. Peu m'importe.

Mais Block avait tout de même le sens de l'honneur, à l'égard de K. tout au moins, car il se dirigea vers lui en agitant les poings et cria aussi fort qu'il pouvait l'oser en présence de l'avocat :

— Vous n'avez pas le droit de me parler ainsi, cela n'est pas permis. Pourquoi m'offensez-vous ? Et par-dessus le marché ici, en présence de monsieur l'avocat où tous deux, vous et moi, ne sommes tolérés que par charité. Vous n'êtes pas quelqu'un de mieux que moi, car vous aussi vous êtes accusé et vous avez aussi un procès. Mais si vous êtes un monsieur malgré tout, j'en suis un moi aussi, et peut-être même plus grand que vous. Et je veux qu'on s'adresse à moi en conséquence et surtout vous. Mais si vous vous croyez privilégié parce que vous êtes assis là et que vous pouvez m'écouter tranquillement, pendant que moi je rampe, comme vous dites, à quatre pattes, laissez-moi vous rappeler ce vieil adage judiciaire : pour le suspect mieux vaut le mouvement que le repos, car celui qui se repose peut toujours, sans le savoir, se trouver sur le plateau d'une balance et être pesé avec tous ses péchés.

K. ne dit rien ; les yeux immobiles, il regardait avec étonnement cet homme troublé. Que de changements s'étaient opérés en lui rien qu'au cours de cette dernière heure ! Etait-ce le procès qui le jetait ainsi d'un côté et de l'autre et ne lui permettait pas de distinguer entre l'ami et l'ennemi ? Ne voyait-il pas que l'avocat l'humiliait exprès et n'avait cette fois pour seule intention que d'étaler son pouvoir devant K. et peut-être de le soumettre lui aussi ? Mais si Block n'était pas capable de s'en rendre compte et s'il avait peur de l'avocat au point que tout ce qu'il avait appris ne pouvait lui être d'aucun secours, comment se faisait-il alors qu'il fût assez malin et audacieux pour tromper l'avocat et lui cacher qu'en dehors de lui, il faisait aussi travailler d'autres avocats ? Et comment osait-il attaquer K. qui pouvait très bien trahir son secret à l'instant même ? Mais il osa plus encore, il alla jusqu'au lit de l'avocat et se mit à se plaindre de K. :

— Monsieur l'avocat, dit-il, avez-vous entendu de quelle façon cette homme m'a parlé ? Son procès n'est encore vieux que de quelques heures et déjà il veut me donner des leçons, à moi qui suis en procès depuis cinq ans. Il m'injurie même. Il ne sait rien et m'injurie, moi qui, autant que me le permettent mes faibles forces, ai exactement étudié ce que les convenances, les devoirs et les usages judiciaires impliquaient.

— Ne t'occupe de personne, dit l'avocat et fais ce qui te semble juste.

— Certes, dit Block comme s'il s'encourageait lui-même et, en jetant un bref regard de côté, il s'agenouilla tout près du lit. Je suis déjà à genoux, mon avocat, dit-il.

Mais l'avocat se taisait. Block caressait avec précaution le duvet d'une main. Et au milieu du silence qui régnait Leni dit, en se dégageant des mains de K. :

— Tu me fais mal. Laisse-moi, je vais avec Block.

Elle alla s'asseoir sur le bord du lit. Block fut très content ; aussitôt par gestes il lui demanda d'intervenir pour lui auprès de l'avocat. Il avait, apparemment, un besoin urgent des informations que l'avocat allait lui communiquer mais peut-être dans le seul but de les faire exploiter par ses autres avocats. Leni savait probablement très bien comment circonvenir l'avocat ; elle montra la main de celui-ci et pointa les lèvres comme pour donner un baiser. Aussitôt Block exécuta le baise-main et, sur l'invite de Leni, il le répéta même deux fois de suite. Mais l'avocat se taisait toujours. Alors Leni se pencha au-dessus de lui ; la beauté de son corps se révéla tout entière ; ainsi inclinée, au-dessus de sa figure elle passa la main sur les longs cheveux blancs de l'avocat. Cela l'obligea à répondre :

— J'hésite à lui en faire part, dit l'avocat et on le voyait un peu secouer la tête, peut-être pour davantage profiter de la pression de la main de Leni. Block écoutait, la tête penchée, comme si, en prêtant l'oreille, il transgressait un commandement.

— Pourquoi hésites-tu donc ? interrogea Leni.

K. avait l'impression d'écouter une conversation apprise qui s'était déjà répétée souvent et qui allait encore se répéter souvent et qui ne restait neuve que pour le seul Block.

— Comment s'est-il comporté aujourd'hui ? demanda l'avocat en guise de réponse.

Avant de donner son opinion sur ce sujet Leni baissa les yeux sur Block et l'observa un instant joindre les mains vers lui et les frotter l'une contre l'autre dans un geste de supplication. Finalement elle hocha la tête d'un air grave, se tourna vers l'avocat et dit :

— Il s'est tenu tranquille et il a été appliqué.

Un vieux négociant, un homme à la longue barbe, suppliait une jeune fille de lui donner un bon bulletin. Même s'il avait, ce faisant, des arrière-pensées, rien ne pouvait l'excuser aux yeux de qui le verrait. K. ne comprenait pas comment l'avocat avait pu penser le gagner par une mise en scène de cette sorte. Si l'avocat ne l'avait pas déjà dégoûté auparavant, il y serait parvenu par cette scène. Il dégradait presque le spectateur. Ainsi donc la méthode de l'avocat, à laquelle K. heureusement n'avait pas été exposé suffisamment longtemps, faisait que le client finissait par oublier le monde entier et n'espérait plus qu'une seule chose, arriver à se traîner jusqu'à la fin de son procès en suivant cette fausse route. Ce n'était plus un client, c'était le chien de l'avocat. Celui-ci lui aurait-il ordonné d'aller ramper sous le lit comme dans une niche et d'y aboyer, il l'aurait fait avec plaisir. K. écoutait attentivement et avec détachement comme s'il était chargé d'enregistrer exactement tout ce qui se disait ici, d'en rendre compte en haut lieu et de faire un rapport.

— Qu'a-t-il fait toute la journée ? demanda l'avocat.

— Pour qu'il ne me dérange pas dans mon travail, dit Leni, je l'ai enfermé dans la chambre de bonne où d'ailleurs il se tient d'habitude. De temps à autre, je regardais par la lucarne ce qu'il était en train de faire. Il était à chaque fois agenouillé sur le lit, en train de lire les documents que je lui avais prêtés et qu'il avait étalés sur le rebord de la fenêtre. Cela m'a fait une bonne impression ; la fenêtre en effet n'ouvre que sur un conduit d'air et donne à peine de la lumière. Block n'en lisait pas moins, cela m'a montré à quel point il était docile.

— Je suis heureux de l'entendre, dit l'avocat. Mais a-t-il lu avec intelligence ?

Pendant cet entretien, Block ne cessa de remuer les lèvres ; apparemment il formulait lui-même les réponses qu'il espérait de Leni.

— A cela, je ne peux naturellement pas répondre avec certitude. En tout cas je l'ai vu lire avec une grande application. Toute la journée, il a lu la même page et suivi les lignes du doigt. Chaque fois que je jetais un coup d'œil sur lui dans la pièce, il soupirait comme si lire lui donnait beaucoup de peine. Les documents que tu lui as prêtés sont probablement difficiles à comprendre.

— Oui, dit l'avocat. Ils le sont en effet. Je ne crois pas d'ailleurs qu'il y comprenne quelque chose. Ils sont seulement destinés à lui faire entrevoir à quel point est difficile le combat que je mène pour sa défense. Et pour qui est-ce que je mène ce dur combat ? Pour, c'est presque ridicule à dire, pour Block. Il doit aussi apprendre ce que cela signifie. A-t-il étudié sans interruption ?

— De façon ininterrompue, répondit Leni ; une fois seulement il m'a demandé de l'eau à boire. Je lui ai alors passé un verre par la lucarne. A huit heures, je l'ai laissé sortir et lui ai donné quelque chose à manger.

Block eut un regard de côté pour K., comme si l'on racontait sur lui des choses glorieuses qui devaient aussi faire impression sur K. Il semblait maintenant avoir bon espoir ; il avait des gestes plus libres et se déplaçait sur les genoux. Aussi les paroles suivantes de l'avocat ne l'en glacèrent-elles que plus visiblement.

— Tu le loues, dit l'avocat. Mais c'est bien pourquoi il m'est difficile de parler. Le juge, en effet, ne s'est pas exprimé favorablement ni sur Block ni sur son procès.

— Pas favorablement ? interrogea Leni. Comment est-ce possible ?

Block la regardait avec une telle intensité qu'il semblait lui prêter la faculté de tourner à son profit les propos exprimés, voilà longtemps déjà, par le juge.

— Pas favorablement, dit l'avocat. Il fut même désagréablement frappé lorsque je me mis à parler de Block.

« Ne parlez pas de Block, dit-il.

« C'est mon client », dis-je.

« Vous le laissez abuser de vous », dit-il.

« Je ne tiens pas sa cause pour perdue », dis-je.

« Vous le laissez abuser de vous », répéta-t-il.

« Je ne le crois pas », dis-je, « Block est très assidu dans son procès, il ne cesse de suivre son affaire. Il habite presque chez moi pour toujours être au courant. Un tel zèle n'est pas fréquent. Certes, il n'est pas agréable de sa personne, il a de vilaines manières et il est sale mais sur le plan du procès, il est irréprochable. » En disant irréprochable j'exagérai volontairement. Lui alors me répondit :

« Block est seulement malin. Il a accumulé beaucoup d'expérience et il s'y entend à faire traîner son procès. Mais son ignorance est plus grande encore que son astuce. Que dirait-il s'il apprenait que son procès n'a pas même encore commencé, si on lui disait qu'on n'a pas même donné le premier coup de cloche pour annoncer le début de son procès ? »

— Tiens-toi tranquille, Block, dit l'avocat, car Block commençait à se relever, les genoux incertains, il voulait, visiblement, demander des explications. C'était la première fois que l'avocat s'adressait à Block de façon quelque peu détaillée. Les yeux fatigués, il regardait à la fois dans le vague et vers Block, là, au-dessous de lui, qui sous ce regard retombait lentement sur ses genoux.

— Ces paroles du juge n'ont aucune signification pour toi, dit l'avocat. Ne sursaute donc pas à chaque mot. Si cela se reproduit, je ne te dirai plus rien. On ne peut pas commencer une phrase, sans que tu te mettes à nous regarder comme si c'était l'heure de ton verdict. Tu devrais avoir honte ici devant mon client ! En plus, tu ébranles la confiance qu'il met en moi. Que veux-tu donc ? Tu es encore en vie, tu es encore sous ma protection. Cette peur est stupide ! Tu as lu quelque part que le verdict final arrive dans certains cas inopinément, sans qu'on s'y attende, émis par une bouche quelconque, à un moment quelconque. A beaucoup de réserve près c'est, en effet, vrai, mais il est tout aussi vrai que ta peur me répugne et que j'y vois un manque de l'indispensable confiance. Qu'ai-je donc dit ? Je t'ai fait part de ce qu'a dit un juge. Tu sais que les avis les plus divers s'accumulent jusqu'à en devenir impénétrables. Ce juge-ci, par exemple, situe le début de la procédure à un autre moment que moi. C'est une différence de points de vue, rien de plus. Selon une vieille tradition, on donne un coup de cloche à un certain stade du procès. D'après ce juge c'est le signe du début du procès. Je ne peux pas te dire tout ce qui parle contre ce point de vue ; d'ailleurs, tu ne le comprendrais pas ; contente-toi de savoir que bien des choses parlent contre cette manière de voir.

Déconcerté, Block fourrageait des doigts dans le poil de la descente de lit ; la peur causée par les propos du juge lui faisait oublier momentanément sa propre soumission à l'égard de l'avocat ; il ne pensait plus qu'à lui et retournait les propos du juge en tous sens.

— Block, dit Leni d'un ton de remontrance et le tirant un peu par le col de sa veste, laisse cette peau de bête et écoute l'avocat... (1)

(1) Ce chapitre est resté inachevé.

Chapitre neuvième

Dans la cathédrale.

K. fut chargé de montrer quelques monuments à un ami italien de la banque très important pour elle et qui séjournait pour la première fois dans cette ville. C'était là une mission qu'à tout autre moment il aurait tenu pour un honneur mais qu'il n'accepta qu'à contrecœur maintenant qu'il ne pouvait soutenir sa réputation à la banque qu'au prix des plus grands efforts. Chaque heure loin de son bureau le tourmentait ; il ne pouvait plus, et de loin, utiliser ses heures de bureau comme avant ; il lui arrivait de passer des heures à se donner à grand-peine l'air de travailler réellement ; ses soucis n'en étaient que plus grands quand il n'était pas au bureau. Il croyait voir le directeur général adjoint, qui de toute façon l'avait toujours épié, venir de temps à autre dans son bureau, s'asseoir à sa table, fouiller ses papiers et accueillir des clients qui pendant des années avaient presque été des amis pour K. et les détourner de lui ; peut-être même découvrait-il des fautes que K. avait commises au cours de son travail et dont il se sentait maintenant sans cesse menacé de mille manières et qu'il ne parvenait plus à éviter.

Si on lui confiait — et quelque honorifique cela pût être — une visite d'affaires ou même un petit voyage — de telles missions s'étaient, tout à fait par hasard, multipliées ces derniers temps —, il ne pouvait s'empêcher de supposer qu'on voulait l'éloigner du bureau pour un temps et vérifier son travail, ou que l'on pouvait en tout cas facilement se passer de lui au bureau.

La plupart de ces missions, il aurait pu les refuser sans difficulté, mais il n'osait pas, car, si ces craintes étaient si peu que ce soit fondées, les refuser signifiait avouer sa peur. C'est pour cette raison qu'il les acceptait avec une indifférence apparente, cachant même un sérieux refroidissement lorsqu'il fut chargé d'un voyage d'affaires fatigant de deux jours. Il ne voulait pas s'exposer au danger d'être empêché de faire ce voyage à cause du temps d'automne pluvieux.

Lorsqu'il revint de ce voyage en proie à un furieux mal de tête, il apprit qu'il était chargé d'accompagner le jour suivant l'ami d'affaires italien. La tentation de se dérober, au moins cette fois, était très grande, d'autant plus que ce qu'on avait prévu pour lui n'avait pas de rapport immédiat avec son travail ; satisfaire à cette obligation mondaine pour cet ami d'affaires était certes de première importance mais pas pour K. Il savait bien qu'il ne pouvait se maintenir que par des succès dans son travail. S'il n'y parvenait pas, il était tout à fait inutile d'arriver par extraordinaire à charmer cet Italien ; même pour un jour, il ne voulait pas s'éloigner de son travail ; la crainte qu'on ne l'y laisse plus retourner était par trop forte, une crainte dont il se rendait très bien compte qu'elle était exagérée mais qui l'oppressait tout de même.

Or, dans ce cas précis il était presque impossible d'inventer un prétexte acceptable ; les connaissances d'italien de K. n'étaient pas très étendues mais en tout cas suffisantes ; ce qui avait été déterminant c'était que K. possédait des connaissances d'histoire de l'art ; on l'avait su à la banque et on les avait beaucoup exagérées parce que K., pendant un certain temps et d'ailleurs uniquement pour des raisons professionnelles, avait fait partie de l'Association pour la sauvegarde des Monuments artistiques de la ville. Or l'Italien, avait-on appris par ouï-dire, était un amateur d'art et choisir K. pour l'accompagner allait, pour cette raison, de soi.

Par un matin de pluie et de tempête, K. déjà très irrité par la journée qui l'attendait, arriva à sept heures à son bureau pour au moins encore finir un peu de son travail avant que le visiteur ne vienne l'arracher à tout cela. Il était très fatigué car il avait passé la moitié de la nuit à étudier une grammaire italienne pour se préparer un peu ; la fenêtre, près de laquelle ces derniers temps il avait trop coutume de se tenir assis, l'attirait bien plus que sa table, mais il résista à la tentation et il se mit au travail. Malheureusement l'appariteur entra juste à ce moment et annonça que M. le Directeur l'avait envoyé voir si M. le Fondé de pouvoir était déjà arrivé ; en ce cas, il serait bien aimable de se rendre au salon de réception, le monsieur d'Italie était déjà là.

— J'arrive, dit K. ; il mit un petit dictionnaire dans sa poche, prit sous son bras un album des monuments de la ville qu'il avait préparé pour l'étranger et, passant par le bureau du directeur général adjoint, il se rendit au bureau directorial. Il était content d'être venu de si bonne heure au bureau et d'être tout de suite à la disposition, ce que personne ne pouvait avoir envisagé sérieusement.

Le bureau du directeur adjoint était naturellement encore vide comme en pleine nuit ; probablement l'appariteur avait-il été chargé de le convoquer lui aussi au salon de réception, mais cela avait été peine perdue. Lorsque K. entra dans le salon de réception, les deux messieurs se levèrent de leurs fauteuils profonds. Le directeur sourit aimablement ; visiblement il était très heureux que K. soit venu ; il fit aussitôt les présentations ; l'Italien donna à K. une vigoureuse poignée de main et en souriant parla de lève-tôt sans que K. sache exactement de qui il parlait ; de plus, il avait employé un mot étrange que K. ne devina qu'au bout d'un certain temps. Il répondit par quelques platitudes que l'Italien agréa en riant, tout en passant nerveusement plusieurs fois sa main sur son épaisse moustache gris bleutée. Cette moustache était de toute évidence parfumée et on était presque tenté de s'en approcher et de la flairer.

Lorsqu'ils se furent tous assis et que la conversation s'engagea, K. constata avec un grand malaise qu'il ne comprenait cet Italien que par bribes. Quand il parlait calmement, il comprenait presque tout ce qu'il disait, mais cela, il ne le faisait qu'exceptionnellement ; la plupart du temps les paroles lui sortaient à flots de la bouche et il secouait la tête comme s'il en éprouvait du plaisir. Quand il parlait ainsi, il se mettait régulièrement à s'exprimer en un dialecte qui pour K. n'avait plus rien d'italien, mais que le directeur non seulement comprenait mais parlait aussi, ce que K. il est vrai aurait pu prévoir, car l'Italien était originaire de l'Italie du Sud où le directeur avait été lui aussi pendant quelques années.

K. s'en rendait compte, il n'avait guère la possibilité de s'entendre avec l'Italien car même son français n'était que difficilement compréhensible ; de plus sa moustache cachait le mouvement de ses lèvres dont la vue aurait peut-être facilité la compréhension. K. commençait à prévoir beaucoup de désagréments ; pour l'instant, il renonça à vouloir comprendre l'Italien — en présence du directeur qui le comprenait si facilement, cela aurait été un effort inutile — et il se contenta de l'observer avec hargne, enfoncé dans son fauteuil, profondément et avec légèreté à la fois, tirant fréquemment sur son petit veston étroitement taillé et s'efforçant à un moment de représenter les mains levées, comme suspendues aux poignets, quelque chose que K. ne pouvait pas comprendre, bien que, penché en avant, il ne quittât pas ces mains des yeux. L'ancienne fatigue enfin s'empara de K., inoccupé, il ne faisait que suivre mécaniquement des yeux l'échange de répliques et dans sa distraction il se surprit même en train de se lever, pour s'en aller.

Enfin l'Italien regarda sa montre et se leva d'un bond. Après avoir pris congé du directeur il se serra contre K. si étroitement que K. dut reculer son fauteuil pour pouvoir bouger. Le directeur qui lisait sûrement dans les yeux de K. sa détresse face à cette façon de parler l'italien se mêla à la conversation et de manière si intelligente et si délicate qu'il semblait n'ajouter que de petits conseils alors qu'en réalité, il interrompait sans cesse l'Italien, il faisait comprendre à K. ce que celui-ci disait. K. apprit de lui que l'Italien, pour l'instant, avait encore quelques courses à faire et que d'ailleurs il n'avait dans l'ensemble que peu de temps et n'envisageait nullement de courir en toute hâte les curiosités, qu'il s'était bien plutôt décidé — il est vrai seulement si

K. en était d'accord, la décision revenait à lui seul — à ne visiter que la seule cathédrale, mais alors en détail. Il se réjouissait beaucoup de pouvoir entreprendre cette visite en compagnie d'un homme aussi cultivé et aimable — ça c'était pour K., qui n'était occupé à rien d'autre qu'à ne pas tenir compte de l'Italien et à saisir au vol les paroles du directeur — et il le priait, si cette heure lui convenait, de se trouver dans deux heures, vers dix heures, à la cathédrale. Lui-même espérait s'y trouver sans faute. K. fit quelques réponses appropriées, l'Italien donna d'abord une poignée de main au directeur, puis à K., puis de nouveau au directeur et se dirigea, suivi des deux hommes, vers la porte, plus qu'à demi tourné vers eux et n'en finissant pas de parler.

K. resta encore quelques instants avec le directeur, qui paraissait aujourd'hui particulièrement souffrant. Il se croyait obligé de s'excuser auprès de K. — ils se tenaient familièrement tout près l'un de l'autre — ; il avait d'abord envisagé, dit-il, d'aller lui-même avec l'Italien, mais ensuite — il ne donna pas de raison particulière —, il avait plutôt décidé d'envoyer K. S'il ne comprenait pas l'Italien dès l'abord, il ne devait pas se laisser désarçonner par cela, la compréhension venait très vite et, dit-il, même ne pas comprendre beaucoup de choses, cela n'était pas si grave, car pour l'Italien, il n'importait pas tellement d'être compris. D'ailleurs l'italien de K. était étonnamment bon et il allait sûrement s'en tirer d'excellente façon.

Là-dessus K. se trouva congédié. Le temps libre qui lui restait, il le passa à recopier dans le dictionnaire les mots rares dont il avait besoin pour la visite de la cathédrale. C'était un travail tout à fait fastidieux, des appariteurs apportaient le courrier, des employés venaient, posant différentes questions et, voyant K. occupé, ils restaient debout près de la porte mais ne bougeaient pas de là tant que K. ne les avait pas écoutés ; le directeur général adjoint ne laissa pas perdre l'occasion de déranger K. ; il entrait souvent, lui prenait le dictionnaire des mains et le feuilletait sans raison aucune, des clients, même, faisaient leur apparition, quand la porte s'ouvrait, dans la pénombre de l'antichambre et s'inclinaient en hésitant — ils voulaient attirer l'attention, mais n'étaient pas sûrs d'avoir été remarqués —, tout cela se mouvait autour de K. comme autour d'un centre, pendant que lui-même rassemblait les mots dont il avait besoin, les cherchait dans le dictionnaire, les recopiait, s'exerçait à les prononcer et tentait enfin de les apprendre par cœur. Son ancienne bonne mémoire semblait l'avoir abandonné tout à fait ; parfois il était à ce point pris de fureur contre l'Italien qui était cause de ces efforts qu'il enfouissait le dictionnaire sous des papiers, avec la ferme intention de ne pas se préparer davantage, mais il se rendait compte alors qu'il ne pouvait pas tout de même aller et venir, muet, avec l'Italien devant les œuvres d'art dans la cathédrale et il reprenait le dictionnaire avec une fureur plus grande encore.

Juste à neuf heures et demie, lorsqu'il voulut s'en aller, il y eut un coup de téléphone : Leni lui souhaitait le bonjour et s'enquérait de sa santé. K. la remercia hâtivement et lui fit remarquer qu'il lui était impossible de faire la conversation, car il lui fallait aller à la cathédrale.

— A la cathédrale ? demanda Leni.

— Eh bien, oui à la cathédrale.

— Pourquoi donc à la cathédrale ? fit Leni.

K. essaya de le lui expliquer brièvement mais à peine avait-il commencé que Leni dit tout à coup :

— Ils te traquent.

K. ne supportait pas les regrets qu'il n'avait pas sollicités et auxquels il ne s'était pas attendu ; il prit congé en deux mots mais dit cependant, alors qu'il raccrochait l'écouteur, à moitié pour lui, à moitié à l'adresse de la jeune fille au loin qu'il n'entendait plus :

— Oui, ils me traquent.

Il était déjà tard, et il risquait de ne pas arriver à l'heure. Il s'y rendit en automobile, il s'était souvenu au dernier moment de l'album qu'il n'avait pas trouvé l'occasion de donner auparavant et qu'il emportait à cet effet ; il le tenait sur les genoux et ne cessa de tambouriner dessus tout au long du trajet. La pluie était devenue plus faible, mais il faisait humide, frais et sombre ; on verrait peu de chose dans la cathédrale mais par suite de la longue station debout sur les dalles froides, le refroidissement de K. ne ferait certes qu'empirer. La place de la cathédrale était tout à fait déserte. K. se rappela que, petit enfant déjà, il avait été frappé par les rideaux des maisons de cette étroite place, presque tous toujours baissés. Avec le temps qu'il faisait aujourd'hui, c'était, il est vrai, plus compréhensible que d'habitude. Dans la cathédrale tout semblait vide, il ne venait naturellement à l'idée de personne d'y venir à cette heure. K. parcourut les deux bas-côtés, il ne vit qu'une vieille femme qui, enveloppée d'une étoffe chaude, était agenouillée devant une image de la Vierge et la regardait. De loin, il vit encore un bedeau boiteux disparaître par une porte prise dans la muraille.

K. était arrivé ponctuellement. Juste au moment où il était entré dix heures avaient sonné, mais l'Italien n'était pas encore là. K. revint vers le portail principal, s'y tint quelque temps indécis et puis sous la pluie, il fit le tour de la cathédrale pour voir si l'Italien n'attendait pas à un portail latéral. Il ne put le trouver nulle part. Le directeur avait-il mal compris l'heure indiquée ? Comment d'ailleurs correctement comprendre cet homme ? Toujours était-il que K. devait au moins l'attendre une demi-heure durant. Comme il était fatigué, il désirait s'asseoir, il retourna dans la cathédrale, trouva sur une marche une sorte de petit morceau de tapis ; de la pointe du pied, il le ramena devant un banc proche, s'enveloppa plus étroitement dans son manteau, releva le col et s'assit. Pour se distraire, il ouvrit l'album, le feuilleta un peu, mais dut cesser bientôt car l'obscurité devint si grande que, levant les yeux, c'est à peine s'il put distinguer un seul détail dans le bas-côté proche.

Dans le lointain un grand candélabre triangulaire étincelait sur le maître-autel ; K. n'aurait pas su dire s'il l'avait déjà vu auparavant. Peut-être venait-on seulement d'en allumer les cierges. Les bedeaux sont des cafards patentés, on ne les remarque pas. Lorsque K. par hasard se retourna il vit, non loin derrière lui, un grand et fort cierge fixé à un pilier et qui brûlait lui aussi. Aussi beau que cela fût, c'était tout à fait insuffisant pour éclairer les tableaux au-dessus des autels, la plupart du temps accrochés dans l'obscurité, cela accroissait bien plutôt celle-ci. L'Italien avait agi de façon aussi raisonnable que désinvolte en ne venant pas ; on n'aurait rien pu voir, on aurait dû se contenter d'explorer pouce après pouce quelques tableaux au moyen de la lampe électrique de K. Pour voir ce qu'on pouvait en attendre, K. alla jusqu'à une chapelle latérale proche, monta quelques marches jusqu'à un parapet de marbre et, penché par-dessus, il éclaira le tableau au-dessus de l'autel avec sa lampe. La lumière de la veilleuse vacillait, gênante, devant l'autel. La première chose que K. put deviner, ce fut un grand chevalier en armure représenté sur le bord le plus extérieur du tableau. Il s'appuyait sur son épée plantée devant lui dans le sol nu d'où des brins d'herbe ne sortaient que çà et là. Il paraissait observer avec attention quelque chose qui se déroulait devant lui. L'étonnant, c'était qu'il restait debout là et ne s'en approchait pas. Peut-être devait-il monter la garde. K., qui n'avait pas vu de peinture depuis longtemps, resta un bon moment à contempler le chevalier, encore qu'il fût sans cesse contraint de cligner des yeux car il n'arrivait pas à supporter la lumière de la veilleuse. Lorsqu'il fit ensuite courir la lumière sur le reste du tableau, il découvrit une mise au tombeau du Christ de conception habituelle ; c'était d'ailleurs une peinture assez récente. Il remit la lampe dans sa poche et retourna à sa place.

Il était probablement inutile d'attendre encore l'Italien, mais dehors il pleuvait sûrement à verse et comme ici il ne faisait pas aussi froid que K. s'y était attendu, il décida d'y rester pour le moment. A proximité il y avait la grande chaire ; sur son petit toit rond étaient fixées, à demi couchées, deux croix dorées qui se croisaient l'une l'autre de leurs extrémités. Les parois extérieures de la balustrade et le corps de la chaire jusqu'au pilier porteur étaient faits de feuillages de couleur verte où de petits anges plongeaient les mains, les uns vivement, les autres avec calme. K. s'approcha de la chaire et l'examina de tous côtés ; la pierre avait été travaillée avec un grand soin, l'obscurité profonde lui fit l'effet d'être comme prise entre les feuilles et retenue derrière ; K. mit la main dans une de ces cavités et tâta précautionneusement la pierre ; il avait jusque-là ignoré l'existence de cette chaire. C'est alors qu'il remarqua derrière la rangée de bancs voisine un bedeau qui se tenait là en surplis noir ample et plissé, une tabatière à la main gauche, et qui le regardait.

« Que veut-il, cet homme ? » pensa K. « Lui suis-je suspect ? Veut-il un pourboire ? » Mais quand le bedeau vit que K. l'avait remarqué, il montra une vague direction, quelque part, de sa main droite, entre deux doigts il tenait encore une prise de tabac ; son comportement était presque incompréhensible. K. attendit encore un petit instant mais le bedeau n'arrêtait pas de montrer quelque chose de la main qu'il soulignait encore de ses hochements de tête. « Que veut-il donc ? » demanda K. à voix basse, il n'osait pas, ici, appeler à haute voix ; il sortit son porte-monnaie et passa entre les bancs pour arriver jusqu'à cet homme. Mais celui-ci fit aussitôt un geste de refus de la main, haussa les épaules et s'en alla en claudiquant. C'est en marchant de cette manière qu'enfant K. avait essayé d'imiter la façon dont on faisait du cheval. « Un vieillard retombé en enfance », pensa K., « il est tout juste assez intelligent pour faire son service à l'église, il s'arrête quand je m'arrête et m'épie pour voir si je vais continuer. »

En souriant K. suivit le vieillard à travers tout le bas-côté presque jusqu'à hauteur du maître-autel ; le vieillard n'arrêtait pas de montrer quelque chose, mais K. ne se retournait pas, exprès. Ce geste n'avait pas d'autre but que de le détourner de lui. Finalement il cessa de le suivre, il ne voulait pas trop l'inquiéter et pourtant, pour le cas où l'Italien viendrait tout de même, il ne voulait pas chasser tout à fait cette apparition-là.

Lorsqu'il pénétra dans la grande nef pour chercher sa place où il avait laissé son album, il remarqua contre un pilier touchant presque les bancs du chœur une petite chaire latérale, toute simple, en pierre nue et pâle. Elle était si petite que de loin elle paraissait être une niche vide, destinée à recevoir une statue de saint. Le prédicateur, assurément ne pouvait pas même s'éloigner d'un pas de la balustrade. De plus, la voûte de pierre de la chaire commençait très bas, contrairement à l'habitude et s'effilait à ce point vers le haut qu'un homme de grandeur moyenne ne pouvait pas s'y tenir debout, mais devait sans cesse s'y pencher par-dessus la balustrade. Tout semblait avoir été fait pour torturer le prédicateur ; à quoi pouvait bien servir cette chaire, c'était incompréhensible, alors qu'on avait l'autre qui était grande et ornée avec tant d'art ?

K. n'aurait certainement pas remarqué cette petite chaire si une lampe ne s'était pas trouvée fixée en haut, comme on a coutume d'en préparer peu avant un sermon. Allait-il par hasard y avoir un sermon maintenant ? Dans l'église vide ? K. regarda l'escalier qui enlacé au pilier conduisait à la chaire, si étroit qu'il semblait non pas servir à y monter mais simplement à orner le pilier. Mais en bas du pilier, K. en sourit d'étonnement, se tenait vraiment le prêtre, la main sur la rampe, prêt à monter et il regardait K. Il hocha très légèrement la tête, K. fit le signe de croix et s'inclina légèrement, ce qu'il aurait déjà dû faire tout à l'heure. Le prêtre prit un peu son élan et monta à la chaire à petits pas rapides. Un sermon allait-il vraiment avoir lieu ? Le bedeau devait-il ne pas avoir autant perdu la raison qu'il l'avait cru ? Et avait-il voulu pousser K. vers le prêtre, ce qui en effet avait été tout à fait nécessaire dans l'église déserte ? D'ailleurs, quelque part près d'une statue de la Vierge il y avait encore une vieille femme, elle aurait dû venir elle aussi. Et si déjà c'était un sermon pourquoi n'était-il pas introduit par l'orgue ? Mais celui-ci restait muet et ne brillait que faiblement là-bas dans l'obscurité de sa grande hauteur.

K. se demandait s'il ne devait pas s'éloigner en toute hâte ; s'il ne le faisait pas maintenant, il n'y avait pas à envisager qu'il pût le faire pendant le sermon ; il devrait alors rester aussi longtemps qu'il durerait. C'était autant de temps perdu pour le bureau ; il y avait longtemps déjà qu'il n'était plus tenu d'attendre l'Italien, il regarda sa montre, il était onze heures. Mais pouvait-on vraiment prêcher ? K. pouvait-il à lui seul représenter les fidèles ? Et s'il n'avait été qu'un étranger qui voulait visiter l'église ? Au fond il n'était pas autre chose. Il était insensé de penser qu'il allait y avoir un sermon, maintenant, à onze heures, un jour de semaine, par un temps épouvantable. Le prêtre — c'était un prêtre, indubitablement, un homme jeune au visage lisse et sombre — ne montait que pour éteindre la lampe allumée par erreur.

Il n'en était rien, le prêtre, bien au contraire vérifia l'éclairage et le remonta même un peu, puis il se tourna lentement vers la balustrade qu'il prit des deux mains par les arêtes de la bordure. Il se tint quelque temps ainsi et regarda autour de lui sans bouger la tête. K. avait reculé sur une bonne distance et du coude il s'appuyait sur le banc d'église le plus avancé. D'un regard incertain il vit, quelque part, sans exactement déterminer l'endroit, le bedeau se tasser sur lui-même, tranquille, le dos rond, comme si sa tâche avait été accomplie. Quel silence maintenant dans la cathédrale ! Mais K. était contraint de le troubler, il n'avait pas l'intention de rester ici ; si c'était le devoir du prêtre de prêcher à une certaine heure, sans égard aux circonstances, qu'il le fasse, il y parviendrait même sans l'assistance de K. Sa présence n'en accroîtrait certainement pas l'effet.

Lentement donc, K. se mit en route, de la pointe des pieds, il tâtonna le long du banc, arriva dans la large allée principale et y marcha sans être dérangé, à ceci près que le sol de pierre résonnait sous le pas le plus léger et que les voûtes en retentissaient faiblement mais de manière ininterrompue selon une progression régulière et multiple. K. se sentait un peu abandonné en train de marcher, observé peut-être par le prêtre, tout seul entre les bancs vides. La grandeur de la cathédrale, de plus, lui semblait à la limite de ce qui était humainement supportable. Lorsqu'il fut revenu à sa place de tout à l'heure, il happa, à la lettre, sans s'arrêter l'album qu'il avait laissé là et le prit. Il avait déjà presque quitté la zone des bancs et s'approchait de l'espace libre entre eux et la sortie, lorsqu'il entendit pour la première fois la voix du prêtre. Une voix puissante, exercée. Comme elle pénétrait la cathédrale prête à la recevoir ! Mais ce n'était pas aux fidèles que le prêtre s'adressait, c'était tout à fait net et il n'y avait pas d'échappatoire, il appelait : « Joseph K. ! »

K. s'arrêta et regarda le sol devant lui. Provisoirement, il était encore libre, il pouvait continuer son chemin et s'esquiver par l'une des trois petites portes de bois sombre qui n'étaient pas loin de lui. Cela voudrait dire qu'il n'avait pas compris ou bien qu'il avait en effet compris mais qu'il ne voulait pas en tenir compte. Mais au cas où il se retournerait, il était pris, car il aurait alors avoué avoir bien compris, qu'il était vraiment celui qu'on appelait et qu'il voulait obéir. K. se serait certainement en allé si le prêtre l'avait encore une fois appelé mais comme tout restait silencieux, il tourna tout de même un peu la tête, car il voulait voir ce que l'ecclésiastique était en train de faire. Il était tranquillement debout dans sa chaire, comme tout à l'heure, mais on voyait très nettement qu'il avait remarqué le mouvement de tête de K. Si K. ne se retournait pas complètement cela ne serait qu'un jeu de cache-cache infantile. Aussi se retourna-t-il et d'un signe du doigt le prêtre l'invita à s'approcher. Comme tout pouvait maintenant se faire ouvertement, il courut — il le fit par curiosité et pour abréger toute cette affaire — à grands pas en direction de la chaire. Il s'arrêta aux premiers bancs, mais la distance parut encore trop grande à l'ecclésiastique ; il étendit la main et de son index baissé il indiqua avec autorité un endroit tout près de la chaire. K. lui obéit en cela également ; à cet endroit il lui fallait déjà beaucoup pencher la tête en arrière pour encore voir le prêtre.

— Tu es Joseph K., dit l'ecclésiastique et de la main il fit un geste.

— Oui, dit Joseph K. Jadis, pensait-il, il avait dit son nom franchement, depuis quelque temps il lui pesait. Maintenant, de plus, des gens qu'il rencontrait pour la première fois connaissaient déjà son nom. Comme c'était bien de se présenter d'abord et de n'être connu qu'après.

— Tu es accusé, dit l'ecclésiastique à voix particulièrement basse.

— Oui, dit K., on me l'a fait savoir.

— Alors, tu es celui que je cherche, dit le prêtre. Je suis l'aumônier de la prison.

— Ah ! bon, fit K.

— Je t'ai fait appeler ici, dit le prêtre, pour parler avec toi.

— Je ne le savais pas, dit K. Je suis venu ici pour montrer la cathédrale à un Italien.

— Laisse les à-côtés, dit le prêtre. Qu'est-ce que tu tiens à la main ? Est-ce un livre de prières ?

— Non, répondit K., c'est un album des curiosités de la ville.

— Pose-le, dit le prêtre.

K. le jeta si violemment qu'il s'ouvrit et glissa, feuilles froissées, sur le sol.

— Sais-tu que ton procès va mal ? demanda l'ecclésiastique.

— C'est ce qu'il me semble à moi aussi, dit K. Je me suis donné toute la peine possible, mais jusqu'à maintenant, sans succès. Il est vrai que je n'ai pas encore terminé ma requête.

— Comment imagines-tu l'issue ? demanda l'ecclésiastique.

— Avant, je pensais que cela finirait bien, dit K., maintenant j'en doute parfois moi-même. Je ne sais pas comment cela va finir. Tu le sais toi ?

— Non, dit le prêtre, mais je crains que cela ne finisse mal. On te tient pour coupable. Ton procès ne dépassera peut-être même pas un tribunal inférieur. Pour l'instant tout au moins on tient ta culpabilité pour établie.

— Mais je ne suis pas coupable, dit K., c'est une erreur. Comment un être humain peut-il d'ailleurs être coupable ? Nous sommes tous ici des êtres humains, les uns comme les autres.

— Cela est vrai, dit le prêtre, mais c'est ainsi qu'ont coutume de s'exprimer les coupables.

— As-tu, toi aussi un préjugé contre moi ? demanda K.

— Je n'ai pas de préjugé contre toi, dit l'ecclésiastique.

— Je t'en remercie, dit K., mais tous les autres qui prennent part au procès ont un préjugé contre moi. Ils le communiquent aussi à ceux qui n'y ont aucune part. Ma situation devient toujours plus difficile.

— Tu te méprends quant aux faits, dit le prêtre, le verdict n'arrive pas d'un seul coup, la procédure se convertit peu à peu en verdict.

— C'est donc cela, fit K., et il baissa la tête.

— Que veux-tu, ces jours prochains, entreprendre pour ta cause ? demanda le prêtre.

— Je veux encore chercher de l'aide, dit K., et il leva la tête pour voir comment le prêtre en jugerait. Il y a encore des possibilités que je n'ai pas utilisées.

— Tu cherches trop d'aide étrangère, dit le prêtre désapprobateur, et surtout auprès des femmes. Ne vois-tu pas que ce n'est pas là l'aide véritable ?

— Parfois et même souvent, je pourrais te donner raison, dit K., mais pas toujours. Les femmes ont un grand pouvoir. Si je pouvais amener quelques femmes que je connais à travailler en commun pour moi, je devrais pouvoir faire ma percée. Surtout auprès de ce tribunal qui n'est presque composé que de chasseurs de jupons. Montre une femme au juge d'instruction, de loin, et il renversera et l'estrade du tribunal et l'accusé rien que pour arriver assez tôt.

Le prêtre pencha la tête vers la balustrade ; ce n'est qu'à cet instant que le dais de la chaire sembla le gêner. Quel mauvais temps dehors ! Ce n'était plus seulement une journée obscure, c'était déjà la nuit profonde. Aucun des vitraux n'était capable d'interrompre la paroi obscure ne fût-ce que d'une lueur. Et c'était maintenant justement que le bedeau commençait à éteindre l'un après l'autre les cierges sur le maître-autel.

— Es-tu fâché contre moi ? demanda K. au prêtre. Peut-être ne sais-tu pas quel genre de tribunal tu sers. Il n'obtint pas de réponse.

— Ce ne sont que mes expériences à moi, dit K. Au-dessus de lui on se taisait toujours.

— Je ne voulais pas te froisser, fit K.

Alors le prêtre se mit à crier en direction de K. en bas.

— Ne vois-tu donc pas à deux pas devant toi ?

Cela avait été un cri de colère mais comme poussé par quelqu'un qui en voit tomber un autre et, parce qu'il est effrayé lui-même, se met imprudemment à crier.

Tous deux se turent longtemps. Certes le prêtre ne pouvait pas distinguer exactement K. dans l'obscurité qui régnait en bas, alors que K. voyait distinctement le prêtre à la lumière de la petite lampe. Pourquoi le prêtre ne descendait-il pas ? Ce n'était pas un sermon qu'il avait fait, il n'avait donné que quelques indications à K., lesquelles, s'il s'y conformait exactement, lui nuiraient plus qu'elles ne lui profiteraient. Cependant la bonne intention du prêtre ne semblait pas faire de doute pour K., il n'était pas impossible qu'il pût, si toutefois il descendait, s'entendre avec lui ; il n'était pas impossible qu'il reçût de lui un conseil décisif et valable qui, par exemple, lui montrerait non pas comment influencer le procès, mais comment sortir du procès, comment le contourner, comment vivre en dehors du procès. Une telle éventualité devait exister, K. ces derniers temps y avait souvent pensé. Si le prêtre connaissait une telle possibilité, il la révélerait peut-être si on l'en priait, quoiqu'il appartînt lui-même au tribunal et quoiqu'il eût, lorsque K. se fut mis à attaquer le tribunal, refréné sa nature douce et qu'il se fût même mis à agonir K.

— Ne veux-tu pas descendre ? dit K. Il n'y a pas de sermon à faire. Descends donc auprès de moi.

— Maintenant, je peux venir, dit le prêtre.

Peut-être regrettait-il d'avoir crié. Pendant qu'il détachait la lampe de son crochet il dit :

— Il m'a d'abord fallu parler avec toi de loin. Sinon je me laisse par trop facilement influencer et j'oublie ma fonction.

K. L'attendit au bas de l'escalier. D'en haut déjà, tout en descendant, le prêtre lui tendit la main.

— As-tu un peu de temps pour moi ? demanda K.

— Autant de temps que tu en as besoin, dit le prêtre, et il tendit à K. la lampe pour qu'il la porte. Même de près il restait en lui quelque chose de solennel.

— Tu es très aimable avec moi, dit K.

Ils allaient et venaient ensemble dans le bas-côté obscur.

— Tu es une exception parmi tous ceux qui font partie du tribunal. J'ai plus confiance en toi qu'en quiconque parmi eux. Avec toi, je peux parler ouvertement.

— Ne te fais pas d'illusions, dit le prêtre.

— Et en quoi me ferais-je des illusions ? demanda K.

— Tu te méprends sur le tribunal, dit le prêtre, dans les écrits préliminaire à la Loi, il est dit de cette méprise : devant la Loi se trouve un gardien. Un homme de la campagne vient trouver le gardien et demande l'entrée dans la Loi. Mais le gardien de la porte dit qu'il ne peut lui accorder l'entrée maintenant. L'homme réfléchit et demande alors si plus tard il aura le droit d'entrer. « C'est possible », dit le gardien de la porte, « mais pas maintenant ». Etant donné que le portail de la Loi est ouvert comme toujours et que le gardien s'écarte, l'homme se penche pour voir l'intérieur à travers le portail. Remarquant cela le gardien se met à rire et dit : « Si cela t'attire tellement, essaye donc d'entrer malgré mon interdiction. Mais remarque bien ceci : je suis puissant. Et je ne suis que le gardien le plus inférieur. De salle en salle se tiennent les gardiens, l'un plus puissant que l'autre. Rien que le regard du troisième, moi-même je ne peux plus le supporter. » L'homme de la campagne ne s'était pas attendu à de telles difficultés ; la Loi, paraît-il, doit être accessible à chacun et toujours, pense-t-il, mais lorsqu'il regarde plus attentivement le gardien de la porte dans son manteau de fourrure, son grand nez pointu, la longue barbe tartare mince et noire, il préfère attendre qu'on lui donne l'autorisation d'entrer. Le gardien de la porte lui donne un tabouret et le laisse s'asseoir à côté de la porte. Il est assis là des jours et des années. Il fait de nombreuses tentatives pour être admis, il fatigue le gardien par ses prières. Le gardien lui fait souvent subir de petits interrogatoires, l'interroge sur son pays natal et sur bien d'autres choses, mais ce sont des questions indifférentes, telles que les posent des personnages importants et à la fin il lui redit toujours qu'il ne peut encore le laisser entrer. L'homme qui s'est muni de beaucoup de choses pour son voyage utilise tout et même ce qu'il a de plus précieux pour corrompre le gardien. Celui-ci accepte tout, il est vrai, mais il dit à chaque fois ; « Je ne l'accepte que pour que tu ne croies pas avoir omis quelque chose. » Pendant toutes ces années l'homme observe presque sans discontinuer le gardien de la porte. Il oublie les gardiens des autres portes et ce premier gardien lui semble le seul obstacle à l'entrée dans la Loi. Pendant les premières années, il maudit à haute voix ce malencontreux hasard qui a posté le gardien ici, plus tard, lorsqu'il devient vieux, il ne fait plus que marmonner. Il retombe en enfance et comme pendant les longues années où il a étudié le gardien il a même reconnu les puces de son col de fourrure, il supplie celles-ci de l'aider et de changer l'humeur du gardien de la porte. A la fin ses yeux s'affaiblissent et il ne sait pas s'il fait réellement plus obscur autour de lui ou si ce ne sont que ses yeux qui le trompent. Mais il reconnaît maintenant dans l'obscurité un éclat constant issu de la porte de la Loi. Il n'en a plus pour longtemps. Avant sa mort toutes les expériences de tout ce temps se rassemblent en une seule question qu'il n'a pas encore posée jusqu'à maintenant au gardien de la porte. Il lui fait signe de venir car il ne peut plus redresser son corps qui se prend. Le gardien de la porte est obligé de se pencher très bas vers lui, car les différences de taille se sont modifiées au détriment de l'homme.

« Que veux-tu donc savoir encore ? demande le gardien de la porte ; tu es insatiable. »

« Tous ne veulent-ils pas accéder à la Loi, dit l'homme ; comment se fait-il que pendant toutes ces années personne à part moi n'ait demandé à entrer ? » Le gardien de la porte se rend compte que c'est la fin et pour encore atteindre son ouïe faiblissante, il lui hurle : « Personne ne pouvait entrer ici, car cette entrée n'était destinée qu'à toi seul. Maintenant je m'en vais et je la ferme. »

— Le gardien de la porte a donc trompé l'homme, dit K. aussitôt fortement attiré par l'histoire.

— Ne sois pas trop pressé, dit le prêtre, n'adopte pas le point de vue étranger sans examen. Je t'ai raconté l'histoire selon les termes mêmes de l'Ecriture. Il n'y est pas question de tromperie.

— Mais la chose est claire, dit K. et ta première interprétation était tout à fait juste. Le gardien de la porte n'a fait cette communication libératrice que lorsqu'elle ne servait plus en rien à cet homme.

— La question ne lui a pas été posée plus tôt, dit le prêtre ; pense aussi au fait qu'il n'était que gardien de porte et comme tel il a fait son devoir.

— Pourquoi crois-tu qu'il a fait son devoir, demanda K. ; il ne l'a pas fait. Son devoir c'était peut-être de repousser tous les inconnus, mais cet homme auquel l'entrée était destinée, il aurait dû le laisser y accéder.

— Tu n'as pas suffisamment de respect pour l'Ecriture et tu changes l'histoire, dit le prêtre. L'histoire contient au sujet de l'entrée dans la Loi deux déclarations importantes du gardien de la porte, l'une au début, l'autre à la fin. L'un de ces passages dit ceci : qu'il ne peut maintenant lui accorder l'entrée et l'autre : cette entrée n'était destinée qu'à toi. S'il existait une contradiction entre ces deux déclarations tu aurais raison et le gardien de la porte aurait trompé l'homme. Or, il n'y a nulle contradiction. Au contraire, la première déclaration renvoie à la seconde. On pourrait presque dire que le gardien de la porte est allé au-delà de sa charge en faisant entrevoir à l'homme une possibilité future. A ce moment-là son devoir semble seulement avoir été de repousser l'homme et en effet beaucoup d'interprètes de l'Ecriture s'étonnent que le gardien de la porte ait même fait une telle allusion, car il semble aimer la précision et il assume sa charge avec rigueur. Pendant de nombreuses années il ne quitte pas son poste et ne ferme le portail que tout à la fin ; il est très conscient de l'importance de sa fonction car il dit : « Je suis puissant » ; il respecte ses supérieurs car il dit : « Je suis seulement le plus inférieur des gardiens de portail » ; il n'est pas bavard car pendant ces nombreuses années, il ne pose, comme il est dit, que des « questions indifférentes » ; il ne se laisse pas corrompre car il dit d'un cadeau : « Je ne l'accepte que pour que tu ne croies pas avoir omis quelque chose », lorsqu'il s'agit de faire son devoir il ne se laisse ni toucher ni attendrir, car de l'homme, il est dit : « Il fatigue le gardien de la porte par ses prières », finalement, son apparence extérieure même révèle son caractère tatillon, le grand nez pointu et la longue barbe tartare noire et clairsemée. Peut-il y avoir gardien plus consciencieux ? Pourtant d'autres traits de caractère du gardien de la porte sont, eux, très favorables pour celui qui sollicite son entrée et expliquent qu'il ait pu aller un peu au-delà de sa fonction en faisant allusion à une possibilité future. Il est en effet indéniable qu'il est quelque peu naïf et quelque peu imbu de lui-même, l'un allant avec l'autre. Même si ce qu'il dit de sa puissance et de la puissance des autres gardiens de porte et de leur aspect insupportable même pour lui — moi je dis, si tout ce qu'il dit là est juste, la manière pourtant dont il le dit montre bien que sa façon de voir est troublée par la naïveté et la présomption.

Les exégètes disent à ce propos : « Comprendre une chose et se méprendre sur elle ne s'excluent pas complètement. » Mais en tout cas, il faut admettre que cette naïveté et cette présomption, de façon aussi minime qu'elles se manifestent, n'en affaiblissent pas moins la surveillance de l'entrée ; ce sont des lacunes dans le caractère du gardien de la porte. A cela s'ajoute le fait que le gardien semble être d'un naturel aimable, il ne joue à aucun moment au personnage officiel. Dès les tout premiers moments, il plaisante en invitant à entrer l'homme malgré la défense expressément maintenue ; ensuite, il ne le renvoie pas, mais lui donne comme il est dit, un tabouret et le laisse s'asseoir à côté de la porte. La patience avec laquelle, toutes ces années durant, il supporte les supplications de l'homme, les petits interrogatoires, le fait d'accepter les cadeaux, l'élégance avec laquelle il permet que l'homme à côté de lui maudisse à haute voix le malheureux hasard qui a justement installé le gardien de la porte ici — tout cela laisse supposer qu'il a obéi à des mouvements de pitié. Tous les gardiens de porte n'auraient pas agi ainsi. Et finalement sur un simple geste de la main, il se penche encore profondément vers l'homme pour lui donner la possibilité de poser sa dernière question. Seule une légère impatience — le gardien sait bien que tout est fini — se fait jour dans ces mots : « Tu es insatiable. »

Certains vont plus loin encore dans le sens de cette explication et estiment que les mots : « Tu es insatiable » expriment une sorte d'admiration amicale, qui ne va pas, il est vrai, sans quelque condescendance. En tout cas la figure du gardien de la porte prend un caractère autre que celui que tu lui supposais.

— Tu connais l'histoire plus précisément que moi et depuis plus longtemps, dit K.

Ils se turent un moment. Puis K. dit :

— Alors, tu crois que l'on n'a pas trompé l'homme ?

— Ne me comprends pas mal, dit le prêtre. Je te montre seulement les opinions qui existent à ce sujet. Il ne faut pas que tu attaches trop d'attention aux opinions. L'Ecriture est invariable et les opinions ne sont souvent que l'expression du désespoir à ce sujet. Dans ce cas précis il existe même une opinion selon laquelle c'est justement le gardien de la porte qui a été trompé.

— C'est vraiment aller chercher loin, dit K. Sur quelles bases est fondée cette opinion ?

— Elle se fonde sur la candeur du gardien de la porte. On dit qu'il ne connaît pas l'intérieur de la Loi, mais seulement le trajet qu'il est sans cesse obligé de parcourir devant l'entrée. On tient ses représentations de l'intérieur pour infantiles et on suppose qu'il a lui-même peur de ce dont il veut faire peur à l'homme. Oui, il le craint plus que l'homme, car celui-ci ne veut rien d'autre qu'entrer, même lorsqu'il a entendu parler des terribles gardiens des portes de l'intérieur ; le gardien de la porte, en revanche, ne veut pas entrer, du moins cela n'est-il pas dit. D'autres, il est vrai, disent qu'il a déjà bien fallu qu'il soit allé à l'intérieur puisqu'il a été engagé au service de la Loi et cela n'a pu se faire qu'à l'intérieur. A cela on peut répondre qu'il a pu être promu gardien de la porte sur un appel venu de l'intérieur et qu'il n'a pas dû pénétrer bien loin puisque déjà il ne peut plus supporter la vue du troisième gardien de porte. De plus on ne dit pas que pendant toutes ces années il ait parlé de l'intérieur, mise à part la remarque sur les gardiens de porte. Peut-être cela lui est-il défendu mais il n'a rien dit non plus d'une telle interdiction.

De tout cela on conclut qu'il ne sait rien de l'allure et de l'importance de l'intérieur et qu'il se méprend. Mais on dit aussi qu'il se méprend sur l'homme de la campagne car il est soumis à cet homme et ne le sait pas. A bien des égards, tu t'en souviens sûrement, on se rend compte qu'il traite l'homme en inférieur. Mais selon ce point de vue, il apparaît clairement qu'il lui est effectivement subordonné. L'homme libre surtout est au-dessus de l'homme dépendant. Or, cet homme est effectivement libre, il peut aller où il veut, seule l'entrée de la Loi lui est interdite et de plus par le seul gardien. S'il s'assied sur un tabouret à côté de la porte du portail et y reste sa vie entière, c'est volontairement, le récit ne parle d'aucune contrainte. Le gardien de la porte est par sa fonction lié à son poste, il n'a pas le droit de s'éloigner au-dehors et selon toute apparence non plus le droit d'entrer à l'intérieur, même s'il le voulait. De plus, il est bien au service de la Loi, mais il n'est de service qu'à cette seule entrée, donc uniquement pour cet homme à qui l'entrée était seule destinée. Pour cette raison aussi il lui est subordonné. Il est à supposer que, de nombreuses années durant, pendant toute une vie d'homme dans une certaine mesure, il n'a exécuté qu'un service vide, car il est dit qu'un homme arrive, donc quelqu'un d'âge adulte, il a donc fallu que le gardien attende longtemps avant que son but ne s'accomplisse et cela aussi longtemps qu'il plaisait à l'homme, lequel est venu de son plein gré.

Mais la fin du service elle-même est déterminée par la fin de la vie de l'homme ; il lui reste donc subordonné jusqu'à la fin. Et on ne cesse de souligner que le gardien de la porte ne semble rien savoir de tout cela. On n'y voit rien de particulier car selon cette opinion le gardien de la porte se méprend plus lourdement encore en ce qui concerne son service. En dernier, en effet, il parle de l'entrée et il dit : « Maintenant je m'en vais et je la ferme. » Mais au début il est dit que le portail est ouvert comme toujours ; mais s'il est toujours ouvert, c'est-à-dire indépendamment de la durée de vie de l'homme auquel il est destiné, le gardien de la porte ne pourra pas non plus le fermer. Là-dessus les opinions divergent ; le gardien de la porte en annonçant qu'il allait fermer le portail a-t-il seulement voulu donner une réponse ou souligner le devoir de sa charge ou a-t-il rempli au dernier instant encore l'homme de remords et de tristesse ? Mais beaucoup sont d'accord pour dire qu'il ne pourra pas fermer le portail. Ils croient même, qu'il est, à la fin au moins, inférieur à l'homme par le savoir, car celui-ci voit l'éclat de lumière qui émane de l'entrée de la Loi pendant que le gardien de la porte tourne certainement le dos à l'entrée et ne révèle par aucune expression qu'il a remarqué un changement.

— C'est bien argumenté, dit K., qui avait répété à mi-voix pour lui-même certains passages de l'explication donnée par l'ecclésiastique. C'est bien argumenté et je crois maintenant moi aussi qu'on trompe le gardien de la porte. Mais cela ne modifie pas mon opinion car les deux se recoupent partiellement. Il n'est pas essentiel que le gardien de la porte voie les choses clairement ou qu'on le trompe. Je disais qu'on trompe l'homme. Si le gardien de la porte voit les choses clairement on pourrait en douter, mais si on trompe le gardien, son illusion doit nécessairement se communiquer à l'homme. Le gardien de la porte ne serait certes pas un escroc mais à ce point naïf qu'il faudrait le révoquer tout de suite. Il faut que tu y songes, l'illusion où se trouve le gardien de la porte ne lui est en rien préjudiciable, mais elle est mille fois dommageable pour l'homme.

— Ici tu te heurtes à une opinion opposée, fit le prêtre. Certains en effet disent que l'histoire ne permet à personne de juger le gardien de la porte. Quel qu'il nous puisse paraître, il n'en est pas moins le serviteur de la Loi et appartient donc à la Loi ; il est donc hors d'atteinte du jugement humain. De ce fait on ne doit pas non plus croire le gardien de la porte subordonné à l'homme. Etre par son service attaché, ne fût-ce qu'à l'entrée de la Loi, est incomparablement plus que de vivre libre dans le monde. L'homme ne fait qu'arriver à la Loi, le gardien de la porte y est déjà. C'est la Loi qui l'a préposé à son service ; douter qu'il en soit digne, c'est douter de la Loi.

— Je ne souscris pas à cette opinion, dit K. en secouant la tête, car si on y souscrit, il faut tenir pour vrai tout ce que dit le gardien de la porte. Or cela n'est pas possible, tu l'as toi-même abondamment démontré.

— Non, dit le prêtre ; il ne faut pas tout tenir pour vrai mais seulement pour nécessaire.

— Quelle triste façon de voir, dit K. On fait du mensonge l'ordre du monde.

K. dit cela pour conclure mais ce n'était pas le jugement définitif qu'il portait. Il était trop fatigué pour pouvoir embrasser tous les aboutissements de l'histoire ; de plus elle débouchait sur des pensées inhabituelles, des choses irréelles plus propres à être un sujet de discussion pour la société des fonctionnaires du tribunal qu'un sujet pour lui. La simple histoire elle-même était devenue informe ; il voulait s'en débarrasser, et le prêtre, qui montrait maintenant une grande délicatesse de sentiment, l'accepta et accepta en silence l'opinion de K., bien qu'à coup sûr elle ne correspondît pas à la sienne.

Ils marchèrent quelque temps, côte à côte, en silence ; K. se tenait tout près du prêtre, sans savoir où il se trouvait. La lampe dans sa main s'était éteinte depuis longtemps ; juste devant lui, la statue argentée d'un saint se mit à briller dans le seul éclat de l'argent pour tout de suite retourner à l'obscurité. Pour ne pas complètement dépendre du prêtre, K. lui demanda :

— Sommes-nous maintenant à proximité de l'entrée principale ?

— Non, fit le prêtre, nous en sommes loin. Veux-tu déjà t'en aller ?

Bien que K., justement, n'y eût point pensé il dit aussitôt :

— Certainement, je dois m'en aller. Je suis fondé de pouvoir d'une banque, on m'attend. Je ne suis venu que pour montrer la cathédrale à une relation d'affaires.

— Eh bien, dit le prêtre et il tendit la main à K., va donc !

— Mais tout seul je ne m'y retrouve pas dans l'obscurité, dit K.

— Va à gauche vers la muraille, dit le prêtre, puis tu continues à longer le mur et tu trouveras une sortie.

Le prêtre ne s'était éloigné que de quelques pas mais déjà K. l'appelait à très haute voix :

— S'il te plaît, attends donc !

— J'attends, dit le prêtre.

— Veux-tu encore quelque chose de moi ? demanda K.

— Non, dit le prêtre.

— Tu étais si aimable avec moi tout à l'heure, dit K., et tu m'as tout expliqué, et maintenant tu me renvoies comme si tu ne tenais pas à moi.

— Mais tu dois t'en aller, dit le prêtre.

— Eh bien oui, dit K., admets-le donc.

— Toi, admets d'abord qui je suis.

— Tu es l'aumônier de la prison, dit K. en se rapprochant du prêtre ; son retour immédiat à la banque n'était pas aussi urgent qu'il l'avait décrit, il pouvait fort bien encore rester là.

— Je fais donc partie du tribunal, dit le prêtre. Pourquoi devrais-je alors vouloir quelque chose de toi. Le tribunal ne veut rien de toi. Il te prend quand tu arrives et te laisse quand tu t'en vas.

Chapitre dixième

Fin.

LE soir, veille de son trente et unième anniversaire — il était environ neuf heures, l'heure où le silence se fait dans les rues —, deux messieurs arrivèrent chez K. En paletot, blêmes et gras, avec des hauts-de-forme que rien, apparemment, ne pouvait déplacer. A la porte de K., s'excusant de cette irruption impromptue, ils renouvelèrent une formule de politesse qu'ils avaient déjà esquissée à la porte d'entrée. Sans que la visite lui eût été annoncée, K., lui aussi habillé de noir, était assis sur une chaise près de la porte et mettait lentement des gants neufs très tendus sur les doigts comme quelqu'un qui attend des invités. Il se leva aussitôt et regarda les messieurs avec curiosité.

— Vous m'êtes donc destinés ? demanda-t-il.

Les messieurs hochèrent la tête et l'un des deux, le haut-de-forme à la main, montra l'autre. K. s'avoua s'être attendu à une visite d'une autre sorte. Il alla à la fenêtre et jeta encore une fois un regard sur la rue obscure. Les fenêtres de l'autre côté de la rue étaient déjà presque toutes dans l'obscurité, et, devant beaucoup d'entre elles, les rideaux avaient été tirés. A une fenêtre de l'étage, de petits enfants jouaient dans un parc ; incapables, encore, de bouger de leurs places ils essayaient de s'attraper de leurs petites mains.

« On envoie pour moi de vieux acteurs de niveau subalterne », se dit K., et il se retourna pour s'en persuader une fois encore. « On cherche à se débarrasser de moi à bon compte. »

K. s'adressa à eux tout à coup et demanda :

— Vous jouez dans quel théâtre ?

— Un théâtre ? fit l'un des messieurs, les coins de la bouche tremblants, demandant conseil à l'autre. Celui-ci fit comme s'il était un muet incapable d'arriver à parler. « Ils n'ont pas l'habitude qu'on les interroge », se dit K., et il alla chercher son chapeau.

Dès l'escalier, ces messieurs voulurent passer leurs bras sous les siens :

— Attendez d'être dans la rue, je ne suis pas malade.

Mais dès le portail, ils le prirent par le bras comme il n'avait jamais encore été pris par personne. Ils tenaient leurs épaules juste derrière celles de K., ne pliaient pas les bras mais les utilisaient pour enlacer ceux de K. sur toute leur longueur, par-dessous, ils prirent les mains de K. d'un geste étudié, bien rodé et irrésistible. K. marchait entre eux, tendu, dressé, ils formaient tous les trois une telle unité que si l'on avait brisé l'un d'entre eux, on les eût brisés tous les trois. C'était une unité comme ne peut en former que ce qui n'a pas de vie.

K. tenta, sous les réverbères, aussi difficile que cela pût être quand on se trouvait conduit comme il l'était, d'apercevoir ses accompagnateurs plus distinctement qu'il n'avait pu le faire dans la pénombre de la chambre. « Ce sont peut-être des ténors », pensa-t-il à la vue de leurs lourds doubles mentons. La propreté de leurs visages le dégoûtait. On voyait à la lettre la main qui les avait nettoyés, qui leur avait frotté les yeux, qui avant d'essuyer la lèvre supérieure avait gratté les plis du menton.

K. s'arrêta de marcher lorsqu'il fit cette remarque, et les deux autres s'arrêtèrent de marcher eux aussi ; ils se trouvaient au bord d'une place dégagée, vide, dénuée d'espaces verts.

— Pourquoi vous a-t-on envoyés, vous justement ? s'écria-t-il plus qu'il ne posait la question.

Ces messieurs ne connaissaient apparemment pas de réponse, ils attendaient bras ballants, comme des gardes-malades lorsque le malade veut se reposer.

— Je ne vais pas plus loin, fit K. pour voir. Il n'était même pas la peine que les hommes répondent, il leur suffisait de ne pas relâcher leur étreinte et d'essayer de lever K. de l'endroit où il se trouvait, mais K. résista. « Je n'aurai plus beaucoup besoin de forces. Je vais maintenant les employer toutes », pensa-t-il. Il lui vint à l'esprit l'image des mouches qui s'efforcent de se détacher du papier tue-mouches au point de s'en arracher les pattes. « Le travail de ces messieurs va être pénible. »

A cet instant précis Mlle Bürstner déboucha sur la place, elle arrivait par un escalier d'une rue située en contrebas. Il n'était pas tout à fait sûr que ce fût elle ; la ressemblance il est vrai était grande. Mais peu importait à K. de savoir si c'était vraiment Mlle Bürstner, c'était le côté dérisoire de sa résistance qui lui était tout de suite venu à l'esprit. Il n'y avait rien d'héroïque à résister, à faire des difficultés à ces messieurs, pour tenter, en position de défense, de goûter cette dernière manifestation de vie. Il se mit en route et un peu de ce plaisir qu'il fit ainsi aux deux messieurs se transmit jusqu'à lui. Ils toléraient que ce fût lui qui fixât la direction de leur marche et il la fixa selon la route que prenait la demoiselle devant eux, non pas parce qu'il voulait la rattraper, non plus parce qu'il voulait la voir aussi longtemps que possible, mais seulement pour ne pas oublier la mise en garde qu'elle représentait pour lui.

« La seule chose que je puisse faire », se dit-il, et la régularité de ses pas et des pas des deux autres confirma ses pensées, « la seule chose que je puisse faire est de garder jusqu'à la fin une intelligence qui évalue les choses calmement... Je voulais toujours avoir une vingtaine de mains à la fois pour en empoigner le monde et dans un but, de plus, discutable. C'était une erreur. Dois-je donc montrer que même ce procès qui a duré un an n'a rien pu m'apprendre ? Dois-je partir en homme aux idées courtes ? Doit-on pouvoir dire de moi qu'au début du procès je voulais en finir et que maintenant qu'il est fini je veux le recommencer ? Je ne veux pas qu'on dise cela. Je suis reconnaissant que pour faire ce chemin on m'ait donné ces deux messieurs à demi muets et dépourvus d'intelligence, et qu'on m'ait confié à moi le soin de me dire moi-même les choses nécessaires. »

La demoiselle, entre-temps, avait obliqué dans une rue latérale, mais déjà K. pouvait se passer d'elle et il s'abandonna à ses accompagnateurs. Tous trois, en plein accord, passèrent un pont à la lumière de la lune ; les messieurs se prêtaient maintenant, pleins de bonne volonté, au plus petit mouvement que faisait K. ; lorsqu'il se tourna un peu vers le parapet, eux aussi s'y tournèrent, tout d'une pièce. La rivière qui étincelait et tremblait à la lumière de la lune se divisait autour d'une petite île, sur laquelle, comme serrées, se dressaient les masses de feuillage des arbres et des buissons. En dessous, invisibles à cette heure, couraient des allées gravillonnées, bordées de bancs confortables sur lesquels K., maint été durant, s'était allongé et prélassé. « Mais je ne voulais pas du tout m'arrêter », dit-il à ses accompagnateurs dont la bonne volonté le remplissait de honte. L'un d'eux derrière le dos de K. parut doucement reprocher à l'autre cet arrêt qu'on aurait pu mal interpréter, et ils continuèrent leur chemin.

Ils passèrent par quelques rues en pente où çà et là se tenaient ou marchaient des agents de police ; tantôt au loin, tantôt à proximité immédiate. L'un avec une grosse moustache, la main sur le pommeau de son sabre, s'avança, comme exprès, tout près du groupe qui ne pouvait pas ne pas éveiller de soupçons. Ces messieurs marquèrent le pas, l'agent de police semblait déjà ouvrir la bouche lorsque K., de force, tira les messieurs en avant. A plusieurs reprises, il se retourna prudemment pour voir si le policier ne les suivait pas ; mais lorsqu'ils furent à bonne distance du policier, K. se mit à courir et, malgré le mal qu'ils avaient à respirer, ces messieurs furent bien obligés de courir avec lui.

Ainsi sortirent-ils rapidement de la ville, qui, dans cette direction, presque sans transition, donnait en pleins champs. Une petite carrière déserte et abandonnée se trouvait à proximité d'une maison encore citadine. C'est ici que les messieurs s'arrêtèrent, soit que cet endroit eût été leur but dès le départ, soit qu'ils eussent été trop fatigués pour continuer à courir. Maintenant, ils lâchèrent K., qui attendait en silence, ils enlevèrent leur haut-de-forme et, faisant des yeux le tour de la carrière, ils s'essuyèrent la sueur du front avec leur mouchoir. La lumière de la lune se répandait partout avec ce naturel et ce calme qui n'est donné à aucune autre lumière.

Après quelques échanges de politesses pour savoir à qui incomberaient les tâches suivantes — ces messieurs semblaient s'être vu attribuer leur mission de façon indifférenciée —, l'un d'eux s'approcha de K. et lui enleva sa veste, son gilet et enfin sa chemise. K. frissonna involontairement, sur quoi le monsieur lui donna une légère tape, rassurante, dans le dos. Puis il plia soigneusement les affaires, comme on le fait pour des vêtements qu'on réutilisera, même si ce n'est pas dans l'immédiat. Pour ne pas exposer K., immobile, à l'air tout de même frais de la nuit, il le prit par le bras et fit avec lui des allées et venues, pendant que l'autre monsieur cherchait dans la carrière quelque endroit approprié. Quand il l'eut trouvé, il fit un signe de la main et l'autre monsieur y conduisit K. C'était près de la paroi de la carrière, il s'y trouvait un bloc de pierre détaché. Les messieurs assirent K. par terre, l'appuyèrent contre la pierre et couchèrent sa tête dessus. Malgré tous les efforts qu'ils faisaient et malgré toute la bonne volonté dont K. faisait preuve à leur égard, son attitude restait très contrainte et artificielle. L'un des deux messieurs pria l'autre de lui laisser pour un instant le soin de coucher K. mais même cela n'arrangea rien. Ils laissèrent finalement K. dans une position qui n'était pas la meilleure de celles qu'ils avaient déjà obtenues. Puis l'un des messieurs ouvrit sa redingote et tira d'un fourreau pendu à une ceinture mise autour de son gilet un long et mince couteau de boucher à deux tranchants, le mit au-dessus de lui et en vérifia le fil. Ces répugnants échanges de politesses recommencèrent une fois encore, l'un tendit le couteau à l'autre, au-dessus de K., celui-ci le lui rendait de nouveau par-dessus K. K. savait très exactement maintenant qu'il eût été de son devoir de saisir lui-même le couteau pendant qu'il passait au-dessus de lui et de se l'enfoncer. Il ne le fit pas, mais tourna son cou encore libre et regarda autour de lui. Il ne pouvait faire ses preuves complètement, ni décharger l'administration de tout le travail, la responsabilité de cette dernière faute incombait à celui qui lui avait refusé le reste de force nécessaire. Ses regards tombèrent sur le dernier étage de la maison attenante à la carrière. Les battants d'une fenêtre s'y ouvrirent à la volée comme jaillit une lumière, un être humain que la distance et la hauteur rendaient vague et mince se pencha d'un coup en avant et étendit les bras. Qui était-ce ? Un ami ? Un homme bon ? Quelqu'un qui prenait part ? Quelqu'un qui voulait porter secours ? Etait-il seul ? Etaient-ce tous ? Y avait-il encore un secours ? Existait-il des objections oubliées ? Il y en avait sûrement. La logique est certes inébranlable mais elle ne résiste pas à un homme qui veut vivre. Où était le juge qu'il n'avait jamais vu ? Où était le haut tribunal jusqu'où il n'était jamais arrivé ? Il leva les mains et écarta les doigts.

Mais les mains de l'un des messieurs se plaquèrent contre la gorge de K. pendant que l'autre lui planta le couteau profondément dans le cœur et l'y tourna deux fois. De ses yeux qui s'obscurcissaient K. vit encore, tout près de son visage, joue contre joue les deux messieurs observer l'issue : « Comme un chien ! » dit-il ; c'était comme si la honte devait lui survivre.

* * *

I

Les chapitres inachevés.

Chez Elsa (1)

UN jour, juste avant de s'en aller on appela K. au téléphone et on l'invita à venir aussitôt dans les bureaux du tribunal. On le mit en garde contre une éventuelle désobéissance. Ses réflexions incroyables quant à l'inutilité des interrogatoires : qu'ils ne donnaient aucun résultat et ne pouvaient pas en donner, qu'il ne s'y rendrait plus, qu'il ne répondrait pas aux convocations téléphoniques ou écrites et qu'il jetterait les messagers à la porte — toutes ces remarques-là avaient été consignées par écrit et lui avaient déjà beaucoup nui. Pourquoi ne voulait-il pas céder ? Ne s'efforçait-on pas, sans égard au temps ni à l'argent, de mettre de l'ordre dans son affaire embrouillée ? Voulait-il, arbitrairement, déranger tout cela et en arriver à ce qu'on emploie la manière forte qu'on avait jusque-là voulu lui épargner ? La convocation d'aujourd'hui était une ultime tentative. Il pouvait faire ce qu'il voulait mais ne pas oublier que le haut tribunal ne pouvait permettre qu'on se moquât de lui.

Or, K. avait ce soir-là annoncé sa visite à Elsa et pour cette raison, déjà, il ne pouvait se rendre au tribunal ; il était heureux d'avoir cette justification-là de ne pas

(1) Ce chapitre devait en tout cas prendre place après le troisième chapitre où l'adresse du tribunal est mentionnée pour la première fois (N. d. T.).

s'être présenté au tribunal mais il ne ferait jamais de lui-même usage de cette excuse et d'ailleurs il est très probable qu'il ne se serait pas non plus rendu devant le tribunal même si ce soir-là il n'avait pas eu la moindre obligation. Conscient de son bon droit, il posa au téléphone la question de savoir ce qui arriverait s'il ne venait pas.

— On saura vous trouver, fut la réponse.

— Et serai-je puni de ne pas être venu de mon plein gré ? demanda K., souriant dans l'attente de ce qu'il allait entendre.

— Non, fut la réponse.

— Excellent, répondit K., mais quelle raison pourrai-je alors avoir de répondre à la convocation d'aujourd'hui ?

— On n'a pas coutume d'attirer sur soi les moyens de la puissance du tribunal, dit la voix qui s'affaiblissait et finit par disparaître.

« Il est très imprudent de ne pas le faire », pensa K. en s'en allant, « on doit apprendre à connaître les moyens du pouvoir ».

Sans hésiter, il partit chez Elsa. Confortablement rencogné dans l'angle de la voiture, les mains dans les poches de son manteau — il commençait déjà à faire froid —, il dominait du regard les rues animées. Avec une certaine satisfaction il pensait aux embarras qu'il créait pour le tribunal et qui n'étaient pas rien, si toutefois celui-ci était vraiment en activité. Il n'avait pas clairement indiqué s'il allait venir au tribunal ou non ; le juge attendait donc, peut-être même une assemblée tout entière attendait-elle ; seul K., à la déception toute particulière de la galerie, ne ferait pas son apparition. Sans se laisser troubler par le tribunal il allait où il voulait, un instant durant il ne fut pas sûr de n'avoir pas donné par distraction l'adresse du tribunal au cocher ; c'est pourquoi, à haute voix, il lui cria l'adresse d'Elsa ; le cocher hocha la tête, il ne lui en avait pas été indiqué d'autre. A partir de cet instant, K. oublia peu à peu le tribunal et la banque se mit à occuper entièrement, comme jadis, ses pensées.

Voyage chez la mère

Tout à coup, au déjeuner, il lui vint à l'esprit qu'il voulait rendre visite à sa mère. On était presque à la fin du printemps et cela faisait trois ans qu'il ne l'avait pas vue. Elle l'avait, en ce temps-là, prié de venir la voir le jour de son anniversaire à lui, et malgré bon nombre d'obstacles il avait répondu à son attente ; il lui avait même fait la promesse de passer chaque anniversaire auprès d'elle, promesse qu'il n'avait pas tenue pour la seconde fois déjà. Aussi ne voulait-il pas attendre son anniversaire, bien que celui-ci ne fût que dans quinze jours, mais faire le voyage immédiatement.

Il n'y avait pas de raisons particulières d'y aller, se disait-il ; bien au contraire, les nouvelles qu'il recevait régulièrement tous les deux mois par un cousin qui possédait une épicerie dans la petite ville et qui administrait l'argent que K. envoyait pour sa mère étaient plus rassurantes qu'elles ne l'avaient jamais été auparavant. Certes, sa mère était en train de perdre la vue, mais depuis des années déjà il s'y attendait ; en revanche, son état de santé s'était, pour le reste, amélioré, diverses infirmités de l'âge, au lieu de devenir plus fortes, avaient diminué, du moins se plaignait-elle moins. Le cousin pensait que cela était peut-être en relation avec le fait que ces dernières années — K. en avait déjà remarqué avec répugnance de légers indices lors de sa dernière visite — elle était devenue effroyablement pieuse. Dans sa dernière lettre le cousin avait raconté de façon très imagée comment la vieille femme, qui jusque-là n'avait fait que se traîner péniblement, marchait maintenant fort bien à son bras quand le dimanche il la conduisait à l'église. Et son cousin, K. pouvait le croire car d'habitude il était toujours angoissé et exagérait dans ses comptes rendus plutôt ce qui allait mal que ce qui allait bien.

Mais, quoi qu'il en fût, K. s'était décidé à partir ; il avait, parmi d'autres choses peu réjouissantes, constaté de la mélancolie en lui et une tendance presque irrésistible à satisfaire tous ses souhaits — dans le cas précis ce défaut servait au moins une bonne cause.

Il alla à la fenêtre pour rassembler un peu ses idées, puis il fit desservir, envoya l'appariteur chez Mme Grubach pour lui annoncer son départ et chercher son sac de voyage dans lequel Mme Grubach était priée de mettre ce qui lui paraissait nécessaire, puis il confia à M. Kühne les affaires à régler durant son absence, et ne s'énerva pas même à cause de cette façon qu'avait M. Kühne d'écouter ce qu'on lui indiquait, la tête tournée comme s'il savait parfaitement ce qu'il avait à faire et n'acceptait les indications qu'on lui donnait que comme un cérémonial ; finalement K. se rendit chez le directeur. Lorsqu'il sollicita de celui-ci un congé de deux jours, pour aller voir sa mère, le directeur demanda naturellement si elle était malade.

— Non, fit K., sans s'expliquer davantage. Il était debout au milieu de la pièce, les mains dans le dos. Il réfléchissait, le front plissé. Avait-il trop précipité les préparatifs de voyage ? Ne valait-il pas mieux rester ? Qu'allait-il faire là-bas ? Voulait-il y aller par pure sensiblerie ? Et par sensiblerie manquer éventuellement quelque chose d'important, une occasion d'intervenir qui pouvait se trouver pourtant chaque jour, chaque heure, puisque le procès apparemment n'évoluait pas depuis des semaines et que pour ainsi dire aucune nouvelle précise n'était parvenue jusqu'à lui ? Et de plus n'allait-il pas effrayer la vieille dame, ce qui naturellement n'était pas dans ses intentions, mais pouvait très facilement se produire contre son gré, puisque bien des choses maintenant se faisaient contre son gré. Et sa mère d'ailleurs ne le réclamait pas du tout.

Jadis, dans les lettres du cousin les invitations pressantes de sa mère s'étaient régulièrement répétées, ce n'était plus le cas depuis longtemps déjà. Il n'allait donc pas là-bas pour sa mère, c'était clair. Mais s'il y allait en espérant quelque chose pour lui-même, il n'était qu'un parfait imbécile et c'est dans le désespoir, finalement, qu'il trouverait là-bas le salaire de son imbécillité. Mais comme si tous ces doutes n'étaient pas les siens propres, mais quc des étrangers, eût-on dit, essayaient de les faire naître en lui, il s'en tint à sa décision de partir. Le directeur qui pendant ce temps, par hasard, ou, ce qui était plus probable, par égards tout particuliers pour K., s'était penché au-dessus d'un journal, leva maintenant les yeux, tendit la main à K. et lui souhaita, sans poser d'autres questions, un bon voyage.

Ensuite, allant et venant dans son bureau, K. attendit l'appariteur et presque sans rien dire, il écarta le directeur général adjoint qui entra plusieurs fois pour savoir la raison du départ de K., et, lorsqu'il fut enfin en possession de son sac de voyage, il se précipita vers le fiacre commandé d'avance. Il était déjà dans l'escalier lorsqu'au dernier instant Kullich fit son apparition, tenant à la main une lettre commencée pour laquelle il lui fallait visiblement demander une indication à K. De la main K. fit signe que non, mais, d'esprit court comme l'était cet homme, il se méprit sur le signe et brandissant sa feuille de papier il courut derrière K. à grands bonds, au péril de sa vie. Celui-ci en fut à ce point irrité qu'au moment où Kullich le rattrapa sur le perron, il lui prit la lettre des mains et la déchira. Lorsque K., ensuite, se retourna dans la voiture, Kullich qui semblait toujours n'avoir pas compris son erreur, se tenait toujours à la même place à regarder la voiture qui s'éloignait pendant que le portier à côté de lui s'inclinait, casquette à la main. Donc, K. était encore un des cadres supérieurs de la banque ; voudrait-il le nier que le portier le réfuterait. Et sa mère le tenait même malgré ses dénégations pour le directeur de la banque et cela depuis des années. Dans son esprit, il ne pouvait descendre même si par ailleurs sa réputation était entamée. C'était peut-être un bon signe qu'il eût pu se rendre compte juste avant son départ qu'il pouvait encore arracher une lettre à un employé en relations avec le tribunal et la déchirer sans la moindre excuse, sans se brûler les doigts.

(...)

Mais, il est vrai, ce qu'il aurait préféré : envoyer deux claques bien sonores sur les joues pâles et rondes de Kullich, cela, il n'avait pas pu le faire. D'un autre côté, c'est très bien car K. déteste Kullich mais tout autant

Rabensteiner et Kaminer. Il croit les avoir détestés depuis toujours, leur apparition dans la chambre de Mlle Bürstner a pour la première fois attiré son attention sur eux, mais sa haine est plus ancienne. Et ces derniers temps K. souffre presque de cette haine, car il ne peut l'apaiser ; il est si difficile de leur faire comprendre quelque chose ; ce sont les employés les plus subalternes de tous, à tous égards sans valeur, ils n'avanceront pas si ce n'est à l'ancienneté et là aussi plus lentement que quiconque ; en conséquence, il est presque impossible de dresser un obstacle quelconque sur leur route : aucun obstacle provenant d'une main étrangère ne peut être aussi grand que la bêtise de Kullich, la paresse de Rabensteiner ou la répugnante humilité servile de Kaminer. La seule chose que l'on pourrait tenter contre eux serait de provoquer leur renvoi ; ce serait même très facile à obtenir ; quelques mots de K. au directeur suffiraient, mais cela faisait reculer K. Peut-être le ferait-il si le directeur général adjoint qui, ouvertement ou secrètement, favorise tout ce que déteste K. prenait la défense de ces trois-là, mais ici, curieusement, le directeur général adjoint faisait une exception et voulait ce que K. voulait.

L'avocat général

Malgré la connaissance des hommes et l'expérience du monde que K. avait acquises pendant son long temps de service à la banque, la fréquentation de la table réservée lui avait toujours paru quelque chose de tout à fait remarquable ; il ne s'était jamais caché que c'était un grand honneur pour lui que d'appartenir à un tel cercle de gens. Il se composait presque exclusivement de juges, d'avocats généraux et d'avocats, même quelques jeunes fonctionnaires et clercs d'avocats y étaient admis, mais ils étaient assis au bas bout de la table et n'avaient le droit de se mêler aux débats que lorsqu'on leur posait des questions précises.

De telles questions n'avaient généralement pour but que d'amuser la compagnie ; l'avocat général Hasterer, qui était d'habitude le voisin de table de K., aimait surtout à faire de cette façon-là honte à ces jeunes messieurs. Dès qu'il posait sa grande main velue sur la table et qu'il se tournait vers le bas de la table, tout le monde déjà tendait l'oreille. Et quand, là en bas, quelqu'un relevait la question mais ne pouvait pas même l'élucider ou restait à regarder, songeur, son verre de bière, ou bien, au lieu de parler, se contentait de remuer les mâchoires, ou bien même — et c'était le pire — soutenait en un intarissable flot de paroles une opinion fausse ou non autorisée, alors les messieurs plus âgés se tournaient en souriant sur leurs sièges et ne semblaient vraiment se sentir bien qu'à ce moment-là. Les conversations vraiment sérieuses et compétentes leur restaient réservées à eux seuls.

K. avait été introduit dans ce cercle par un avocat, le conseiller juridique de la banque. A une certaine époque K. avait eu à la banque avec cet avocat d'interminables entretiens sur des points de droit, jusqu'à une heure avancée de la nuit ; ainsi, il avait été tout naturellement amené à dîner en compagnie de l'avocat à sa table réservée et il s'était plu en compagnie de ces gens. Il voyait là tout un tas d'hommes savants, considérés et en un certain sens puissants, dont les loisirs consistaient à chercher à résoudre difficilement des questions ardues qui n'avaient que de lointains rapports avec la vie quotidienne. Même s'il ne pouvait intervenir que rarement, il apprit beaucoup de choses qui tôt ou tard pouvaient lui être avantageuses à la banque ; de plus, il pouvait nouer des relations personnelles avec le tribunal, ce qui pouvait toujours être utile.

Les autres membres du cercle semblaient l'accepter volontiers. Il ne tarda pas à être reconnu comme un spécialiste de sa branche et son opinion dans de telles matières — même si cela ne se passait pas tout à fait sans ironie — faisait autorité. Il n'était pas rare que deux partenaires qui avaient un jugement différent sur une question de droit commercial voulussent connaître le point de vue de K. et son nom alors ne cessait de revenir dans les arguments et les contre-arguments et il se trouvait entraîné dans des considérations qu'il était bientôt hors d'état de suivre. Il est vrai qu'il comprit alors beaucoup de choses parce qu'il avait à son côté un bon conseiller en la personne de l'avocat général Hasterer, qui entretenait avec lui, de plus, des relations amicales. Il le raccompagnait même souvent en pleine nuit jusque chez lui. Mais longtemps il ne put s'habituer à aller bras dessus, bras dessous à côté de ce géant qui aurait pu le cacher tout entier sous sa pèlerine.

Au fil du temps, ils se complétèrent cependant si bien que toutes les différences de culture, de profession et d'âge se trouvèrent effacées. Ils se fréquentèrent comme s'ils avaient été ensemble depuis toujours ; dans leurs relations, si l'un d'eux semblait avoir l'avantage sur l'autre ce n'était pas Hasterer mais bien K., car son expérience pratique lui donnait la plupart du temps raison, car elle avait été acquise directement et non simplement à une estrade de tribunal.

Bientôt cette amitié fut connue de tout le monde et on oublia à moitié qui avait introduit K. dans ce cercle ; c'était Hasterer en tout cas qui protégeait K. ; si le droit qu'avait K. d'être assis là devait être mis en doute, il pourrait toujours en appeler à Hasterer. Cela fit accéder K. à une position presque privilégiée car Hasterer était aussi considéré que craint. La force et l'habileté de sa pensée sur le plan du droit étaient certes tout à fait dignes d'admiration, mais bien de ces messieurs étaient à cet égard au moins ses égaux ; aucun cependant ne l'approchait pour ce qui était de la véhémence avec laquelle il défendait ses opinions. K. avait l'impression que si Hasterer ne pouvait pas convaincre son adversaire, il lui faisait sûrement peur ; son doigt tendu en faisait reculer plus d'un. L'adversaire alors semblait comme oublié, on était entre connaissances et collègues, on ne parlait que de questions théoriques, rien ne pouvait lui arriver — et pourtant, il se taisait ; secouer la tête, c'était déjà un acte de courage.

C'était un spectacle pénible quand l'adversaire était assis loin et que Hasterer se rendait compte qu'à distance il n'était pas possible de s'entendre, repoussait son assiette pleine et se levait lentement pour aller trouver l'homme en question. Ceux qui étaient à proximité inclinaient alors la tête en arrière pour observer son visage.

C'étaient là des incidents relativement rares et s'il s'énervait, ce n'était que pour des questions de droit ou de procès qu'il menait ou avait menés lui-même. Dès qu'il ne s'agissait plus de questions de cette sorte, il était aimable et tranquille, son rire était affectueux et sa seule passion c'était la nourriture et la boisson. Il pouvait même arriver qu'il n'écoutât pas du tout la conversation ; tourné vers K., le bras appuyé sur l'accoudoir du fauteuil de celui-ci, il lui posait à mi-voix des questions sur la banque, et parlait aussi de son propre travail ou de ses relations féminines qui lui donnaient presque autant de tracas que le tribunal.

Dans ce cercle on ne le voyait parler avec personne de cette façon et il arrivait même que, lorsqu'on voulait obtenir quelque chose de Hasterer — la plupart du temps il s'agissait d'arriver à une réconciliation avec un collègue —, on s'adressait d'abord à K., à qui on demandait d'intervenir, ce qu'il faisait volontiers et facilement. D'ailleurs, sans tirer profit de ses relations avec Hasterer, il était très poli et modeste avec tout le monde et il s'entendait, ce qui importait plus encore que la politesse ou la modestie, à faire les distinctions voulues entre les positions hiérarchiques de ces messieurs. Il est vrai que dans ce domaine Hasterer lui apprenait toujours quelque chose. C'étaient les seules règles que, même au cours du débat le plus animé, il n'enfreignait pas. C'est pourquoi il n'adressait à ces jeunes messieurs au bas bout de la table, qui n'avaient pour ainsi dire encore aucun rang, que des discours très généraux comme si ce n'étaient pas des individus mais une sorte de bloc. Mais c'étaient ces messieurs justement qui lui montraient le plus de déférence et quand il se levait de sa place vers les onze heures pour rentrer chez lui, il s'en trouvait toujours un pour l'aider à enfiler son lourd manteau et un autre qui avec une grande courbette lui ouvrait la porte et la tenait encore pendant que K. quittait la pièce derrière Hasterer.

Si pendant les premiers temps K. accompagnait Hasterer un bout de chemin ou Hasterer K., plus tard, ces soirées se terminaient en général de la manière que voici : Hasterer demandait à K. de l'accompagner jusqu'à son appartement et de passer encore un moment avec lui. Ils restaient alors bien une heure à boire du schnaps et à fumer des cigares. Ces soirées, Hasterer les aimait au point qu'il ne voulut pas même y renoncer lorsque quelques semaines durant il eut chez lui une femme du nom d'Hélène. C'était une grosse femme à la peau jaunâtre, avec des boucles noires qui s'enroulaient sur son front. K. ne la vit d'abord qu'au lit ; elle y était, en général, étendue de façon fort impudique ; elle avait coutume d'y lire un roman à épisodes et ne s'occupait pas de la conversation de ces messieurs. Ce n'est que lorsqu'il se faisait tard qu'elle s'étirait, bâillait et jetait, quand elle ne parvenait pas à attirer l'attention sur elle, son roman à la tête d'Hasterer. Celui-ci alors se levait en souriant et K. prenait congé.

Plus tard, il est vrai, Hasterer commença à se fatiguer d'Hélène ; elle se mit à beaucoup déranger leurs rencontres. Elle attendait ces messieurs habillée en général d'une robe qu'elle devait croire très précieuse et très élégante, mais qui était en réalité une vieille robe de bal surchargée qui frappait très désagréablement par les rangées de longues franges qui l'ornaient. K. ne savait pas quelle était exactement l'allure de cette robe ; il se refusait d'une certaine manière à la regarder, et restait des heures assis, les yeux baissés, pendant qu'en se balançant elle allait et venait dans la pièce ou restait assise près de lui et essayait, dans sa détresse, lorsque sa situation fut devenue intolérable, de rendre Hasterer jaloux en ayant l'air de préférer K.

Par détresse seulement et non par méchanceté, elle se penchait, le dos dénudé, rond et gras par-dessus la table et approchait son visage tout près de K. pour le forcer à lever les yeux. Elle n'arriva qu'à une seule chose ; K. refusa d'aller chez Hasterer et lorsqu'il s'y rendit tout de même, quelque temps après, Hélène avait été définitivement renvoyée. K. trouva cela tout à fait naturel. Ils restèrent ensemble très longtemps ce soir-là ; à l'instigation d'Hasterer, ils fêtèrent leur fraternité et sur le chemin du retour K. était presque un peu étourdi par la boisson et la fumée.

Or, le lendemain matin, à la banque, le directeur, au cours d'une conversation d'affaires, fit la remarque qu'il croyait avoir vu K. hier soir. S'il ne s'était pas trompé, K. allait bras dessus, bras dessous avec l'avocat général Hasterer. Le directeur semblait trouver cela à ce point curieux — il est vrai que cela correspondait à son esprit de précision habituel — qu'il nomma l'église sur le bas-côté de laquelle, à proximité de la fontaine, la rencontre avait eu lieu. Aurait-il voulu décrire un mirage qu'il ne se serait pas exprimé autrement. K. lui expliqua alors que l'avocat général était son ami et qu'hier soir ils étaient, en effet, passés près de l'église.

Le directeur sourit étonné et invita K. à s'asseoir. C'était l'un de ces instants pour lesquels K. aimait tant le directeur, moments où chez cet homme faible, malade, toussotant, surchargé de responsabilités, une préoccupation évidente quant au bien-être de K. et à son avenir se faisait jour, préoccupation que, bien entendu, on pouvait appeler froide et extérieure, comme le pensaient les autres employés qui avaient fait la même expérience avec le directeur, moyen excellent de sacrifier deux minutes et de s'attacher pour des années durant des fonctionnaires précieux ; quoi qu'il en fût, K. succombait en de tels instants.

Peut-être le directeur parlait-il un peu différemment à K. qu'aux autres, non pas qu'il oubliât par exemple sa supériorité hiérarchique pour se mettre au niveau de K. — cela il le faisait régulièrement, de toute façon, dans leurs relations professionnelles —, mais en l'occurrence, il semblait justement avoir oublié le rang de K. et il lui parlait comme on parle à un enfant ou à un jeune homme ingénu en train de demander son premier emploi et qui pour quelque raison incompréhensible provoque la sympathie du directeur. Jamais K. n'aurait toléré une telle manière de parler de personne, ni du directeur lui-même, si cette sollicitude ne lui avait pas paru sincère ou si du moins la possibilité d'une telle sollicitude, telle qu'elle se manifestait en de tels instants, ne l'avait tout à fait subjugué. K. reconnaissait là sa faiblesse ; peut-être venait-elle de ce qu'il y avait encore à cet égard quelque chose de vraiment enfantin en lui car il n'avait jamais connu la sollicitude de son père mort très jeune, avait quitté très tôt sa maison et toujours plutôt refusé que sollicité la tendresse de sa mère qui, à moitié aveugle, habitait encore là-bas, dans la petite ville immuable, et à laquelle il avait rendu visite pour la dernière fois il y avait deux ans environ.

— Je ne savais rien de cette amitié-là, dit le directeur et seul un faible sourire amical atténua la sévérité de ces paroles.

La maison

Sans tout d'abord y attacher une intention précise, K. avait à diverses reprises essayé de savoir où était situé le service dont avait émané la première citation dans son affaire. Il l'apprit sans difficulté ; Titorelli aussi bien que Wolfahrt lui dirent le numéro exact de la maison dès la première fois qu'il posa la question. Plus tard, Titorelli, avec un sourire qu'il avait toujours tout prêt lorsqu'il s'agissait de projets secrets non soumis à son expertise, compléta cette information en affirmant que ce service, précisément, n'avait pas la moindre importance, qu'il ne faisait qu'exprimer ce dont on le chargeait et qu'il n'était que l'organe le plus extérieur de la grande autorité de mise en accusation, elle-même il est vrai inaccessible aux parties. Quand donc on désirait quelque chose de la chambre des mises en accusation — naturellement il existait des désirs nombreux mais il n'était pas toujours indiqué de les exprimer — il fallait, il est vrai, s'adresser à ce service inférieur, mais cela ne permettait ni d'arriver jusqu'à l'instance de mise en accusation proprement dite ni d'y faire parvenir ses vœux.

K. connaissait déjà la nature du peintre ; c'est pourquoi il ne fit pas d'objections et ne s'enquit pas davantage ; il opina seulement de la tête et prit note de ce qu'il venait de lui dire. Il eut l'impression une fois encore que pour ce qui était de le tourmenter, Titorelli remplaçait largement l'avocat. La seule différence c'était que K. n'était pas autant livré à Titorelli et qu'il aurait pu s'en libérer à sa guise dès qu'il l'aurait voulu ; Titorelli par ailleurs était tout à fait communicatif, oui, même bavard, encore qu'il l'eût été plus au début que maintenant et finalement K. pouvait aussi de son côté très bien tourmenter Titorelli.

Et en l'occurrence c'est ce qu'il fit ; il parlait souvent de cette maison sur un certain ton, comme s'il taisait quelque chose à Titorelli, comme s'il avait établi des contacts avec ce service, mais pas assez avancés pour pouvoir en parler sans danger ; quand Titorelli cherchait alors à lui faire donner davantage de détails K. tout à coup détournait la conversation et n'en parlait plus. Il était content de petits succès de cette sorte ; il croyait alors mieux comprendre les gens qui entouraient le tribunal ; il croyait déjà pouvoir jouer avec eux, s'intégrer presque à eux et il lui semblait qu'il avait par instants, comme eux, cette vision d'ensemble meilleure que rendait en somme possible cette première marche du tribunal sur laquelle ils se tenaient. Qu'importait s'il devait perdre sa position ici en bas ? Il y avait là encore une possibilité d'être sauvé ; il lui fallait seulement se faufiler parmi ces gens ; s'ils n'avaient pas pu l'aider dans son procès vu leur situation subalterne ou pour d'autres raisons, ils pouvaient du moins l'accueillir et le cacher ; oui, à condition d'avoir bien réfléchi à tout et tout arrangé en secret, ils ne pouvaient qu'accepter de l'aider de cette façon, surtout Titorelli dont il était devenu maintenant une connaissance intime et le bienfaiteur.

C'est d'espoirs de cette sorte que K. se nourrissait, non pas tous les jours — en général il distinguait encore les choses exactement et se gardait bien de sauter ou d'éluder une difficulté quelconque —, mais parfois — la plupart du temps c'était des états d'épuisement total, le soir après le travail — il se consolait avec les incidents les plus minimes et justement les plus ambigus de la journée. Généralement il était alors étendu sur le canapé de son bureau — il n'arrivait plus à quitter son bureau s'il ne se reposait pas une heure durant — et, en pensées, il alignait observation sur observation. Il ne se contentait pas de s'en tenir aux gens en rapport avec le tribunal ; ici, dans le demi-sommeil tous se mêlaient, il oubliait alors le grand travail du tribunal, il lui semblait être le seul accusé et tous les autres se déplaçaient comme des fonctionnaires et des juristes dans les galeries d'un tribunal ; même les plus bornés d'entre eux avaient incliné la tête sur la poitrine, retroussé les lèvres et pris le regard fixe de la réflexion grave.

Alors les locataires de Mme Grubach faisaient toujours leur apparition, en groupe compact, ils se tenaient, tête contre tête, la gueule ouverte comme un chœur accusateur. Parmi eux, beaucoup d'inconnus, car il y avait bien longtemps déjà que K. ne s'occupait plus de ce qui se passait à la pension. A cause de tous ces inconnus, il était rempli de malaise à l'idée de s'occuper de ce groupe, ce qu'il était parfois obligé de faire quand il y cherchait Mlle Bürstner. Il parcourait par exemple le groupe du regard et soudain il rencontrait des yeux brillants, tout à fait inconnus qui arrêtaient son regard. Il ne trouvait pas Mlle Bürstner mais, lorsque pour éviter toute erreur, il la cherchait encore une fois, il la trouvait justement au milieu du groupe, entourant des bras deux messieurs à côté d'elle. Cela faisait peu d'impression sur lui, car ce spectacle n'avait rien de nouveau, ce n'était que le souvenir ineffaçable d'une photo de plage vue un jour dans la chambre de Mlle Bürstner.

Ce spectacle éloigna K. de ce groupe et même s'il revenait souvent, il se contentait de traverser le bâtiment du tribunal en tous sens, à grands pas. Il connaissait bien toutes les pièces ; des couloirs écartés qu'il n'avait jamais vus lui semblaient familiers, comme s'il y habitait depuis toujours. Des détails s'imprimaient dans son cerveau avec une netteté douloureuse, un inconnu, par exemple, se promenait, il était vêtu comme un toréador, son pourpoint était fendu comme au couteau, son gilet très court et raide était fait de dentelles jaunâtres à gros fils et cet homme, sans arrêter sa promenade un seul instant, se faisait sans cesse admirer par K. Penché, K. se glissait autour de lui et s'ébahissait de lui, les yeux écarquillés. Il connaissait tous les dessins des dentelles, toutes les franges défectueuses, tous les balancements du petit gilet et pourtant il n'était pas rassasié de les voir. Ou plutôt, il y avait longtemps qu'il en était rassasié, ou plutôt, il n'avait jamais voulu les regarder, mais il ne pouvait s'en empêcher. « Il y en a de ces mascarades dans les pays étrangers ! » pensait-il en ouvrant les yeux plus grands encore. Et il resta derrière cet homme jusqu'au moment où il se retourna sur le canapé et enfouit son visage dans le cuir.

(rayé à partir d'ici)

Il resta longtemps ainsi à réfléchir dans l'obscurité sans être dérangé. Ce qu'il préférait, c'était penser à Titorelli. Titorelli était assis dans un fauteuil et K. était à genoux devant lui ; il lui caressait les bras et le flattait de toutes les manières possibles. Titorelli savait ce que K. voulait, mais il faisait comme s'il ne le savait pas et ainsi il le tourmentait un peu. Mais K. de son côté savait que finalement il arriverait à tout car Titorelli était un homme primesautier, très inconséquent, facile à gagner, qui n'avait pas un sens impérieux du devoir ; il était impensable que le tribunal eût prêté attention à un homme pareil. K. s'en rendit compte : c'était ici, si elle était possible, que la percée devait avoir lieu. Le sourire éhonté que Titorelli, tête levée, adressait au vide ne le trompait nullement ; il s'obstina dans sa requête et alla jusqu'à caresser les joues de Titorelli. Il ne se donnait pas trop de peine, il était presque négligent, il traînait la chose en longueur par plaisir, il était sûr du succès. Qu'il était facile de tromper le tribunal !

Comme s'il obéissait à une loi naturelle, Titorelli enfin se pencha vers lui, fermant lentement, amicalement les yeux, il montra qu'il était prêt à remplir la prière de K. ; il serra fort la main de K. K. se leva, il sentait la solennité du moment, mais Titorelli ne tolérait plus nulle solennité ; il saisit K. et l'entraîna avec lui au pas de course. Ils arrivèrent aussitôt au tribunal et se précipitèrent dans les escaliers, qu'ils ne cessèrent de monter et de descendre, sans la moindre peine, légers comme un bateau sur l'eau.

C'est alors même que K., observant ses pieds, en

arrivait à la conclusion que cette façon si belle de se déplacer ne pouvait plus appartenir à sa minable existence, c'est à cet instant qu'au-dessus de sa tête penchée la métamorphose se produisit. La lumière, jusque-là arrivée de derrière, changea, et pénétra à flots par-devant, éblouissante. K. leva les yeux, Titorelli lui fit un signe de la tête et se retourna. De nouveau K. se trouvait dans le couloir du tribunal, mais tout était plus calme et plus tranquille. Il n'y avait pas de détails remarquables. K. saisit tout d'un seul regard, se détacha de Titorelli et alla son chemin. K. portait une longue robe sombre et neuve ; elle était chaude et d'une lourdeur bienfaisante. Il savait ce qui lui était arrivé mais il en était si heureux qu'il ne voulait pas encore se l'avouer. A l'angle d'un corridor, dans l'un des murs duquel de grandes fenêtres étaient ouvertes, il retrouva ses anciens vêtements jetés en tas, la jaquette noire, les pantalons aux rayures tranchées et, posée par-dessus, la chemise étalée dont les manches tremblaient.

Combat avec le directeur général adjoint

Un matin K. se sentit beaucoup plus frais et résistant que d'habitude. C'est à peine s'il pensait au tribunal ; lorsqu'il lui venait à l'esprit, il lui semblait qu'il suffisait d'une seule prise, mais qu'il fallait d'abord repérer dans l'obscurité, pour prendre à revers toute cette grande organisation impossible à embrasser du regard, la déchirer et la démolir d'un seul coup. Son état inhabituel incita même K. à inviter le directeur général adjoint à venir dans son bureau pour y parler d'un problème pressant déjà depuis quelque temps. A de telles occasions, le directeur général adjoint faisait comme si ses rapports avec K. n'avaient pas changé le moins du monde au cours de ces derniers mois. Il vint tranquille, comme au temps où il était constamment en concurrence avec K., il écouta, tranquille, les explications de K., montra par de petites remarques confidentielles, oui, même amicales, sa sympathie, et ne fit que troubler K. ; il ne fallait y voir aucune intention, en ne se laissant détourner par rien de l'affaire en cours, il était même prêt à s'y attacher du fond de son être, alors que les pensées de K. devant ce modèle même de conscience professionnelle se mettaient à vagabonder dans tous les sens et le contraignaient à tout laisser presque sans résistance aux mains du directeur général adjoint.

Un moment les choses allèrent si mal que K. vit seulement le directeur général adjoint se lever tout à coup et retourner sans rien dire dans son bureau. K. ne savait pas ce qui était arrivé ; ou bien, en effet, la conversation était bel et bien terminée, ou bien il se pouvait que le directeur général adjoint y eût mis fin parce que K. l'avait blessé sans le savoir ou parce qu'il avait dit des bêtises, ou bien parce que le directeur général adjoint s'était rendu compte que de toute évidence K. ne l'écoutait pas, occupé à autre chose. Il était même possible que K. eût pris une décision ridicule ou que le directeur général adjoint la lui eût soutirée et que, maintenant, il s'empressait de l'exécuter au dommage de K. D'ailleurs, on ne revint pas sur cet incident. K. ne voulut pas en reparler et le directeur général adjoint se taisait ; cela n'entraîna dans un premier temps aucune conséquence visible.

De toute façon cet incident n'avait pas découragé K. ; dès qu'il s'offrait une occasion favorable et qu'il avait un peu de force, il était déjà à la porte du directeur général adjoint pour aller auprès de lui ou l'inviter chez lui. Il n'y avait plus assez de temps pour se cacher de lui comme il l'avait fait auparavant. Il n'espérait plus ce succès prochain, qui, d'un coup, le libérerait de tous les soucis et rétablirait les vieilles relations avec le directeur général adjoint. K. voyait bien qu'il ne devait pas s'arrêter ; s'il reculait comme l'exigeaient peut-être les circonstances, il courait le danger possible de ne plus jamais pouvoir avancer. Il ne fallait pas laisser croire au directeur général adjoint que c'en était fini de K. ; il ne fallait pas qu'il restât tranquillement assis dans son bureau à croire cela ; il fallait qu'il fût inquiété. Il fallait qu'il apprît aussi souvent que possible que K. vivait et que, comme tout ce qui était vivant, il était capable de surprendre par des facultés renouvelées, si inoffensif qu'il pût aujourd'hui paraître.

Parfois, K. se disait qu'avec cette méthode-là il ne faisait que se battre pour son honneur, car cela ne pouvait guère lui apporter d'avantages à s'opposer sans cesse, dans son état de faiblesse, au directeur général adjoint, à renforcer sans cesse le sentiment de puissance de celui-ci, à lui donner la possibilité de faire ses observations et à prendre très exactement ses mesures selon les circonstances. Mais K. n'aurait pas pu se comporter autrement, il était victime d'illusions sur lui-même ; il croyait parfois de façon certaine pouvoir se mesurer sans se faire de soucis au directeur général adjoint ; les expériences les plus malheureuses ne l'instruiraient pas ; ce qui, lors de dix tentatives, ne lui avait pas réussi, il croyait pouvoir l'obtenir à la onzième, bien que tout se fût toujours déroulé uniformément à ses dépens.

Quand, après un affrontement de ce genre, il restait seul, épuisé, en sueur, la tête vide, il ne savait pas si c'était l'espoir ou le désespoir qui l'avait ainsi poussé vers le directeur général adjoint ; puis une autre fois c'était indubitablement l'espoir seul qui le faisait se précipiter vers la porte du directeur général adjoint.

(*Rayé à partir d'ici jusqu'à* « ...obtenir de lui des missions spéciales ».)

Ce matin-là, cet espoir paraissait particulièrement justifié. Le directeur général adjoint fit lentement son entrée ; il se tenait le front de la main et se plaignait de maux de tête. Tout d'abord K. voulut répondre à cette remarque mais il se ravisa et commença aussitôt ses explications sans prendre quelque égard que ce fût au mal de tête du directeur général adjoint. Soit que ses douleurs n'eussent pas été bien grandes, soit que son intérêt pour l'affaire en cours les eût pour quelque temps reléguées à l'arrière-plan, toujours est-il qu'au cours de la conversation, le directeur général adjoint retira sa main de son front et répondit comme toujours avec à-propos et presque sans réfléchir, comme un élève modèle qui coupe déjà les questions par les réponses.

Cette fois K. put l'affronter et le repousser plusieurs fois, mais l'idée du mal de tête du directeur général adjoint le dérangeait sans cesse, comme si ce n'était pas un désavantage mais un avantage pour le directeur général adjoint. De quelle manière digne d'admiration le directeur général adjoint supportait et dominait ces douleurs ! Parfois, il souriait sans que cela fût motivé par ses paroles ; il semblait se faire gloire d'avoir mal à la tête sans que cela l'empêchât de penser. On parlait de tout autre chose et en même temps se déroulait un dialogue muet où le directeur général adjoint ne cherchait nullement à diminuer la violence de son mal de tête mais ne cessait de faire remarquer que c'étaient des douleurs sans conséquences, tout autres donc que celles dont K. souffrait d'habitude. Et K. avait beau faire des objections, la manière dont le directeur général adjoint arrivait à bout de ses douleurs le réfutait. En même temps, elle lui donnait l'exemple. Lui aussi pouvait se fermer à toutes les préoccupations qui ne faisaient pas partie de son métier. Simplement, il lui fallait s'en tenir à son travail plus encore qu'avant, prendre de nouvelles mesures à la banque, dont la mise en place l'occuperait sans cesse, consolider ses relations quelque peu distendues avec le monde des affaires par des voyages et des visites, faire plus souvent des rapports au directeur et obtenir de lui des missions spéciales.

Et ce fut comme cela ce jour-là encore. Le directeur général adjoint entra immédiatement, puis resta debout sur le pas de la porte, nettoya, c'était une habitude nouvellement acquise, son pince-nez, regarda K., puis, pour ne pas trop visiblement s'occuper de lui, il fit des yeux tout le tour de la pièce. On eût dit qu'il profitait de l'occasion pour vérifier l'acuité de sa vue. K. résista à ces regards, sourit même un peu et invita le directeur général adjoint à s'asseoir. Lui-même se jeta dans un fauteuil, l'approcha aussi près que possible du directeur général adjoint, prit aussitôt les papiers nécessaires sur la table et commença son rapport. Au début, c'est à peine si le directeur général adjoint parut écouter. Le plateau du bureau de K. était entouré d'une petite balustrade en bois sculpté. Tout le bureau était d'un travail remarquable et la balustrade elle-même était solidement faite. Mais le directeur général adjoint fit comme s'il venait d'y découvrir un endroit où elle s'était détachée et essayait de remédier à ce défaut en frappant de l'index sur la balustrade. K., du coup, voulut interrompre son rapport mais le directeur général adjoint ne le toléra pas, car, comme il le disait, il entendait et comprenait tout très bien. Alors que K. ne put tirer de lui la moindre remarque objective, la balustrade, elle, semblait exiger des mesures tout à fait particulières car le directeur général adjoint tira un canif de sa poche, prit la règle de K. comme contrepoids, et tenta de lever la balustrade, vraisemblablement pour pouvoir ensuite l'enfoncer d'autant plus profondément.

K. avait introduit dans son rapport une proposition tout à fait nouvelle dont il se promettait un effet particulier sur le directeur général adjoint et lorsqu'il en arriva à cette proposition, il ne marqua pas même de temps d'arrêt, tellement il était captivé par son travail et heureux à l'idée, qui il est vrai se faisait de plus en plus rare, d'avoir encore de l'importance ici à la banque et des idées encore assez fortes pour la justifier. Peut-être même cette manière de se défendre était-elle la meilleure, non seulement à la banque mais aussi dans le procès, meilleure peut-être que toute autre forme de défense qu'il avait déjà essayée ou projetée. Dans la précipitation de son discours K. n'avait pas le temps de détourner le directeur général adjoint de son bricolage ; deux ou trois fois seulement, pendant la lecture de son rapport, il avait passé sa main libre sur la balustrade pour montrer, peut-être sans bien s'en rendre compte lui-même, que celle-ci n'avait pas de défaut et que même s'il devait en trouver un, écouter était pour l'instant plus important et plus convenable que toutes les réparations. Mais le directeur général adjoint, comme cela arrive souvent chez des gens vifs et qui n'ont que des activités intellectuelles, était tout excité par ce travail manuel. Un morceau de la balustrade s'était effectivement détaché et il s'agissait maintenant de remettre ces colonnettes dans les logements correspondants ; c'était là le plus difficile. Le directeur général adjoint fut obligé de se lever et d'essayer d'enfoncer la balustrade des deux mains. Malgré tous ses efforts, il n'y parvenait pas.

Pendant qu'il faisait la lecture de son rapport — entremêlée d'ailleurs de beaucoup de propos très libres —, K. avait confusément remarqué que le directeur adjoint s'était levé. Bien qu'il n'eût jamais vraiment perdu de vue l'occupation annexe de celui-ci, il avait supposé que ce mouvement du directeur général adjoint avait aussi quelque rapport avec son exposé, il se leva donc lui aussi et, un doigt posé sous un chiffre, il tendit son papier au directeur général adjoint. Mais le directeur général adjoint s'était rendu compte que l'appui des mains ne suffisait pas, aussi s'assit-il de tout son poids sur la balustrade. Cette fois cela réussit ; les colonnettes entrèrent en grinçant dans leur logement, mais l'une des colonnettes se brisa et, en un endroit, la fragile barrière supérieure se fendit.

— Du mauvais bois, dit le directeur général adjoint irrité.

Un fragment

Lorsqu'ils sortirent du théâtre, il tombait une légère pluie. K. était déjà fatigué par la pièce et la mauvaise représentation ; l'idée qu'il devait loger l'oncle chez lui l'abattit complètement. Aujourd'hui, justement, il lui importait beaucoup de parler avec F. B. ; peut-être une occasion se serait trouvée de la rencontrer ; mais la compagnie de l'oncle l'empêchait totalement. Il y avait, il est vrai encore un train de nuit que l'oncle pouvait prendre, mais il ne fallait pas compter le voir partir aujourd'hui, préoccupé qu'il était par le procès de K. Malgré tout, K. fit une tentative sans grand espoir.

— Je crains, mon oncle, dit-il, d'avoir vraiment besoin de ton aide ces temps prochains. Je ne sais pas encore exactement dans quelle direction, mais en tout cas j'en aurai besoin.

— Tu peux compter sur moi, dit l'oncle, je ne fais tout le temps que penser de quelle manière te venir en aide.

— Tu es toujours le même, dit K., seulement, je crains que ma tante ne soit fâchée contre moi, si je suis obligé ces jours prochains de te demander de revenir en ville.

— Ton affaire est plus importante que des désagréments de cette sorte.

— Là, je ne puis être d'accord, dit K, mais quoi qu'il en soit, je ne veux pas inutilement t'enlever à ma tante, ces tout prochains jours. Je n'aurai pas besoin de toi alors ne voudrais-tu pas rentrer provisoirement ?

— Demain ?

— Oui, demain, dit K., ou peut-être maintenant, avec le train de nuit, ce serait le plus pratique.

II

Les passages rayés par l'auteur

p. 40, ligne 24

L'interrogatoire semblait se limiter aux regards, pensa K., consentons-y un instant. Si seulement je savais de quelle administration il s'agit, qui, à cause de moi, donc pour une affaire tout à fait sans issue pour elle, se met dans un aussi grand appareil. Car tout cela, on est bien obligé de l'appeler un grand appareil. On emploie pour moi trois personnes, deux pièces ont été mises en désordre ; là-bas dans le coin se trouvent, de plus, trois jeunes gens en train de regarder les photos de Mlle Bürstner.

p. 41, ligne 20

Quelqu'un me dit — je n'arrive pas à me rappeler qui — qu'il était merveilleux de se réveiller le matin et de tout trouver à la même place que la veille au soir. Dans le sommeil et le rêve on était pourtant dans un état apparemment très différent de l'état de veille, et, comme cet homme le disait, il fallait une infinie présence d'esprit ou mieux rapidité d'esprit, pour tout saisir, en ouvrant les yeux, là où on l'a laissé la veille au soir. C'est pourquoi, disait-il, l'instant du réveil était le moment le plus risqué de la journée ; quand on l'avait surmonté sans avoir été arraché de sa place et emporté, on pouvait être tranquille toute la journée.

p. 42, ligne 15

Vous le savez, les employés en savent toujours plus que le supérieur.

p. 48, ligne 5

L'idée que par là peut-être il leur facilitait l'observation de sa personne, dont on les avait peut-être chargés, lui parut être une illusion à ce point ridicule qu'il mit son front dans sa main et resta des minutes ainsi pour reprendre ses esprits. « Encore quelques pensées de cette sorte », se dit-il « et tu es un véritable fou ». Mais ensuite il n'en éleva que davantage sa voix au demeurant un peu nasillarde.

p. 53, ligne 4

Devant la maison un soldat allait et venait avec le pas régulier et fort d'une sentinelle. Il y avait donc aussi une sentinelle devant la maison de K. K. dut se pencher loin en avant pour voir le soldat car il marchait près du mur de la maison. « Hello », lui cria-t-il mais pas assez fort pour que celui-ci pût l'entendre. Il s'avéra d'ailleurs bientôt que le soldat attendait seulement une bonne qui était allée à l'auberge d'en face chercher de la bière et dont la silhouette se détachait maintenant sur la clarté de la porte ouverte. K. se posa la question de savoir s'il avait cru, ne fût-ce que furtivement, que la sentinelle lui était destinée ; il ne put répondre à la question.

p. 57, ligne 5

— Vous êtes quelqu'un d'insupportable, on ne sait si vous prenez les choses au sérieux ou pas.

— Ce n'est pas tout à fait inexact, dit K. dans sa joie à bavarder avec une belle fille, ce n'est pas tout à fait inexact, je manque de sérieux et il faut pour cette raison que je cherche à m'en sortir par la plaisanterie aussi bien pour le sérieux que pour la plaisanterie. Mais arrêté, je l'ai été sérieusement.

p. 76, ligne 40

A la place de « réunion politique de secteur » il y avait à l'origine « réunion socialiste ».

p. 84, ligne 29

K. vit seulement que son chemisier déboutonné lui pendait autour de la taille, qu'un homme l'avait attirée à lui dans un recoin de la porte et qu'il pressait contre lui sa poitrine seulement vêtue de son chemisier.

p. 96, ligne 16

K. déjà avait voulu saisir la main de la femme, car c'était visible, elle cherchait, même si ce n'était que par crainte, à se rapprocher de lui, lorsque les paroles de l'étudiant attirèrent son attention. C'était quelqu'un de bavard et de prétentieux, peut-être pourrait-on obtenir de lui de plus amples renseignements sur la plainte déposée contre K. Une fois que K. avait ces renseignements, il pouvait sans aucun doute, d'un simple geste de la main, mettre fin immédiatement à la procédure, au grand effroi de tous.

p. 117, ligne 35

Oui, il était même sûr qu'il aurait refusé cette offre si elle avait été liée à une tentative de corruption par de l'argent qui aurait doublement blessé le fouetteur ; K. en effet, aussi longtemps qu'il était sous le coup d'une procédure devait être invulnérable pour tous les employés qui s'en occupaient.

p. 130, ligne 16

Ce compliment même laissa la jeune fille insensible ; elle ne parut pas non plus très impressionnée d'entendre l'oncle dire :

— Cela se peut. Mais malgré tout je vais t'envoyer une infirmière, si possible dès aujourd'hui. Si elle ne fait pas l'affaire, tu peux la renvoyer, mais fais-moi plaisir et essaye. Dans ce cadre et dans ce silence où tu vis, on ne peut que dépérir.

— Ce n'est pas toujours aussi silencieux qu'aujourd'hui, dit l'avocat. Ton infirmière, je ne l'accepte que si j'y suis obligé.

— Tu l'es, dit l'oncle.

p. 136, ligne 27

Le bureau qui prenait presque toute la largeur de la pièce se trouvait à proximité de la fenêtre ; il était installé de telle manière que l'avocat tournait le dos à la porte et que le visiteur, tel un véritable intrus, devait franchir toute la longueur de la pièce avant d'arriver à voir le visage de l'avocat, pour peu que celui-ci n'eût pas encore l'amabilité de se tourner vers le visiteur.

p.161, ligne 24

Non, K. n'avait pas la moindre chose à espérer de ce que le procès fût connu de tout le monde. Celui qui ne se dresserait pas comme juge pour le condamner aveuglément et avant l'heure tenterait au moins, puisque cela était si facile, de l'humilier.

p. 212, ligne 13

Il faisait tout à fait sombre dans la pièce ; des rideaux d'étoffe lourde pendaient certainement devant la fenêtre et ils ne laissaient pas passer le moindre rayon de lumière. La légère excitation de la course continuait à agir en K. ; sans réfléchir, il fit quelques grands pas. Ce n'est qu'alors qu'il s'arrêta et remarqua qu'il ne savait plus du tout en quel point de la chambre il se trouvait. L'avocat en tout cas dormait déjà ; on n'entendait pas sa respiration car il avait pour habitude de se blottir complètement sous son duvet.

p. 218, ligne 2

« Vous ne me parlez pas ouvertement et n'avez jamais parlé ouvertement avec moi. C'est pourquoi vous ne devez pas vous plaindre qu'on ne vous comprenne pas, tout au moins de votre point de vue. Je suis franc, et pour cette raison je ne crains pas le malentendu. Vous avez tiré mon procès à vous, comme si j'étais tout à fait libre, mais à moi, il me semble non seulement que vous l'avez mal géré mais que, sans rien entreprendre de sérieux, vous avez voulu me le cacher, pour que je sois empêché d'intervenir et pour qu'un jour, en mon absence, quelque part, le jugement soit rendu. Je ne dis pas que vous voulez faire tout cela... »

p. 222, ligne 19

Il aurait été tentant maintenant de se moquer de Block. Leni mit à profit la distraction de K. ; elle s'appuya, comme K. lui tenait les mains, des coudes sur le dossier du fauteuil et commença à balancer K. légèrement. K. d'abord ne s'en soucia pas, mais regarda Block soulever précautionneusement le duvet sur le bord du lit, de toute évidence pour chercher les mains de l'avocat qu'il voulait embrasser.

p. 230, ligne 19

... au premier coup d'œil et sans savoir de quoi il parlait, on aurait pu tenir cela pour de l'eau tombant d'un jet d'eau dans un bassin.

p. 249, ligne 15.

Lorsqu'il eut dit cela il s'arrêta ; il remarqua qu'il venait de parler et de juger d'une légende ; il ne connaissait pas même l'Ecriture dont la légende était extraite et les explications lui étaient tout aussi inconnues. Il avait été entraîné dans un déroulement de pensées qui lui était complètement inconnu. Le prêtre était-il comme tous les autres, ne voulait-il parler de l'affaire de K. que par allusions, peut-être le détourner pour à la fin se taire ? Sur ces réflexions K. avait négligé la lampe ; elle commençait à fumer et K. le remarqua seulement lorsque la fumée se mit à lui lécher le menton. Il essaya de baisser la lumière en tournant la vis molletée ; alors elle s'éteignit. Il resta immobile et ne savait pas du tout à quel endroit de l'église il se trouvait. Comme on se taisait aussi à côté de lui, il demanda :

— Où es-tu ?

— Ici, dit le prêtre et il prit K. par la main. Pourquoi

as-tu laissé la lampe s'éteindre ? Viens, je vais te conduire à la sacristie, là il y a une lampe.

K. était très heureux de pouvoir quitter la cathédrale proprement dite ; la nef haute et large, que l'œil ne pouvait percer que sur un rayon extrêmement réduit, l'oppressait ; souvent déjà il avait levé les yeux, conscient de l'inutilité de ce geste, et de tous côtés toujours l'obscurité avait, à la lettre, volé de tous côtés vers lui. Tenant la main du prêtre, il le suivait très vite.

A la sacristie brûlait une lampe, plus petite encore que celle que K. portait. De plus, elle pendait si bas qu'elle n'éclairait pour ainsi dire que le sol de la sacristie étroite certes mais au moins aussi haute que la cathédrale elle-même.

— C'est si sombre partout, dit K., et il se mit la main sur les yeux comme s'ils lui faisaient mal des efforts qu'il faisait pour s'y retrouver.

p. 252, ligne 32

Ses sourcils étaient comme plaqués et ils oscillaient de haut en bas indépendamment du mouvement de la marche.

p. 254, ligne 20

Ils passèrent par des ruelles montantes où se tenaient ou bien marchaient çà et là des agents de police, tantôt au loin, tantôt à proximité immédiate. L'un avec une moustache frissonnante, la main sur la poignée du sabre à lui confié par l'Etat, s'approcha comme exprès du groupe quelque peu suspect. « L'Etat m'offre son aide », chuchota K. à l'oreille de l'un des messieurs. « Qu'en serait-il si je déplaçais le procès dans le domaine des lois de l'Etat ? Il pourrait encore se faire que je sois obligé de défendre ces messieurs contre l'Etat ! »

p. 256, ligne 15

... Y avait-il des objections que l'on avait oubliées ? Certes, la logique était inébranlable, mais elle ne résistait pas à un être humain qui veut vivre. Où était le juge ? Où était le Haut Tribunal ? J'ai à parler. Je lève les mains.

TABLE

Introduction, par G.-A. Goldschmidt . . . .
La preuve et l'adversité 7
Biographie de F. Kafka 25
Kafka et le Procès 27
Note sur la traduction 30

Chapitre premier : *Arrestation. — Conversation avec Mme Grubach, puis Mlle Bürstner* 33
Chapitre II : *L'amie de Mlle Bürstner* 63
Chapitre III : *Première enquête* 72
Chapitre IV : *Dans la salle des séances vides. — L'étudiant. — Les bureaux* 89
Chapitre V : *Le fouetteur* 114
Chapitre VI : *L'oncle. — Leni* 122
Chapitre VII : *L'avocat, l'industriel, le peintre* . . . 144
Chapitre VIII : *Le négociant Block. — K. se sépare de son avocat* 196
Chapitre IX : *Dans la cathédrale* 229
Chapitre X : *Fin* 253

I) *Les chapitres inachevés*

Chez Elsa 259
Voyage chez la mère 261
L'avocat général 264
La maison 270
Combat avec le directeur général adjoint 274
Un fragment 279

II) *Les passages rayés par l'auteur* 280

Composition et mise en pages
Nord Compo à Villeneuve-d'Ascq

Imprimé en Espagne par Liberdúplex
en octobre 2023
N° d'impression : 112471

POCKET – 92, avenue de France, 75013 Paris

S33954/01